油气与新能源蓝皮书

BLUE BOOK OF PETROLEUM

# 中国油气与新能源产业发展报告

# （2021）

AL REPORT ON CHINA' S PETROLEUM, GAS AND NEW ENERGY INDUSTRY (2021)

中国社会科学院数量经济与技术经济研究所
中国国际石油化工联合有限责任公司 / 研创
北京大学能源研究院

主　编 | 蔡　昉　马永生　金之钧
副主编 | 李雪松　陈　岗　杨　雷

中国经济出版社
CHINA ECONOMIC PUBLISHING HOUSE
·北京·

**图书在版编目（CIP）数据**

中国油气与新能源产业发展报告.2021/蔡昉，马永生，金之钧主编.--北京：中国经济出版社，2021.9

ISBN 978-7-5136-6614-5

Ⅰ.①中… Ⅱ.①蔡… ②马… ③金… Ⅲ.①石油工业-产业发展-研究报告-中国-2021 ②天然气工业-产业发展-研究报告-中国-2021 ③新能源-产业发展-研究报告-中国-2021 Ⅳ.①F426.2

**中国版本图书馆 CIP 数据核字（2021）第 174826 号**

策划编辑　海　毅
责任编辑　孙晓霞
责任印制　马小宾
封面设计　任燕飞

**出版发行**　中国经济出版社
**印 刷 者**　北京富泰印刷有限责任公司
**经 销 者**　各地新华书店
**开　　本**　710mm×1000mm　1/16
**印　　张**　18.5
**字　　数**　250 千字
**版　　次**　2021 年 9 月第 1 版
**印　　次**　2021 年 9 月第 1 次
**定　　价**　98.00 元
**广告经营许可证**　京西工商广字第 8179 号

**中国经济出版社**　**网址** www.economyph.com　**社址** 北京市东城区安定门外大街 58 号　**邮编** 100011
本版图书如存在印装质量问题，请与本社销售中心联系调换（联系电话：010-57512564）

## 编委会

# 研创单位简介

## 中国社会科学院数量经济与技术经济研究所

中国社会科学院数量经济与技术经济研究所（以下简称数技经所）是中国社会科学院经济学部八个经济类研究所之一，也是国内唯一一家集数量经济与技术经济理论方法和应用研究为一体的综合性国家级研究机构。研究所在经济模型、资源与能源、环境与旅游规划、技术进步与生产率研究、信息化等领域有很强的研究力量，是社科院作为国家思想库、智囊团的重要组成部分，承担了大量来自中央和地方政府、企业、国际组织的研究任务，在国内外有重要的学术影响。

数技经所在能源经济学理论与政策、低碳与循环经济、环境影响评价、区域经济、产业研究等领域有深厚的研究基础，与联合国、世界银行、国际能源署、国际能源宪章等国际组织和国外智库保持多方面的学术合作与交流，参与过国家多项有关政策、规划的起草工作，并承担了多项地方政府与企业发展规划的制订。

自 2012 年起，数技经所联合美国全球安全分析研究所、美国能源安全理事会共同发起“全球能源安全智库论坛”，每年举办一次，至今已成功举办九届。该论坛宗旨为推动全球智库在能源安全方面的研究与学术交流，传播可持续发展的理念，促进全球能源安全合作与政策协调。

自 2017 年起，数技经所每年举办“一带一路”倡议与能源互联国际研修班，为来自相关国家的学员提供政策与项目培训，推动“一带一路”倡议框架下的投资与经贸交流。

## 中国国际石油化工联合有限责任公司

中国国际石油化工联合有限责任公司（以下简称联合石化公司）成立于1993年2月，是中国石油化工股份有限公司的全资子公司，本部位于中国北京。目前，联合石化公司是大型国际石油贸易公司之一，在全球近100个国家和地区开展业务。公司经营规模迈上4亿吨，已成为中国国内最大的贸易公司，在全球能源贸易领域居领先地位。

作为一家能源型贸易企业，联合石化公司以高度负责任的方式做好全球能源需求供应，经营活动包含原油贸易、成品油贸易、天然气贸易及物流仓储四大业务板块。目前，公司原油进口量近2亿吨，约占我国原油进口量的40%，为保障国家能源安全作出了积极贡献。联合石化公司在中国上海、宁波、青岛、二连浩特等地拥有分子公司，境外机构分布在美国、英国、新加坡、印度、中国香港等地。公司致力于依靠石油与天然气产品和贸易方面的专业优势，服务于国际石油与天然气的能源供应，实现与客户的共同成长。

## 北京大学能源研究院

北京大学能源研究院（以下简称北大能源研究院）是北京大学下属的独立科研实体。研究院以国家能源发展战略需求为导向，立足能源领域全局及国际前沿，利用北京大学学科门类齐全的优势，聚焦制约我国能源行业发展的重大战略和科技问题，按照“需求导向、学科引领、软硬结合、交叉创新、突出重点、形成特色”的宗旨，推动能源科技发展，促进传统能源向清洁能源转型，开展专业及教育，致力于打造具有国际水平的能源智库和能源科技研发推广平台。

北大能源研究院主要研究方向包括能源战略与政策、智慧能源、页岩油气、地热、新能源及能源国际合作等领域，初步形成了“软硬结合”的学科特色。目前研究院已经开展了碳中和与能源转型路径、油气清洁勘探开发技术、智慧油田、天然气市场化改革政策、全球能源治理等领域的研究，逐步搭建了由院士、教授、研究员、兼职教授、特聘研究员及博士后、博士等中青年学者组成的能源研发平台。

# 前言

preface

当前，世纪大疫情和百年大变局相互交织，全球能源转型迎来关键转折点。本书紧紧围绕世界油气产业和新能源产业发展变化，对后疫情时代的全球经济、石油产业、天然气产业、氢能产业、风电产业和低碳市场等进行了深刻剖析，以期观大势、谋新局，为行业人士和研究人员提供更多专业思考。

从宏观面来看，2020年，新冠肺炎疫情横扫全球并重创世界经济，世界经济出现上世纪30年代大萧条以来最严重衰退。我国则是主要经济体中唯一实现经济正增长的国家。展望未来，“十四五”将成为我国经济实现现代化目标的关键时期，期间机遇与挑战并存。一方面，我国经济在40年改革开放的基础上，双循环发展格局增强发展动力，具备了不断消纳新技术、新动能的经济能力；另一方面，人口老龄化进程加快，科技生产和新技术供给依赖于外部，外部政治经济环境不稳定性、不确定性增加。

从石油业发展来看，在疫情影响下，2020年全球石油业遭受前所未有的挑战，国际油价跌至16年新低，WTI一度创下史无前例的负价格，石油公司遭受史无前例的重创。2021年以来，在全球流动性充裕、疫情总体改善、欧佩克+实施大规模减产的带动下，全球石油业走出低谷，国际油价重新站上70美元大关，石油市场逐渐迎来新的平衡。从中长期来看，石油需求峰值渐行渐近，石油行业替代加速，石油公司能源转型纷纷提速，全球石油业格局将迎来重要变革。

从天然气发展来看，2020年，受新冠肺炎疫情影响，我国天然气消费增速放缓，城市燃气、工业、发电、化肥化工等主要用气领域增速出现不同程度放缓。受国产气快速增长和国内需求增速放缓影响，我国天然气进口增速显著回落，其中管道气进口量首次出现负增长。展望2021年，在经济复苏和能源低碳转型加快的大背景，我国天然气消费增速将有所回升，国产天然气增长较快，天然气进口增速回升。“十四五”期间，预计我国天然气需求将持续快速增长，但增速将趋缓。

从新能源发展来看，绿色低碳可持续发展进一步成为全球共识。2020年9月，习近平主席宣告我国2030年碳达峰和2060年碳中和目标，彰显我国积极参与全球气候治理的大国担当。实现“双碳”目标，对于能源化工行业既是重大责任，也是深刻革命。2021年，我国碳市场从区域试点阶段正式走向全国碳市场建立的新阶段，发展潜力巨大。与此同时，氢能在能源转型中的价值逐步凸显，我国氢能产业政策及标准、法规体系不断完善，技术自主创新成效显著，燃料电池车辆推广及基础设施建设提速，“十四五”期间氢能产业发展有望迎来市场化临界点，产业链洗牌加速，发展规模有望突破万亿。

总体而言，新冠肺炎疫情加速了全球低碳能源转型步伐，传统石油行业面临更大的压力和挑战；天然气未来仍将维持较快增长，但增幅有所放缓；氢能、可持续航空燃料、海上风电等都将迎来新的发展契机，新能源将进入新一轮快速发展期。

contents

# 目录

## 宏观篇

## 石油篇

## 天然气篇

## 新能源篇

# 宏 | 观 | 篇

# “十四五”中国经济发展展望

刘强 *

**摘　要**　在顺利实现“十三五”目标的基础上，“十四五”期间我国仍然面临着复杂的局面，同时也拥有旺盛的发展动力。本文分析了“十四五”期间的发展动力与面临的重大挑战，并对“十四五”期间的经济发展作出展望。总体来看，人口增长失速、经济成本上升、全球产业链重构、技术脱钩等构成了主要风险，但是中国经济的韧性与超大规模市场经济足以抵御各种风险，中国经济将继续保持中等增长速度。人口新一轮集聚效应与城镇化升级、数字化与数字经济、碳中和产业、新基建将成为新的增长点。本文还对“十四五”期间的经济管理提出了政策建议。

**关键词**　“十四五”；经济发展；人口集聚；数字经济；碳中和

* 刘强，中国社会科学院数量经济与技术经济研究所能源安全与新能源研究室主任，研究员。

“十三五”以来，中国经济坚持稳中求进，贯彻新发展理念，以供给侧结构性改革为主线，推动高质量发展，沉着应对外部挑战明显上升的复杂局面，采取有效措施抗击新冠肺炎疫情对经济的严重冲击。“十三五”规划顺利实施，主要指标总体如期实现，规划确定的各项目标任务顺利完成。“十三五”时期的经济社会发展成就，为确保实现全面建成小康社会奋斗目标、全面建设社会主义现代化国家提供了坚实基础。

## 一、“十三五”时期经济发展奠定了良好基础

“十三五”期间，我国经济社会发展取得了全方位的历史成就。国内生产总值在2016—2019年保持了6.7%的年均增速。国家统计局发布的2020年国民经济和社会发展统计公报显示，2020年我国经济总量突破百万亿元大关。全年国内生产总值达101.6万亿元，比上年增长2.3%，是全球唯一实现经济正增长的主要经济体。人均国内生产总值连续两年超过1万美元。

三大攻坚战取得决定性成就。党的十八大以来，9899万农村贫困人口全部实现脱贫，贫困县全部“摘帽”，绝对贫困历史性消除。生态文明建设力度之大前所未有，重大生态保护和修复工程深入推进，2019年单位国内生产总值（Gross Domestic Product，GDP）能耗比2015年下降13.2%，全国337个地级及以上城市空气质量优良天数占比为82%，地表水质量达到或好于Ⅲ类水体比例达74.9%，污染防治阶段性目标顺利实现，生态环境质量总体改善。防范化解重大风险取得积极成效，金融乱象得到有效遏

制，影子银行规模大幅缩减，房地产调控长效机制建立健全，金融等领域风险隐患得到有效控制。

制造业稳步迈向价值链中高端。劳动力和资金向高技术产业和装备制造业等先进制造业的转移步伐加快。根据第四次全国经济普查数据，2018年末，高技术产业和装备制造业从业人员占规模以上制造业的比重比2013年提高3～5个百分点，资产总计占比提高6～7个百分点。战略性新兴产业积聚壮大，成为制造业发展新引擎。

新动能加快培育。中国在新产业、新业态、新商业模式下的"三新经济"快速发展。2016—2019年，战略性新兴产业工业增加值年均增速为10.5%，快于同期规模以上工业增加值年均增速4.4个百分点；战略性新兴服务业营业收入年均增速为15.2%，快于同期服务业营业收入年均增速3.9个百分点。2019年，我国战略性新兴产业增加值占GDP比重达11.5%，比2014年提高3.9个百分点，已成为推动产业结构转型升级、经济高质量发展的重要动力源。

城乡区域发展协调性增强。乡村振兴战略加快实施，农村生产生活条件显著改善，农村人居环境大幅改善。新型城镇化质量稳步提高，中心城市和城市群人口集聚能力逐步提升。2019年末常住人口城镇化率升至60.6%，比2015年提高4.5个百分点，1亿左右农业转移人口和其他常住人口在城镇落户目标取得决定性进展。

人民生活水平全面提高，居民生活质量显著提升，初步构建起覆盖全民的基本公共服务体系，基本公共服务均等化水平稳步提高。2019年全国居民恩格尔系数降至28.2%，比2015年下降2.4个百分点，家电全面普及，每百户家用汽车拥有量达35.3辆。多层次社会保障体系加快构建，养老、医疗、失业、工伤、生育保险参保人数持续增加。保障性安居工程建设加快推进，2016—2019年全国棚户区改造开工累计2157万套，2019年城镇居民、农村居民人均住房建筑面积分别达到39.8平方米和48.9平方米。教育现代化取得积极进展，2019年九年义务教育巩固率达94.8%，高等教育毛入学率超过50%，劳动年龄人口平均受教育年限为10.7年。人民健康和医疗卫生水平不断提高，新冠肺炎疫情防控取得重大战略成果，居民平均预期寿命2019年达77.3岁，比世界平均预期寿命高近5岁。

开放型经济新格局加快构建。共建“一带一路”不断走深走实，成功举办两届“一带一路”国际合作高峰论坛，累计与138个国家和30个国际组织签署200份共建“一带一路”合作文件，雅万高铁、中老铁路、瓜达尔港等重大项目取得积极进展。到2020年8月底，中欧班列累计开行近2.9万列。外贸发展稳中提质，2019年货物贸易进出口总值达31.54万亿元，位居世界第一，集成电路等高附加值产品及知识密集型服务出口保持快速增长。开放型经济新体制加快构建，设立21个自由贸易试验区，海南成为内地第一个自由贸易港。“引进来”和“走出去”水平持续提升，2019年实际利用外商直接投资规模达1381亿美元，再创历史新高，非金融类境外直接投资1106亿美元，中国装备、技术、标准和服务稳步“走出去”。

对外经贸关系由商品、要素流动型开放向规则、标准等制度型开放转变。中国从2018年起在全国范围内推行外商投资负面清单制度，先后推出三版《外商投资准入特别管理措施（负面清单）》，2020年版负面清单的“限制”与“禁止”项目缩减至33条，较2017年指导目录压缩了30条。而在自贸区内，负面清单制度早在2013年就已开始推行，“十三五”时期，中国先后推出四版《自由贸易试验区外商投资准入特别管理措施（负面清单）》，条目由2013年版的190条缩减至2020年的30条，较之全国版33条的负面清单更加开放。

## 二、“十四五”期间面临复杂的新局面，机遇与挑战并存

展望“十四五”，中国将面临复杂的新局面。一方面，中国经济在40年改革开放的基础上，增长动力依然强劲，具备了不断消纳新技术、新动

能的经济能力，经济发展趋势不可遏制；另一方面，人口增长失速加快了老龄化的进程，基础研究与原发创新的不足导致科学技术这个“第四产业”的生产和新技术供给依赖于外部，国际政治、经济环境也出现了若干不和谐的现象。总体来说，“十四五”期间中国经济机遇与挑战并存，这一时期也将成为中国经济实现现代化目标的关键时期。

## （一）中国经济发展动力依然强劲

### 1. 超大规模市场经济优势继续显现，消费能力进一步增强

从市场规模看，我国已成为全球第二大消费市场，汽车、家用电器等家庭耐用消费品销售量已居世界首位，但人均拥有量与发达国家相比还有差距，相关消费仍有巨大增长空间。我国拥有世界上规模最大的中等收入群体，庞大的中等收入群体构成了我国中高端商品和服务的消费主体，推动商品与服务消费扩容提质，促进服务消费比重提高，为持续发挥超大规模的市场优势提供坚实基础。中等收入群体规模大且增长潜力大，对中高端产品和服务的消费需求增长快。

从超大规模经济的生产角度看，我国的规模经济优势比较突出，综合成本优势突出，供需协同性强。我国拥有广阔地域、14 亿人口，拥有大规模要素供给、大规模市场容量，这使大规模布局生产能力成为可能。随着国内统一市场建设、营商环境完善取得积极进展，规模经济优势更加巩固。尽管近年来一般劳动力成本确有上升，但在中高端人才成本上我国仍有优势，每年普通高校毕业生人数超过 700 万人，供给充分。同时，中国拥有完整的工业体系，是世界上唯一拥有联合国产业分类中全部工业门类的国家，这为我国供给体系有效组织大规模低成本生产奠定了良好的基础，能够促进形成供需协同推进的局面，进一步扩大市场边界。

### 2. 双循环经济发展格局增强发展动力，提高抗冲击能力

《中共中央关于制定国民经济和社会发展第十四个五年规划和二〇三五年远景目标的建议》明确提出：“加快构建以国内大循环为主体、国内

国际双循环相互促进的新发展格局”。在双循环中，主体是国内大循环，发挥超大规模市场优势，促进经济高质量发展。双循环相互促进，使国内市场和国际市场得以更好地联通，培育系列新产业、新业态、新模式，推动我国经济从“超大”向“超强”转变。

“双循环”新发展格局中，明确了“以国内大循环为主体”，这要求我们把促进国民经济持续健康发展的立足点放在国内；而“国内国际双循环相互促进”则要求我们在依托国内市场的同时更要积极参与、主动引领更高层次和水平的国际交流与合作。这为我国“十四五”形成更高水平的开放型经济新体制指明了方向。

**3. 进一步扩大开放带来更广阔经济发展空间**

2020 年 4 月 27 日，中央全面深化改革委员会第十三次会议强调，对事关经济高质量发展的体制机制问题，要抓住稳定产业链供应链、扩大对外开放等重点，统筹部署。

中国促进贸易和投资自由化、便利化，反对贸易保护主义，支持多边贸易体制，促进国际产能合作，在更高层面上、更广空间内参与国际合作，形成面向全球的贸易、投融资、生产、服务网络，加快培育国际经济合作和竞争新优势。2019 年 10 月 24 日，世界银行发表《全球营商环境报告 2020》，中国营商环境排名由第 46 位上升到第 31 位，提升 15 位。中国从 2018 年开始举办中国国际进口博览会，这是迄今为止世界上第一个以进口为主题的国家级展会，是国际贸易发展史上的一大创举。

“一带一路”建设将带动西部地区的对外开放，通过中俄蒙、中国—中亚—西亚、中巴经济走廊建设和欧亚大陆桥建设（中欧班列）实现内陆与欧洲和欧亚广阔市场的直接融合。“一带一路”建设为中国扩大开放搭建了新平台，也有利于促进世界经济增长、深化地区合作。

2021 年 3 月 22 日，中国商务部宣布，中国已完成区域全面经济伙伴关系协定（RCEP）的核准，成为率先批准该协定的国家。RCEP 各成员国均表示，将在今年底前批准这一协定，推动该协定于 2022 年 1 月 1 日生效。RCEP成员国总人口达22.7亿，GDP达26兆美元，出口总额达5.2兆美元，这三项指标均占全球总量的30%左右，是目前全球规模最大的自由贸易协定。2020年12月30日，历经7年共35轮谈判后，中欧领导人共同宣布如期完成了中欧全面投资协定（China－EU Comprehensive Agreement on Investment，以下简称中欧协定）谈判。中欧协定生效后，将取代中国与欧盟成员国之间现行有效的26个双边投资协定，继而为中欧双向投资提供一个统一的法律框架，为中欧双向投资带来"更大的市场准入、更高水平的营商环境、更有力的制度保障、更光明的合作前景"。

为进一步扩大开放，中国不仅积极推动由商品和要素流动型开放向规则等制度型开放转变，推动构建公正、合理、透明的国际经贸投资规则体系，维护和发展开放型世界经济，共同创造有利于开放发展的环境，促进生产要素有序流动、资源高效配置、市场深度融合，还反复强调中国坚持共赢开放，不奉行零和博弈。

### （二）风险与挑战

中国经济也面临着一些结构性的问题，比如人口结构失衡，后续劳动力供给不足，国内劳动、土地、环境成本上升，对外经贸摩擦加剧等，需要未雨绸缪，积极应对。

#### 1. 人口形势复杂，新生人口断崖式下跌，养老金积累后续乏力

人口和劳动力是经济发展的首要因素，但是执行了40多年的一胎化计划生育政策和养育成本的快速提高，导致了新生人口的急速减少和中国人口老龄化高峰提前到来。2020年，公安部口径统计的出生人口数据为1003万，与2019年1465万出生人口相比呈现断崖式下滑。根据公安部和国家统计局数据，2009年，中国60岁及以上老人的数量为1.67亿人，占人口总数的12.5%。2019年，中国60岁及以上老人的数量已快速攀升到2.54亿人，占总人口的18.1%，其中65周岁及以上老年人口为1.76亿人，占总人口的12.6%。

根据联合国所做的中国人口预测（见表1），其低方案显示，在2025年中国人口即将达到峰值。以现在的数据和社会形势看，其65%城镇化率情景的低方案更为接近中国的实际情况，即2025年人口达到峰值13.96亿。即使按中方案，2030年也将达到人口峰值，而其高方案中的预测已经不太可能出现了。与人口增速相比，经济活动人口和劳动人口的数量下降将会更快。

**表1　联合国对中国人口的预测（亿人）**

| | 城镇化水平Ⅰ（60%） | | | 城镇化水平Ⅱ（65%） | | |
|---|---|---|---|---|---|---|
| 年份 | 低方案 | 中方案 | 高方案 | 低方案 | 中方案 | 高方案 |
| 2020 | 13.95 | 14.07 | 14.18 | 13.92 | 14.04 | 14.16 |
| 2025 | 14.00 | 14.24 | 14.45 | 13.96 | 14.19 | 14.42 |
| 2030 | 13.94 | 14.32 | 14.66 | 13.88 | 14.26 | 14.63 |
| 2035 | 13.77 | 14.31 | 14.81 | 13.70 | 14.24 | 14.78 |
| 2040 | 13.51 | 14.22 | 14.90 | 13.42 | 14.13 | 14.87 |
| 2045 | 13.14 | 14.04 | 14.93 | 13.02 | 13.92 | 14.89 |
| 2050 | 12.65 | 13.75 | 14.87 | 12.51 | 13.60 | 14.83 |

注：**中方案**：由2000年TFR由1.5—1.65升至2030年的1.8，城镇家庭平均生育1.5个孩子，乡村家庭平均生育2个孩子。按照现行生育政策，夫妻双方均为独生子女，可以生育二胎，考虑到城镇20世纪80年代生育高峰出生的独生子女在21世纪已进入婚育年龄，城镇部分育龄妇女可能生育二胎。

**低方案**：2030 TFR降至1.4，2030—2050年保持不变。此生育水平与目前调查生育水平比较接近，也是目前经济发达国家的低生育水平。

**高方案**：2030年TFR恢复到2.1的更替水平，设想未来40年为避免低生育水平带来的人口发展问题，今后将会对生育政策进行调整，允许每对夫妻生育2个孩子。考虑到未来人口城镇化发展，只有城镇总和生育率达到更替水平，才能保证人口总量不增不减。

来源：联合国网站，https://unstats.un.org/unsd/demographic/meetings/wshops/China/2013/list_of_docs.htm。

## 2. 国内土地、劳动力、环境产成本持续上升

2016年以来，中国的土地和房地产成本上涨幅度很大。根据中指研究院监测的数据，三亚、兰州、大连三个城市2019年全年土地出让金额同比增长幅度均超过100%。中原地产数据显示，全国50所大城市2019年全年土地出让金额合计4.41万亿元，同比上涨19.3%。其中，16个城市土地出让金

额超过1000亿元，杭州市土地成交总金额为2836亿元，位列第一；上海、广州、苏州紧随其后，分别为1992亿元、1864亿元和1850亿元。

2020年的土地市场，“回归一二线”成为主流。Wind数据显示，一线城市土地市场成交总金额约8305亿元，同比增长36.6%。实际上，根据Wind数据，在2019年土地成交规模前30的大中城市中，有19个城市土地成交规模较2019年正增长，珠江三角洲、长江三角洲的城市依然表现强势。疫情特殊情况下，核心城市土地市场的价值被重新认可，供需两端同时发力，将市场注意力重新拉回一二线城市。

劳动力短缺与劳动力成本上升是一个事务的两面。数据显示，2009年之后中国的劳动力成本有了很大幅度的上升。根据一份荷兰合作银行基于2018年数据的研究，中国的劳动力成本已经明显高于泰国和马来西亚等东南亚国家，对比这几年劳动力成本下降迅速的越南，两国的劳动力成本之差更大（见图1）。

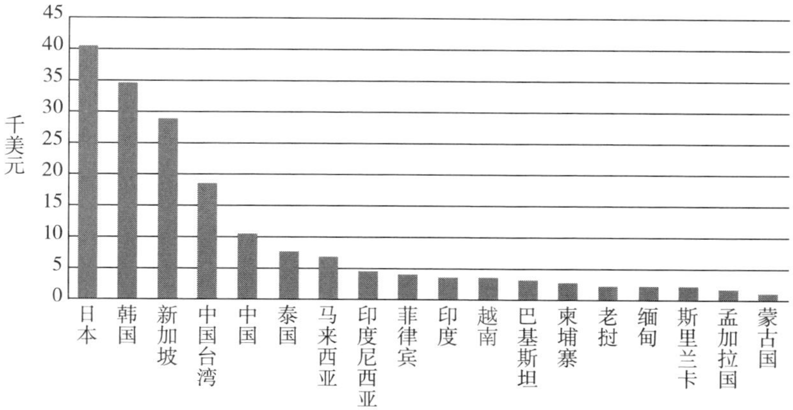


**图1　真实年均制造业工资水平国别（地区）比较①**

随着中国生态文明建设和环境标准的提高，企业相应成本也有较大幅度提高，迫使一些制造业企业转向离沿海港口和市场更远的内地省份。虽

① 来源：荷兰合作银行，https://economics.rabobank.com/publications/2019/august/leaving-china-countries-might-benefit-from-relocation-production/。

然提高环境标准势所必须，但是也必然要付出相应的成本代价。

3. **全球产业链重构，部分制造业迁出中国，国内产业升级压力加大**

2019 年，中国制造业的 GDP 达到 4.23 万亿美元，美国是 2.45 万亿美元，德国是 0.85 万亿美元，日本是 1.02 万亿美元；也就是说，中国制造业 GDP 已经接近美、日、德三国之和。然而随着中国制造业成本的上升和其他新兴市场经济体的竞争，部分制造业开始在中国和其他国家（地区）重新布局，中国吸引制造业投资的势头已经不如从前。荷兰合作银行（来源同前）发布了一个制造业搬离中国目的国的指数（见表 2），显示出东南亚在竞争制造业产业链方面对中国构成了挑战。

**表 2　荷兰合作银行制造业搬移目的地指数（最高 =1）**

| 国家（地区） | 搬移目的地指数 |
|---|---|
| 泰国 | 0.62 |
| 马来西亚 | 0.61 |
| 中国台湾 | 0.55 |
| 印度 | 0.31 |
| 新加坡 | 0.30 |
| 菲律宾 | 0.18 |
| 韩国 | 0.17 |
| 印度尼西亚 | 0.17 |
| 日本 | -0.03 |
| 斯里兰卡 | -0.07 |
| 蒙古国 | -0.27 |
| 柬埔寨 | -0.36 |
| 老挝 | -0.39 |
| 巴基斯坦 | -0.43 |
| 缅甸 | -0.59 |
| 孟加拉国 | -0.67 |

数据来源：荷兰合作银行，https：//economics. rabobank. com/publications/2019/august/leaving - china - countries - might - benefit - from - relocation - production/。

根据波士顿咨询集团的研究，中国综合制造业成本近年来有了大幅上升。其综合劳动、电力、天然气等成本编制的制造业成本指数显示，中国与美国之间的制造业成本已经十分接近（见图2）。也就是说，中国制造业大国的地位，不仅面临东南亚国家的挑战，也受到着发达国家重振制造业的威胁。

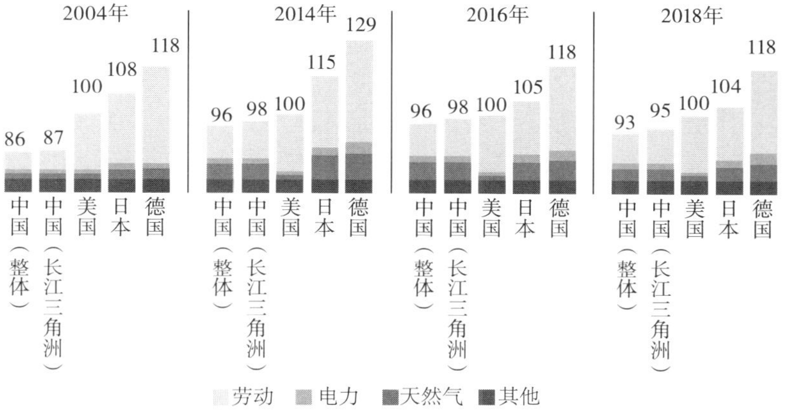


**图2 中国和美日德制造业成本指数对比（美国=100）**

数据来源：Boston Consulting Group，China’s Next Leap in Manufacturing，https：//www.bcg.com/publications/2018/china－next－leap－in－manufacturing。

**4. 国际经济政治环境变化，欧美日技术脱钩风险增加，为中国经济发展带来新的挑战**

近年来，随着中国与美欧等发达国家之间经贸摩擦的出现，在政治领域也出现了一些遏制中国的声音，其中技术脱钩是最经常被提起的经济遏制手段，在特朗普执政时期曾经引起了很大的问题。

美国全国商会中国中心于2021年提出的脱钩建议 *UNDERSTANDING DECOUPLING*：*Macro Trends and Industry Impacts*①，包括了以下几种政策工具：

• 审查志同道合的市场经济体之间的贸易和技术政策，以便更好地协

① 原文网址：https：//www.uschamber.com/sites/default/files/024001_us_china_decoupling_report_fin.pdf。

调对中国的反应；

- 积极主动的“跑得更快”议程，促进美国工业的创新和竞争力；
- 采取紧急行动，确保至关重要的美国供应链的恢复能力；
- 合理化防御措施，保护美国技术、市场和其他资产免受外国威胁。

从特朗普政府的政策工具看，半导体也就是芯片是美国最有可能采用的政策工具。由于高端芯片领域中国高度依赖进口，一旦美国政府采取措施将会对中国经济产生较大的影响。

## 三、“十四五”期间经济发展趋势分析

### （一）经济继续保持中等速度增长

“十四五”规划纲要草案最显著的特点是，未给定具体的年均 GDP 增速，只是作了方向性的定性规定，要求 GDP 增长“保持在合理区间、各年度视情况提出”。此外，规划纲要草案要求“十四五”期间全员劳动生产率增长要高于 GDP 增长，全社会研发经费投入强度要高于“十三五”，数字经济核心产业增加值占 GDP 比重要从 2020 年的 7.8% 提高到 2025 年的 10%，城镇调查失业率要控制在 5.5% 以内，居民人均可支配收入增长要与 GDP 增长基本同步。这些要求实际上也隐含着经济仍然保持较快发展速度的含义。

十九届五中全会通过的《中共中央关于制定国民经济和社会发展第十四个五年规划和二〇三五年远景目标的建议》，明确要求 2035 年我国要基本实现社会主义现代化，经济总量和城乡居民人均收入迈上新台阶，人均国内生产总值要达到中等发达国家水平。从现在到 2035 年，GDP 要实现翻番，未来 15 年年均 GDP 增速要在 4.5% 左右。年均 GDP 在“十四五”期间的增长率，粗略估计应该在 5% ~5.5%。

### （二）户籍与人口政策逐步放开，带动新一轮集聚效应与城镇化升级

随着执行多年的一胎化政策的结束和户籍管理政策的松动，中国将开

启新一轮的人口集聚过程。“十四五”规划提出，深入推进以人为核心的新型城镇化战略，以城市群、都市圈为依托，促进大中小城市和小城镇协调联动、特色化发展。具体措施包括：加快农业转移人口市民化（第二十七章），完善城镇化空间布局（第二十八章），全面提升城市品质（第二十九章）。其中深化户籍制度改革的措施提出：放开放宽除个别超大城市外的落户限制，试行以经常居住地登记户口制度。全面取消城区常住人口300万人以下的城市落户限制，确保外地与本地农业转移人口进城落户标准一致。全面放宽城区常住人口300万至500万人的I型大城市落户条件。完善城区常住人口500万人以上的超大特大城市积分落户政策。

完善城镇化空间布局的政策提出：“发展壮大城市群和都市圈，分类引导大中小城市发展方向和建设重点，形成疏密有致、分工协作、功能完善的城镇化空间格局。”具体措施包括：①**推动城市群一体化发展**。形成多中心、多层级、多节点的网络型城市群。优化提升京津冀、长江三角洲、珠江三角洲、成渝地区、长江中游等城市群，发展壮大山东半岛、粤闽浙沿海、中原、关中平原、北部湾等城市群，培育发展哈长、辽中南、山西中部、黔中、滇中、呼包鄂榆、兰州—西宁、宁夏沿黄、天山北坡等城市群。②**建设现代化都市圈**。依托辐射带动能力较强的中心城市，提高1小时通勤圈协同发展水平，培育发展一批同城化程度高的现代化都市圈。以城际铁路和市域（郊）铁路等轨道交通为骨干，推动市内、市外交通有效衔接和轨道交通“四网融合”，提高都市圈基础设施连接性和贯通性。③**优化提升超大特大城市中心城区功能**。有序疏解中心城区一般性制造业、区域性物流基地、专业市场等功能和设施，以及过度集中的医疗和高等教育等公共服务资源，合理降低开发强度和人口密度。增强全球资源配置、科技创新策源功能、高端产业引领功能，率先形成以现代服务业为主体、先进制造业为支撑的产业结构，提升综合能级与国际竞争力。坚持产城融合，完善郊区新城功能，实现多中心、组团式发展。④**完善大中城市宜居宜业功能**。充分利用大中城市综合成本相对较低的优势，主动承接超大特大城市产业转移和功能疏解，夯实实体经济发展基础。立足特色资源和产业基础，确立制造业差异化定位，推动制造业规模化、集群化发展，因地制宜建设先进制造业基地、商贸物流中心和区域专业服务中心。优化市政公用设施布局和功能，支持三级医院和高等院校在大中城市布局，增加文化体育资源供给，营造现代时尚的消费场景，提升城市生活品质。⑤**推进以县城为重要载体的城镇化建设**。加快开展县城补短板强弱项工作，推进公共服务、环境卫生、市政公用、产业配套等设施提级扩能，增强综合承载能力和治理能力。支持东部地区基础较好的县城建设，重点支持中西部和东北城镇化地区县城建设，合理支持农产品主产区、重点生态功能区县城建设。健全县城建设投融资机制，更好发挥财政性资金作用，引导金融资本和社会资本加大投入力度。稳步有序推动符合条件的县和镇区常住人口20万人以上的特大镇设市。按照区位条件、资源禀赋和发展基础，因地制宜发展小城镇，促进特色小镇规范健康发展。

2020年初，中共中央、国务院印发《关于构建更加完善的要素市场化配置体制机制的意见》（以下简称《意见》），国家发展改革委也下发了《2020年新型城镇化建设和城乡融合发展重点任务》（以下简称《任务》）等重要文件。《意见》提出了深化要素市场化改革、促进区域协调发展、推动经济发展向高质量转变的要求。下一个十年，随着要素市场化改革的深入，人口资本信息流动能力及匹配程度逐步提升，产业集聚与催化效应再次兴起，将催生中心城市和节点城市经济发展的新机遇。

新型城镇化高质量发展将呈现新趋势。阻碍劳动力自由流动的不合理壁垒将逐步被拆除，人口进一步向优势区域集中，大城市、城市群人口集聚效应将进一步增强。核心城市和重点城市将进入都市圈建设时代，发达地区城乡融合发展步伐加快。

随着新型城镇化建设不断推进，都市圈的形成是中心城市与周围地区资源要素双向流动的结果。对特大城市和大城市而言，未来最根本的经济基础是商业服务和金融，而传统的制造业及工业将逐步分散至更低层级的地区。

伴随着城市产业与人口的洗牌和重新组合，一、二线城市的土地价值和房地产价值更为凸显，而人口流出地区的三、四线城市和县城的土地和房地产价值下行压力也日益加大，给房地产价格调控带来更大的难度。

## （三）数字化技术应用全面推动产业技术升级和新基建

党的十九大报告提出，加快建设制造强国、网络强国、数字中国，推动互联网、大数据、人工智能和实体经济的深度融合，要抢抓新一轮工业革命机遇，围绕核心标准、技术、平台加速布局产业互联网，构建数字驱动的产业新生态。当前，我国正处于从网络大国迈向网络强国，成为全球互联网发展引领者的关键窗口期，也是数字技术与经济社会深度融合、传统产业数字化的转型升级期。

随着互联网、大数据和 AI 等技术的深度创新和应用，传统产业数字化转型呈现出更多新特征。在宏观层面，在创新性数字技术的支撑下，促进经济社会资源配置优化升级，重塑经济社会发展范式。在行业层面，数字化转型充分利用数字技术与行业深度融合，实现行业全要素、全环节和全生命周期的贯通，以信息流带动资金流、物资流、人才流、技术流，显著提高行业的效率、质量和价值，进而实现生产方式、商业模式和组织形态的深刻变革。

## （四）碳达峰、碳中和政策逐步实施，能源转型推动新的经济增长点

2020 年 9 月 22 日，习近平主席在联合国会议上宣布，中国将要在 2030 年之前实现碳达峰，2060 年之前实现碳中和。12 月 12 日，我国进一步宣布减排目标，到 2030 年中国单位国内生产总值二氧化碳排放将比 2005 年下降 65% 以上，非化石能源占一次能源消费比重将达到 25% 左右，森林蓄积量将比 2005 年增加 60 亿立方米，风电、太阳能发电总装机容量将达到 1200GW 以上。“十四五”期间，我国光伏年均新增装机需保证在 70GW ~ 90GW，风电年均新增装机需保证在 50GW。中国争取在 2060 年前实现碳中和目标，这一目标将推动可再生能源进入快速增长阶段。

伴随技术进步，光伏、风电为代表的可再生能源逐步替代化石能源已经具备了一定的基础条件，局部地区已经可以实现平价上网。不仅如此，可再生能源发电成本持续下降，目前基本摆脱补贴，其经济性已经可以与火电竞技。国际可再生能源署（IRENA）数据显示，自 2010 年以来，光伏发电成本下降了 82%，陆上风电成本下降了 39%。

过去数年，我国光伏和风电装机分别保持全球第一，制造装备国产化水平高，产业链齐全。如 2019 年底，我国光伏产业各环节多晶硅、硅片、电池片和组件的产能在全球占比保持在 69.0% ~93.7%。

毫无疑问，碳达峰、碳中和目标将给新能源产业带来前所未有的发展机会，同时还将带动相关材料和器件、设备等领域的发展。除光伏、风电之外，氢能、储能、生物能源等各种新兴能源也将迎来重大的发展契机。

## 四、推动经济双循环良性互动，保持经济健康、稳定发展的政策建议

经过 40 多年的高速发展，中国经济已经初步完成了工业化和城市化进程，正在从高速发展进入常态化发展。在这一背景下，以前习惯采用的扩张型财政政策和货币政策也需要转变为以微调为主的常态化宏观经济政策，主要目标应转为保持经济的平稳增长和充分就业，为全体国民提供良好的社会保障和医疗保障，产业政策也应转向促进企业的技术创新、保持长期竞争力。

### （一）财政政策从投资型向保障型转变，重心转移到养老和弱势群体保护

近年来，国内建立了总体有效的社会保障体系，大病统筹医疗和农村合作医疗体系在维护国民基本保障方面发挥了重要作用。但是，我国人口老龄化速度明显快于预期，如果不进行中长期的统筹安排，后面的社会保障有可能出现极端困难的局面。同时，财政支出也应向弱势群体保护倾

斜，起到社会稳定平衡器的作用。

我国目前已经成为世界第二大经济体，尽管人均 GDP 水平低于发达国家，但是累积的财富总量如果分配合理的话，应该足以建立一个有效的社会化医疗和养老保障体系。

### （二）宏观经济调控向中性货币政策回归，促使资产价格趋于合理，降低金融风险

货币政策是宏观经济调控的基础工具。从 2008 年“4 万亿”政策开始，我国的货币发行量连年快速增长，实际上执行的是一种扩张性的货币政策。在城市化初步完成的情况下，货币政策应走向中性，抑制货币供给量的过快增长，把金融风险控制在萌芽状态。

2019 年以来的房地产调控政策已经展现出了这一倾向。2020 年的房地产贷款占未偿还贷款总额比例比 2019 年有所下降，但是仍然处于高位（见图 3）。为有效控制金融风险，应出台有效措施，降低城市财政对房地产业的依赖，同时也应加大中央对地方的财政转移支付，降低地方财政的支出压力，减少地方政府的财政收入焦虑。

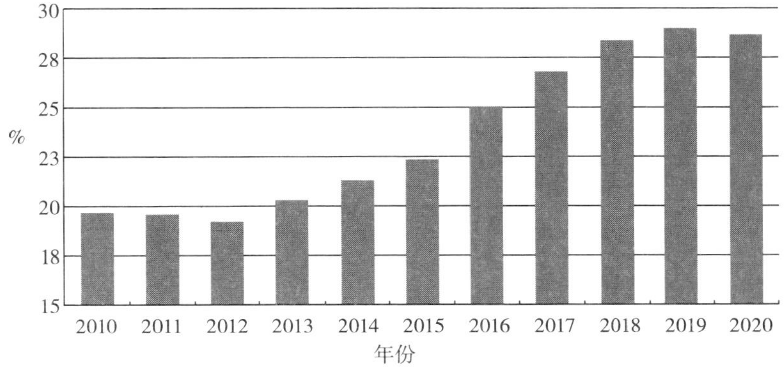


**图 3　房地产贷款占未偿还贷款总额比例**

数据来源：荷兰合作银行，China’s Five－Year Plan：Ambitious aims meet tricky trade－offshttps：//economics. rabobank. com/publications/2021/march/chinas－five－year－plan－ambitious－aims－meet－tricky－trade－offs/。

## （三）产业政策重点转向推动产业技术升级，政策工具从补贴型向减税型转变

我国的产业政策在促进经济增长与结构调整方面发挥了积极作用，但这些产业政策过多地以政府选择代替市场选择，而且主要通过减免税、财政补贴、低息贷款、低价供地、低于市场价的能源资源价格等特殊优惠和强刺激手段，以及市场准入限制、项目审批、强制淘汰等行政措施进行技术选择、产业选择、企业规模选择，在相当程度上改变了市场配置资源的规则，由此也带来了诸多负面效应，例如在某种程度上刺激了过度投资，促成或加剧了产能过剩，降低了资源配置效率，弱化了公平竞争原则等，尤其是抑制了产业技术创新动力，间接导致了我国在技术创新上依赖外国的局面。一些补贴政策在设计之初忽略了后来的产业规模，导致初期答应的补贴落实不到位，产业难以为继，突出的例子就是光伏行业。

在今后的产业政策中，应以推动产业技术升级和提高能效、环境绩效为导向，慎用财政补贴政策，多采用结构性的减税政策，比如对碳中和行业，可以调减若干比例的增值税，研发支出抵扣增值税等。

## （四）采取综合措施，扭转人口增速下降的趋势，优化人口年龄结构

中国近年来不婚不生人口快速增加，除了计划生育政策后第一批出生的80后这一代育龄人口基数少这一因素之外，快速上升的生活成本、养育成本也是一个重要的影响因素。因此，要想扭转人口增速下降的趋势，为育龄人口减负是一个重要方面，也将是最有效的政策。具体的政策可以包括：为首套房贷提供低息甚至负息贷款，为聘用哺乳期妇女的企业提供税收抵扣，哺乳期妇女和配偶个人所得税减免，延长哺乳假期，切实降低教育成本等。

## （五）以碳中和产业为抓手推动碳中和前景下的能源转型和生态文明建设

加快推进能源革命，发展低碳和清洁能源，实现2030年之前碳达峰和2060年之前碳中和的目标，推动生态文明建设，是时代赋予能源界的重要使命。这一承诺是中国作为一个发展中国家主动提出的，也代表着中国应对气候变化问题的新认识、新行动。这也意味着，中国这样一个高度依赖煤炭、石油等化石能源的超大经济体，需要进行重大的产业结构与能源结构转型才能实现这一目标。这不仅是对能源领域的挑战，更是对整个国民经济的挑战。同时，我们也应该看到，这一挑战同时也是能源与产业经济的重要发展机遇。我们还要认识到，能源转型不是以减缓发展为代价的，而是要通过创新能源新技术、创造能源新业态，来推动经济更好、更快、更绿色地发展。

我们需要在满足经济与民生对能源需求、经济上合理且安全稳定的前提下，推动能源体系从高碳化石能源为主向碳中性能源、低碳能源和非碳能源的转型。具体的措施主要有：①节能；②发展低碳和非碳能源，降低高碳能源比重；③碳基能源的循环利用是我国实现碳中和的必由之路；④生态固碳是实现碳中和的重要途径，这也是建设生态文明的重要意义之一。

## （六）继续完善交通、电信、能源等基础设施网络建设，有效降低经济成本

早在2018年底召开的中央经济工作会议上就明确了5G基建、特高压、城际高速铁路和城际轨道交通、充电桩、大数据中心、人工智能、工业互联网作为“新型基础设施建设”。2019年全国两会上，政府工作报告明确要求，“加快5G商用步伐和IPv6（互联网协议第6版）规模部署，加强人工智能、工业互联网、物联网等新型基础设施建设和融合应用”。

传统基础设施与新基建相结合，将大幅度提高中国经济基础设施的灵

活性、抗压性、安全性和可控性，在为整体经济注入新活力的同时，也将创造万亿级的新产业。5G 与人工智能、大数据、云计算等的结合，带来更加丰富的应用场景，比如无人驾驶、智慧城市、物联网、智能医疗等，将给人民生活带来更多便利。

### （七）完善科技创新机制，推动基础研究、工业技术、军民融合技术的研发投入

党的十九届五中全会强调，坚持创新在我国现代化建设全局中具有核心地位，把科技自立自强作为国家发展的战略支撑，并把完善科技创新体制机制作为坚持创新驱动发展、全面塑造发展新优势的重要内容。中国经济存在的“卡脖子”问题，并不是因为中国科技经费少，而是现有的科技创新体制没有解决基础研究、军工技术与产业技术研发相互衔接与促进的问题，没有实现科技创新的规模经济与范围经济，在知识共享与产业应用方面没有建立有效的机制。

参照发达国家的科技创新机制，中国应改变目前以国有科研院所为主体的技术研发体系，建立一套依托企业和市场的科技创新体制。具体的政策建议是：重大应用技术创新采用面向企业的招标制，其任务考核不仅是要提供技术包，还要提供可商业化生产的产品线，通过这种模式可以督促科研机构与企业紧密结合，共同推动产业技术的进步，实现重大工业技术的突破。具体的工业技术体系包括新型关键材料、成套数控机床、汽车与航天工业发动机、集成电路、综合能源系统与制造业技术、智慧系统相关技术等。

### （八）继续推动改革开放，减少市场准入限制，营建公平有序的市场竞争氛围

围绕生产、分配、流通、消费等环节，打通国内大循环。在生产环节，推动新型基础设施建设；在分配环节，推动生产要素市场化改革，促进要素自由流动，提高资源配置效率；在流通环节，加快通信、交通等基础设施建设，降低企业流通、交易成本；在消费环节，加快融合发展线上

线下消费，降低消费者负担，扩大内需。通过这一系列措施畅通国内大循环，发挥规模经济优势，释放国内市场巨大潜力。

加快内外循环联动发展格局的形成。面对全球治理体系的变革，积极融入全球化进程，主动引领两大循环的深度互动发展，利用国内国际两个市场优化资源跨国配置，推动经济高质量发展。继续坚持高水平对外开放政策，推进“一带一路”建设，积极参与全球治理，形成全方位、多层次、宽领域的全面开放型经济新体制，从而为双循环注入不竭动力。

## 五、总结

回顾“十三五”时期，在新冠肺炎疫情冲击、世界动荡变革等国内外多重因素的影响下，实现我国经济高质量、可持续发展面临前所未有的挑战。总体来看，我国在经济、社会各方面均取得了突破性进展，经济运行情况良好。展望“十四五”时期，我国仍将面临许多困难、风险和不确定性。中国要深刻认识错综复杂的国际环境带来的新矛盾、新挑战，加快构建以国内大循环为主体、国内国际双循环相互促进的新发展格局，牢牢把握扩大内需、提升产业竞争力这一战略基点。同时，加快推进绿色转型，持续改善生态环境，减少二氧化碳及主要污染物的排放，深度调整产业结构，构建现代化能源体系。此外，加大对于科技创新的支持力度，加快科技机制体制改革，真正做到以国内市场自主确保科技自立，从“市场换技术”迈向“市场强技术”。

## 参考文献

[1]新华网．我国人均 GDP 连续两年超 1 万美元[EB/OL]．[2021－03－01]．http://www.xinhuanet.com//2021－03/01/c_1127150974.htm.

[2]国家统计局．中华人民共和国 2020 年国民经济和社会发展统计公报[EB/OL]．[2021－02－28]．http://www.gov.cn/xinwen/2021－02/28/

content_5589283. htm.

[3]新华网."十三五"时期我国经济社会发展成就与经验启示[N/OL].[2021-09-22]. http://www. xinhuanet. com/politics/2020-09/22/c_1126524866. htm.

[4]中国政府网. 发展改革委就《关于扩大战略性新兴产业投资 培育壮大新增长点增长极的指导意见》答记者问[EB/OL].[2021-09-24]. http://www. gov. cn/zhengce/2020-09/24/content_5546618. htm.

[5]新华网."十三五"时期我国经济社会发展成就与经验启示[N/OL].[2021-09-22]. http://www. xinhuanet. com/politics/2020-09/22/c_1126524866. htm.

[6]新华网."十三五"时期我国经济社会发展成就与经验启示[N/OL]. http://www. xinhuanet. com/politics/2020-09/22/c_1126524866. htm,2020-09-22.

[7]新华网."十三五"时期我国经济社会发展成就与经验启示[N/OL]. http://www. xinhuanet. com/politics/2020-09/22/c_1126524866. htm,2020-09-22.

[8]武力."十三五"时期我国经济社会发展成就显著[J]. 红旗文稿,2020,(20):34-37.

[9]新华网客户端.2019年土地出让市场量价齐升[N/OL].[2020-01-07]. http://www. xinhuanet. com/2020-01/07/c_1125429372. htm.

[10]新浪财经.2020土地市场盘点:一线城市开闸放水 房企资金受限回归一二线[N/OL].[2021-01-15]. https://finance. sina. com. cn/chanjing/cyxw/2021-01-15/doc-ikftssan6435331. shtml.

[11]创享智库. 疫情之下产业转型升级:制造业[J/OL].[2020-06-11]. https://www. sohu. com/a/401168286_499079.

[12]能源与环境政策研究中心."两会"碳中和成为热议焦点,能源科技创新将迎来新机遇[EB/OL].[2021-03-08]. http://www. ceep. cas. cn/mznyxw/202103/t20210308_627983. html.

[13]能源与环境政策研究中心."两会"碳中和成为热议焦点,能源科技创新将迎来新机遇[EB/OL].[2021-03-08]. http://www. ceep. cas. cn/mznyxw/202103/t20210308_627983. html.

# 碳中和前景下的中国能源转型：2060 展望

刘强[*]　王恪[**]　洪倩倩[***]

**摘　要**　应对气候变化需要各国的共同努力，中国要实现2030年之前碳达峰和2060年之前碳中和的目标，推动生态文明建设，是时代赋予能源界的重要使命。本文首先梳理了中国能源结构现状以及实现碳中和的难点，并对实现碳中和的技术路线与路径进行了分析。在此基础上，本文利用中国社会科学院数量经济与技术经济研究所开发的中国能源系统模型（CEMS），把各种技术路径和其发展情景纳入总体能源系统，并进行情景分析。本文模拟了三种情景：基于常规技术进步的基础情景；基于高可再生能源比例的高可再生情景；基于较快提高能效速度，高可再生能源比例，终端煤炭替代和发展绿色甲醇的“高能效、高可再生能源比例、绿色甲醇、终端部门煤炭替代”情景。结果表明，只有高能效、高可再生绿色甲醇终端煤炭替代情景可以实现2060年之前碳中和的目标。最后，本文就如何实现碳中和提出了政策建议，包括大力发展碳中和技术体系、加快能源转型、煤炭替代、实现非碳能源的大规模商业化等措施。

**关键词**　碳中和；能源转型；中国能源；能源系统模型；碳循环

---

* 刘强，中国社会科学院数量经济与技术经济研究所能源安全与新能源研究室主任，研究员。

** 王恪，中国社会科学院数量经济与技术经济研究所能源安全与新能源研究室副研究员。

*** 洪倩倩，中国社会科学院大学研究生。

## 一、引言

应对气候变化是世界各国共同面临的重大议题。以全球变暖为主要特征的气候变化成为整个人类社会共同面临的严峻挑战，应对气候变化需要各国的共同努力。一直以来，中国在应对全球气候变化方面作出了极大的贡献，可再生能源投资位居世界第一，累计减少的二氧化碳排放量也居世界首位。2020 年 9 月 22 日，在第 75 届联合国大会期间，习近平主席代表中国再次向世界作出承诺："中国将秉持人类命运共同体理念，继续作出艰苦卓绝努力，提高国家自主贡献力度，采取更加有力的政策和措施，二氧化碳排放力争于 2030 年前达到峰值，努力争取 2060 年前实现碳中和，为实现应对气候变化《巴黎协定》确定的目标作出更大努力和贡献。"

中国此前曾承诺到 2030 年将达到二氧化碳排放峰值，新的碳中和承诺将大大提高我国在巴黎协定中的国家自主贡献（NDC）力度。这些承诺实际上意味着，中国需要在短期内实现经济的巨大转变。能源基金会（2020）发布的报告指出，中国承诺 2060 年前实现碳中和对全世界将升温限制在 1.5℃以内的努力作出了重大贡献。

这一承诺是中国作为一个发展中国家主动提出的，也代表着中国应对气候变化问题的新认识、新行动。中国这样一个高度依赖煤炭、石油等化石能源的超大经济体，要在如此短的时间内实现碳达峰、碳中和目标，意味着需要进行重大的产业结构与能源结构转型。这不仅是对能源领域的挑战，更是对整个国民经济的挑战。同时，也应该看到，这一挑战也是能源与产业经济的重要发展机遇。能源转型不是以减缓发展为代价的，而是要通过创新能源新技术、创造能源新业态，来推动经济更好、更快、更绿色地发展。需要在满足经济与民生对能源需求、经济上合理且安全稳定的前提下，推动能源体系从高碳化石能源为主向碳中性能源、低碳能源和非碳能源的转型。具体来说，煤炭和石油是典型的高碳能源，天然气、醇醚燃料可以视为低碳能源，生物能源（如生物柴油、生物乙醇燃料、生物质发电、沼气）、废弃物回收能源、二氧化碳循环制成的燃料可以看作是碳中性能源，风电、水电、太阳能、核电等可以看作是非碳能源。

本文利用中国社会科学院数量经济与技术经济研究所开发的中国能源系统模型（CEMS），把各种技术路径和其发展情景纳入总体能源系统，对如何实现 2030 年之前碳达峰和 2060 年之前碳中和的目标进行针对性的分析，提出了在经济和技术上相对可行的碳达峰、碳中和路径，并在此基础上对 2060 年之前的中国能源前景进行了预测。

## 二、实现碳中和的基础与路径分析

### （一）中国能源结构现状及实现碳中和的难点

中国能源体系本质是一个高碳、高煤的系统，如果以煤为主的能源结构未能发生根本性的变化，中国的碳排放也将难以得到有效抑制。依据 2019 年能源消费结构数据，煤炭占能源总消费的 57.7%，石油占 18.9%，天然气占 8.1%，水电、核电、风电等非化石能源占 15.3%。化石能源占比合计达 84.7%[①]，占能源总消费中的绝大部分。同时，我国电力生产中燃煤火电也占主体地位。2019 年，全国全口径发电量为 7.33 万亿（千瓦·时），全口径火电发电量 5.05 万亿（千瓦·时），煤电发电量 4.56 万亿（千瓦·时），全国非化石能源发电量 2.39 万亿（千瓦·时）。电力装机数

① 数据来源：国家统计局。

据，水电装机 3.6 亿千瓦、火电 11.9 亿千瓦（包括煤电 10.4 亿千瓦、气电 9022 万千瓦）、核电 4874 万千瓦、并网风电 2.1 亿千瓦（陆上风电 2.04 亿千瓦、海上风电 593 万千瓦）、并网太阳能发电 2.0 亿千瓦、生物质发电 2254 万千瓦。

近年来我国为推动低碳能源发展和能源转型，在能源生产革命、消费革命、体制革命、科技革命和对外合作方面实行了一系列政策。在生产侧的主要政策是推动燃煤电力向天然气、风电、光伏等低碳和可再生能源电力转型；在消费侧的政策包括：推动电动、天然气和醇醚燃料等新能源汽车发展，推动天然气替代煤炭，电能替代等。其中电动汽车的发展很快，已经成为世界第一大市场。到 2018 年底，全球新能源汽车累计销售超 550 万辆，中国占比超过 53%。

然而，以最终实现碳中和的角度看，目前以电能替代为代表的能源转型政策存在一个悖论。如果高碳能源在总消费中的比例超过 50%，电能替代反而会增加总体的碳排放。因此，在当前碳基能源占主体的情况下，不应过快推动电动汽车等电能替代的发展，电动汽车的高速发展将对电力供给提出更高的要求，会提升对化石能源尤其是对煤炭的需求，不利于减煤、减碳目标的实现。

总体来看，目前要实现碳中和目标有以下三个难点：一是我国碳基能源比例过高，且其中大半为煤炭。高比例含碳能源的使用意味着高碳排放，因此加快推进非碳能源的使用是减碳目标实现的重点。二是各种非碳能源实现减碳没有问题，但是没有碳中和即固碳效果。减少含碳燃料使用的同时应配合各类固碳方法，将二氧化碳重新纳入能源系统循环之中，这样才能更接近碳中和目标的实现。三是实现碳中和的各种技术成本尚居高不下，有待实现技术突破。

### （二）通过节能实现减排是最经济、最直接的路径

节能实现减排可以分为两种节能：一种是直接的节能，即提高能源使

用效率，尤其是碳基能源的使用效率，如降低燃煤发电的度电煤耗、提高电器等用能设备、装备的能源效率、提高汽车燃油经济性等；第二种是广义的节能，即通过减少终端产品的需求、减少建筑建设、缩短出行距离等方式降低对能源的需求。

实现发展方式的转变，使得经济从依赖资源、能源的大规模投入转向依靠创新驱动，形成新的高附加值制造业和现代服务业，这既是我国经济发展和产业升级的要求，也是建设生态文明、实现碳中和目标的必然要求。

### （三）发展低碳和非碳能源，降低高碳能源比重，为实现碳中和减轻压力

通过低碳和非碳能源的发展，可以部分取代高碳能源（主要是煤炭）在总能源消费中的比重，从而有效减少二氧化碳的排放。低碳化石能源主要是天然气，包括煤层气、页岩气、石油气等非常规化石能源。水电和核电受制于本身的特点，其发展空间受到一定的限制。

可再生能源是未来降低高碳能源和二氧化碳排放的主力，包括目前比较成熟的风电、光伏发电、生物质发电、地源热泵等，也包括尚需降低成本的光热发电、纤维素乙醇、生物柴油等。可再生能源的发展将降低总体碳排放，这将大大减轻后期碳中和的压力。

### （四）碳基能源的循环利用是实现碳中和的必由之路

化学碳循环则是利用化学工业技术，把工业过程中排放的二氧化碳捕集后合成为液体的醇醚化合物，一般为甲醇、乙醇、二甲醚。这三种醇醚化合物可以作为能源使用，其中因甲醇有较多的氢原子，还可以作为氢能的载体。通过这样一个碳的循环过程，可以实现化石能源的碳中和或者部分碳中和。如果这一过程使用的能源来自绿色电力如风电、光伏发电，这一过程就可以减少整体上的碳排放，从而成为碳中和的可行路径。

### （五）生态固碳

要实现2060年“碳中和”的目标，除了节能、能源转型、工业碳中和之外，生态固碳是重要的途径，这也是建设生态文明的重要意义之一。

生态固碳，是通过森林、草原、湿地的植被和水体进行碳的吸收和固定。森林蓄积量每增加1亿立方米，相应地可以多固定1.6亿吨二氧化碳，如果按照林业相关规划，从当前（2020年）的森林覆盖率达到23.04%，森林蓄积量超过175亿立方米，到2035年森林覆盖率达到26%，森林蓄积量210亿立方米，那么每年新增蓄积量的固碳效应约为3.7亿吨二氧化碳。我国2020年总二氧化碳排放量约为80亿~144亿吨（不同机构估计的数据有较大差异），这意味着单纯依靠改善生态实现碳中和并不现实。但是，大规模森林恢复和建设也是非常必要的，因为森林不仅能吸收固定二氧化碳，还能大量减少各种气体污染物并改善大气质量，涵养水源，减少气候灾害和地质灾害，间接地提高环境总体固碳能力。

## 三、碳达峰与碳中和的路径选择

低碳、非碳能源的技术进步与产业发展，提供了碳中和的多种技术路线选择。同时，对技术进步规律的把握也使我们可以预期，某些新型能源的成本将会在前景期内下降到可以与高碳能源相竞争的程度，从而提供新的碳中和路径。

### （一）模型与情景设计

为模拟各种能源选择的碳排放和碳中和效果，本文利用中国社会科学院数量经济与技术经济研究所开发的中国能源系统模型（CEMS），把各种技术路径和其发展情景纳入总体能源系统，并进行情景分析。CEMS是使用系统动力学建模方法建立的综合能源情景分析预测模拟模型系统，它根据国家统计局的行业分类，选定基年（目前以2016年为基年）后，对部分相近行业进行加总计算，根据对每个行业需求和生产的预测和对该行业的技术进步前景预测，考虑行业的燃料替代，计算出该行业对各种燃料的需求预测。各行业的终端能源和燃料需求加总后，引致了对能源和燃料生产的需求以及对其中的一次能源转化的能源和燃料需求，并最终得出能源和各种燃料的总需求。

同时，根据对每一种能源形式资源保障能力、生产能力、环境容量、技术进步特点的研究和判断，计算出各种能源的生产和供给预测，并与能源需求相匹配后，可以计算出各种能源和燃料的总需求、总供给和进出口量。

在计算各种能源消费对应的二氧化碳排放和非能源工业过程二氧化碳之后，可以得出中国的总体二氧化碳排放。此外，CEMS 也搭建了宏观经济模块，把人口、劳动力供给、投资、消费、国际贸易、国际能源价格等因素考虑进来，可以进行宏观经济增长的情景分析。

综合各国的政策与研究成果，应对全球气候变化、降低碳排放的主要能源选项包括：①提高能源利用效率和能源生产效率，减少总能源消费量和同等能源消费量下的二氧化碳排放，前者如提高汽车的燃油经济性即降低单位公里油耗，后者如燃煤发电部门降低度电煤耗；②以清洁的低碳化石能源替代高碳化石能源，如以天然气和清洁电力替代煤炭；③发展碳中性的能源，如核电、水电、非水可再生能源电力、生物乙醇和生物柴油、城市废弃物能源、沼气等；④发展氢能，可以用于交通动力来源和电力来源；⑤非常规的含碳气体能源，如页岩气、煤层气、油田气；⑥非常规的含碳液体燃料，如甲醇、乙醇、二甲醚；⑦二氧化碳捕集、储存和循环利用，其中碳捕集与储存是把二氧化碳从电厂等工厂废气中收集后存储于特定设施之中，而碳循环则是利用化学过程把二氧化碳作为原料与水反应制取合成气（一氧化碳和氢气），并进一步制取甲醇以及基于甲醇的醇醚燃料，从而实现了二氧化碳的循环利用。

在这些技术选项中，风电光伏等可再生能源、氢能在近年来受到了广泛关注并被寄予厚望。但是，基于我国以高碳能源（煤炭、石油）为主的能源结构和巨大的能源生产消费体量，指望这二者来满足碳中和的目标显然是不现实的，因为可再生能源电力的不平稳性要求保留一定份额的稳定电力来源。2021 年 1—2 月美国得克萨斯州的大停电事故再次提醒人们不能忽视电网的稳定运行。要在约 30 年的较短时间内实现碳中和的目标，还必须依托另外两个措施：①高碳能源向低碳转型，这将减少碳循环的总量压力；②碳基能源的碳循环，只有实现碳循环才能真正实现碳中和目标。

基于以上分析，本文考虑的能源选择情景包括以下六个方面：①不同氢能的发展组合，包括灰氢（工业副产氢）、蓝氢（由化石能源制取的氢）、绿氢（绿色电力制取的氢）；②基于碳基燃料排放的二氧化碳制备甲醇的情景和燃料替代；③能源转换：甲醇、氢能与煤炭、燃油、电能的替代，即各种燃料之间的相互替代；④一次能源电力（核电、水电、风电、光伏电力以及其他形式的可再生能源电力）的发展；⑤终端能源消费中清洁电力和天然气对煤炭的替代；⑥各产业的节能潜力。

对这六个方面的具体考虑将在下面分别讨论。

## （二）氢能的不同发展组合

氢能是近年来备受关注的新型能源。作为能源，氢气有两个极具竞争力的特征：高能量密度，单位质量的热值约是煤炭的 4 倍，汽油的 3.1 倍，天然气的 2.6 倍；可存储且无碳，相比电力可以实现跨时间及地域的灵活运用。氢气来源广泛，可从水、化石燃料等含氢物质中制取。但是，氢气也有一些缺点，能够提供全程无碳的制氢技术是有限的，同时它的密度轻，存在储存与运输上的难度。需要注意的是，氢在多数应用中并不是直接作为气体燃料烧掉的，而是作为燃料电池的原料进行电化学反应，即氢能主要作用是提供电力，主要应用领域是交通和电力。

绿氢可以通过使用可再生电力或核能来生产，但依赖可再生能源发电成本的大幅下降；蓝氢按目前定义是由煤或天然气等化石燃料制得，并将二氧化碳副产品捕获、利用和封存（Carbon Capture，Utilization and Storage，

CCUS)，从而实现碳中和；灰氢可以由以焦炉煤气、氯碱尾气为代表的工业副产气制取。

日本的氢能起步较早，且在汽车领域已经取得了很大的进步。2013 年 5 月，《日本再复兴战略》把发展氢能提升为日本国策。2014 年制订了“第四次能源基本计划”，将氢能定位为与电力和热能并列的核心二次能源，明确提出要加速建设和发展“氢能社会”。2017 年 12 月 26 日，日本发布“氢能源基本战略”，确定了在 2050 年建立氢能社会和到 2030 年的具体行动计划。日本的战略目标包括：到 2030 年实现氢能发电商业化，以削减碳排放并提高能源自给率。

美国对氢能的研究和利用居全球之首。目前全球运行中的输氢管道全长约 4500 公里，其中约 2600 公里位于美国。虽然美国输氢管道输送的更多是灰氢，但也可由此一窥美国在氢能利用方面的成熟程度。2019 年 11 月，美国燃料电池和氢能源协会发布了美国氢经济路线图，对氢能发展做出了短期和中长期规划。在其短期规划中，美国将在 2020—2022 年实现氢能在小型乘用车、叉车、分布式电源、家用热电联产、碳捕集等领域的应用。中期规划是，到 2030 年，美国氢经济每年产生约 1400 亿美元的收入，在整个氢价值链中提供 70 万个工作岗位。长期规划是，到 2050 年，美国将使氢气在总能源需求中的占比达到 14%，可以通过其每年创造约 7500 亿美元的收入和累计 340 万个就业岗位来推动经济增长。

美国、日本的实践显示氢能具有商业化的前景。中国目前工业制氢（灰氢和蓝氢合计）现在每年约有 1900 万吨的产量，把现有的电解制氢视为绿氢（实际上目前还不能算完全的绿氢，因为电力仍然以煤电为主），目前每年约有 100 万吨的产量。参考国内外的实践和可再生电力成本的下降，预计未来工业氢的产量会随着我国化学工业的达峰有所下降，但是绿氢即使用绿色可再生能源电力生产的氢的产量在步过导入期之后（2028 年左右）将快速上升。由此设定的情景是到 2060 年，工业氢和绿氢的产量均为 1500 万吨左右，合计将有 3000 万吨左右（见图 1）。

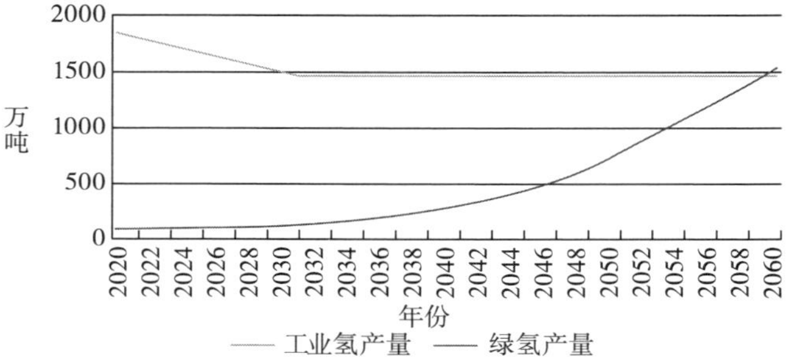


**图 1　氢产量情景**

## （三）基于碳基燃料排放二氧化碳制备甲醇的情景和燃料替代

1990 年，诺贝尔奖得主化学家乔治·安德鲁·欧拉开始提倡甲醇经济，实际上甲醇作为燃料的使用要更早。甲醇是用于热机和燃料电池的燃料。由于其高辛烷值，直接使用甲醇燃料的灵活燃料汽车（包括混合电动汽车和插电式混合动力汽车）可以使用现有的内燃机（Internal Combustion Engine，ICE）。甲醇也可以被用作燃料电池中的燃料，既可以直接用作甲醇燃料电池（Direct Methanol Fuel Cell，DMFC），也可以重整成氢气后用于氢燃料电池。同时，甲醇作为化工原料，已经大规模地应用于生产各种化学产品和材料中。

甲醇生产的原料来源十分广泛，包括化石燃料（天然气、煤、油页岩、油砂等）以及农产品和城市废物垃圾、木材和各种生物质。更重要的是，它还可以利用被回收的二氧化碳来生产，碳循环国际公司（Carbon Recycling International，CRI）已经在其首个商业规模的工厂中证明了这点，从发电厂烟道气中或水泥厂和其他工厂排出的废气中都可回收二氧化碳。如果能够实现低成本地从工业废气和大气中捕获和回收二氧化碳生产甲醇，就可以实现化石能源真正意义上的碳中和。

与氢的生产一样，甲醇的生产路径也有工业化工甲醇与绿色甲醇之分，此外，中国也在大量进口甲醇。化工甲醇并非都会作为燃料甲醇，很多还是回到化工过程中作为原料投入。在情景模拟中，我们设定化工甲醇的 20% 进入燃料，其他 80% 作为化工原料回到工业之中；绿色甲醇是利用绿色电力把二氧化碳和氢气合成的甲醇，在情景设定中它所使用的电力是来自风电、光伏发电中没有实现上网的部分弃风弃光电力，而这部分弃风弃光电力并未进入电力生产统计。为方便，本次模拟中进口甲醇都作为燃料使用。由于目前尚没有大规模的、规范意义上的绿色甲醇生产，所有模拟假定现有规模约 1 万吨，在技术成熟和市场导入之后，中等方案绿色甲醇到 2030 年达到约 38 万吨，到 2060 年达到约 618 万吨。同时，进口甲醇 2030 年约为 3413 万吨，2060 年约为 8004 万吨。相应地，化工甲醇 2030 年约为 6307 万吨，2060 年约为 6181 万吨（见图 2）。

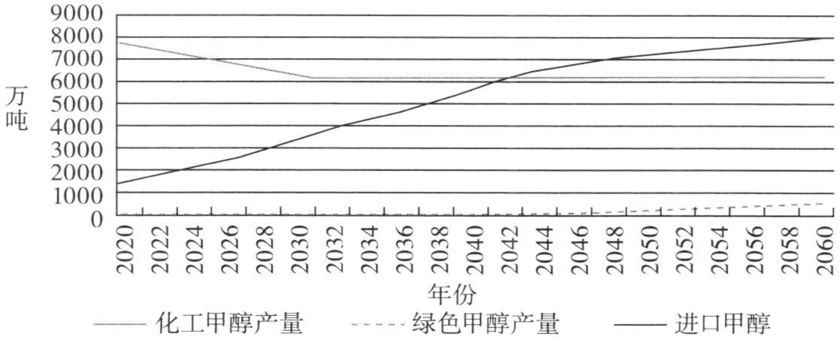


**图 2　甲醇产量情景**

## （四）能源转换：甲醇、氢能、煤炭、燃油、电能的替代

氢能和甲醇这两种非常规燃料进入能源系统之后，它们与原有燃料的替代关系是能源模型系统要解决的问题。

甲醇作为液体能源，可以替代汽油和柴油作为交通工具的燃料，另外可以作为工业和民用的液体燃料用于各种锅炉和工艺过程。在模型中，对这三种用途各赋予 1/3 的权重。

对于氢能，设置了三种用途：第一种用途是作为交通燃料；第二种用途是作为氢燃料电池，分别替代汽油和柴油；第三种用途是作为储能装置输出电力，成为未来家庭和商用设施的部分电力来源，这部分电力将会减少对化石能源电力的需求。在模型中，我们对这三种用途也各赋予 1/3 的权重。

电动汽车近年来也取得了长足的发展，无论是美国的特斯拉还是中国的各种电动汽车，以及以日本丰田为代表的油电混合动力，都带来了巨大的商机。为简化模型，没有模拟未来电动汽车的趋势，而是给定了一个替代燃油的比例增长作为前景。本文预计，到 2060 年，交通燃料需求中的汽油（包括运输部门和家庭汽车），在原有基础上的 20% 将被电动汽车所替代。此外，还有部分的汽油将和柴油被氢燃料电池的氢能、甲醇燃料所替代（见图 3）。

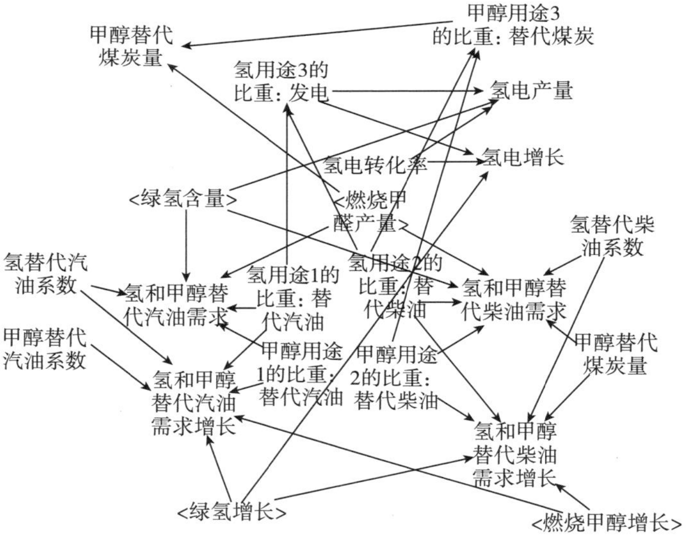


**图 3　氢燃料、甲醇燃料对煤炭与成品油的替代**

## （五）一次能源电力的发展情景和对化石能源电力的替代

从我国经济特点看，2030 年之前实现碳达峰不难，但是在后面 30 多年间从峰值实现碳中和难度甚大。以 30 年的时间实现能源结构从高碳到碳中和，毫无疑问将对经济结构形成巨大冲击，尤其是以高碳的化石能源为基础的石油石化电力将有大量的产能需要废弃或者转型。因此，需要找到一条碳基能源的碳循环利用路径，才能避免对经济的负面影响。为实现2060碳中和目标，需要尽快实现碳达峰，最好在当下即实现达峰，次优是在2025年前后实现碳达峰，这样将减少后面经济调整的难度，减轻对经济运行的冲击。

因此，为实现2060年之前碳中和的目标，需要在2030年之前实现非碳能源和碳中性能源比例达到50%以上，才能为后面的碳中和创造条件。否则2030年就不可能实现碳达峰，后面的碳排放还会有所增加。

近年来，以风电、光伏发电为主的一次可再生能源电力成本下降迅速。部分地区已经出现了与煤电成本相当甚至于低于煤电成本的项目和案例。在这一背景下，世界各国普遍对可再生能源电力寄予厚望，很多机构上调了风电和光伏发电的预测。比如，国家电网能源经济研究院2020年发布的《能源展望GERO2020》认为，到2050年，全球可再生能源发电装机占比将超过80%，达到251亿千瓦，是2019年的2.3倍。到2025年全球可再生能源发电装机占比约为50%，发电量在2035年占比超过50%，到2050年占比超过70%。

2020年12月12日习近平主席在气候雄心峰会上进一步宣布：到2030年，中国单位国内生产总值二氧化碳排放将比2005年下降65%以上，非化石能源占一次能源消费比重将达到25%左右，森林蓄积量将比2005年增加60亿立方米，风电、太阳能发电总装机容量将达到12亿千瓦以上。

为此，对核电、水电、一次可再生能源电力、氢电进行综合评价之后，我们给出了中国电力的增长情景建议（见图4，具体数据见表1～表3）。其中，燃煤发电需要大幅度下降，水电、核电之外的可再生能源电力需要快速增长来填补煤电的下降。此外，天然气发电也需要一定的增长，作为对燃煤发电的替代，并用于维持整个电力系统的稳定；对核电的建议是在完成目前规划的核电项目之外不再新建核电项目，这是为回应公众对于核电安全的担忧；水电因受限于资源禀赋，我们预期了较低幅度的增长。未来天然气发电，核电、水电、燃煤发电将一起作为整个电力系统的基荷，与可再生能源共同担负起电力供应。

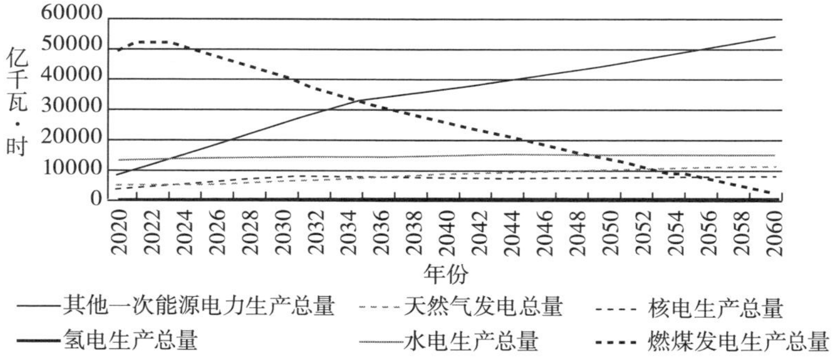


**图 4　电力生产情景**

## （六）终端能源消费中清洁电力和天然气对煤炭的替代

煤炭这种高碳排放能源作为中国能源消费的主体，是中国碳排放总量居高难下的主要原因。因此，除电力生产部门降低燃煤发电的比例之外，降低终端能源消费中的煤炭比例也非常重要。本文设定了一个终端部门（能源转换部门之外的其他部门）能源消费中的煤炭替代情景，时间是在2026—2035 年，终端部门中的煤炭消费逐步被可再生能源电力和天然气替代，其中天然气对煤炭的替代比例从 2025 年的 0 上升到 2035 年的 40%，可再生能源电力对煤炭的替代比例从 2025 年的 0 上升到 2035 年 30%，煤炭由原有技术路线的 2025 年的 100% 下降到 2035 年的 30%。

## （七）各产业的节能潜力

节能一直是最大的能源。中国经济在实现高速增长的同时，能源效率也得到了大幅度的提高。根据对我国历史数据的分析，改革开放 40 多年来，我国的平均能源强度每年约提高 3.7%，节约了大量的能源。但是，要实现2060 年碳中和的目标，能效提高的速度还需要加快。同时，我国已经初步完成了工业化与城市化的进程，产业升级速度加快，智能制造、信息化与工业化融合技术的快速应用，都为提高能源效率提供了技术支持和可行性。

因此，本文对未来的能源效率的提高速度做了新的假定，即主要制造业比历史平均水平提高 10%，采取年均 4.1% 的能效提高速度，其他采矿业、农业、生活、商业的能效提高速度仍保持年均 3.7% 的水平。

## 四、推荐路线：高可再生能源、高能效、终端煤炭替代和绿色甲醇

从前述的分析与模拟结果可以看出，无论是发展绿色氢能、绿色甲醇还是对终端部门煤炭的替代，都离不开绿色电力的发展。这是因为电解制氢和二氧化碳与氢气合成甲醇都需要绿色电力，否则使用高碳电力会使得总体的化石能源消费与碳排放增加更多。

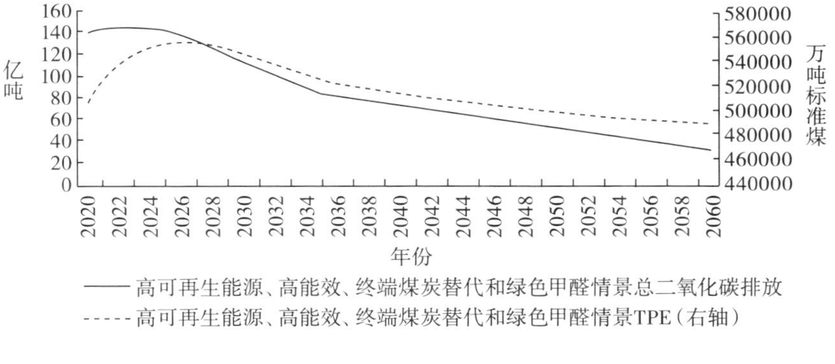


**图 5　高可再生能源、高能效、终端煤炭替代和绿色甲醇情景下的总一次能源消费和二氧化碳模拟**

从二氧化碳排放结果看。到 2060 年，碳排放水平要下降到目前的1/4。尽管对中国的二氧化碳排放的计算有各种各样的数据结果，但是，本文倾向于认为中国现在的二氧化碳排放水平与 2016 年基本持平，并没有大幅度的上升。这从近年来雾霾天气的减少也可以得到验证。尽管存在基础数据不一致的争议，但是本情景给出的温室气体排放下降速度是合理的，经过

努力也是可以实现的。

到 2060 年，中国的二氧化碳排放水平尽管不是零排放，但是 30 多亿吨的排放水平已经大大超出了预期的下降速度，而且能够与环境的消纳水平相适应。可以说，如果按照这样的路径走下去，中国的生态文明建设和环境质量将得到大幅度的改善。

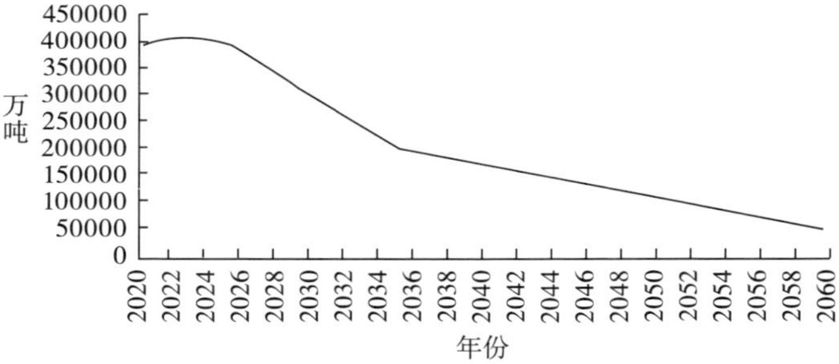


**图 6　高可再生能源、高能效、终端煤炭替代和绿色甲醇情景下的总煤炭需求**

高可再生能源方案不一定带来更少的能源消费需求，因为它的转换效率往往低于化石能源。但是它能够大幅度减少化石能源的消费和由此产生的碳排放（见图 5、图 6）。在图 6 中可以看到，在高可再生能源、高能效、终端煤炭替代和绿色甲醇情景下的总煤炭需求大幅度减少。

此外，表 1、表 2、表 3 给出了主要能源需求、电力生产绿氢和绿色甲醇的前景模拟。

**表 1　高能效高可再生绿色甲醇终端煤炭替代情景下的能源需求预测**

| 年份 | 总原油需求（万吨） | 总天然气需求（万吨） | 总煤炭需求（万吨） | 总电力需求（亿千瓦·时） |
|---|---|---|---|---|
| 2025 | 56401.7 | 3791.1 | 396844.0 | 85643.3 |
| 2030 | 52506.9 | 5652.5 | 294299.0 | 89462.6 |
| 2040 | 41997.1 | 7441.5 | 167883.0 | 89572.6 |
| 2050 | 32731.4 | 7839.5 | 108725.0 | 87844.7 |
| 2060 | 25043.5 | 8035.2 | 54030.2 | 86795.7 |

**表 2　高能效高可再生绿色甲醇终端煤炭替代情景下的电力生产预测**

| 年份 | 燃煤发电（亿千瓦·时） | 其他一次能源电力生产（亿千瓦·时） | 天然气发电（亿千瓦·时） | 核电生产（亿千瓦·时） | 水电生产（亿千瓦·时） | 氢电产量（亿千瓦·时） |
|---|---|---|---|---|---|---|
| 2025 | 48979. 1 | 16368. 4 | 5060. 8 | 5614. 3 | 13623. 8 | 32. 5 |
| 2030 | 40323. 9 | 25522. 9 | 6156. 8 | 7512. 8 | 14121. 3 | 40. 3 |
| 2040 | 25579. 5 | 36909. 9 | 8539. 2 | 7888. 5 | 14791. 8 | 84. 505 |
| 2050 | 13536. 2 | 44959. 6 | 10346. 9 | 7888. 5 | 15037. 6 | 215. 2 |
| 2060 | 1873. 2 | 54342. 4 | 11290. 3 | 7888. 5 | 15037. 6 | 453. 6 |

**表 3　高能效和高可再生绿色甲醇终端煤炭替代情景下的绿氢和绿色甲醇预测**

| 年份 | 燃料甲醇产量（万吨） | 绿氢产量（万吨） | 绿色甲醇产量（万吨） | 进口甲醇（万吨） |
|---|---|---|---|---|
| 2025 | 3913. 6 | 108. 2 | 3. 2 | 2281. 1 |
| 2030 | 5058. 9 | 134. 2 | 16. 2 | 3413. 7 |
| 2040 | 7515. 9 | 281. 7 | 200. 1 | 5719. 5 |
| 2050 | 9635. 2 | 717. 3 | 792. 1 | 7246. 7 |
| 2060 | 11023. 3 | 1511. 8 | 1422. 0 | 8004. 9 |

与其他机构相比，这一方案无疑是最能适合中国国情的，同时也没有过于激进的能源方案。这一方案对各种能源需求和能源路线进行了综合考虑，而且考虑各种能源和燃料之间的相互配合与相互替代。

## 五、政策建议

不考虑为 3060 碳达峰碳中和目标制定新的策略，按照既有的能源革命发展路径和常规的发展前景，到 2060 年，我国二氧化碳排放有望降为现在水平的一半。独立研究机构荣鼎咨询（Rhodium Group）的研究报告提出，中国 2019 年温室效应气体排放总量估计相当于 139. 2 亿吨二氧化碳。而根据本文的高能效和高可再生绿色甲醇终端煤炭替代的情景，中国的碳达峰在 2022—2025 年出现，峰值最高约为 147 亿吨二氧化碳，比 2019 年增长 5. 6%。之后逐渐下降，到 2060 年约为 33. 3 亿吨，相比 2019 年下降 76%。

这一规模已经进入到自然生态可以中和的范围内，基本上实现了碳中和的目标。基于前述的分析，我们提出以下政策建议。

### （一）推动能源转型，发展碳中和技术与产业体系

#### 1. 工业能源碳中和技术

当前能源转型工作的重点，应该包括：①推动天然气和甲醇等低碳清洁化石能源对煤炭、石油等高碳且对环境影响巨大的能源的替代；②加快发展智慧电网，实现非碳能源尤其是可再生能源占总能源消费和总电力生产比例的快速上升，只有非碳电力比例超过了50%，进行电能替代才会带来碳排放量的下降，否则电能替代反而会增加碳排放；③加快风电等可再生能源的建设，提升其在总能源消费和电力消费中的比重；④加强对氢能的基础研究和工业化技术研究，尽快掌握核心科技，抓住未来氢能发展的机遇；⑤加强对储能材料和储能技术的研究与商业化应用；⑥加快产业结构调整，降低对钢铁、水泥、有色等高耗能产品的需求；⑦加强楼宇建筑的节能和冬季利用风电等可再生能源工作；⑧加强生物质能源利用。通过这些工作，可以尽早实现碳达峰，估计在2025年是有可能实现的。

#### 2. 交通能源碳中和技术

交通能源是能源转型的重要方面。除传统燃油外，电动汽车、混合动力、氢燃料电池、生物柴油、醇醚燃料、自动驾驶、智慧交通管理等各种技术层出不穷。在交通动力技术中，应加强对甲醇利用技术的研究，包括甲醇作为氢燃料电池介质的产业技术应用研究，甲醇混合动力汽车技术的研发与产业化。这是因为，甲醇应用是碳中和应用的重要节点，它能有效地把氢能、碳循环、电能替代、燃油替代技术结合在一起。同时，它还有运输方便、高效的优势，避免了大规模管网基础设施建设的约束。

#### 3. 建筑能源碳中和技术

建筑中能源需求巨大，虽然主要是电力供应，但是可以实现与可再生

能源电力、储能设施、智能电表、微电网、智慧温控技术、地缘热泵技术、可再生电力供热、LNG余冷供冷等技术相结合，实现建筑节能。本模型中就设计了利用氢能为建筑提供储能的情景。

**4. 农业、分布式和移动能源技术**

农村农业能源是典型的面源能源资源与分布式点式利用的矛盾。从总量上来看，我国每年的农业生物质废弃物有17亿吨，但是分布广泛，不易收集和处理。农村能源利用，以前曾经寄希望于生物乙醇尤其是纤维素乙醇的技术突破，现在看即使实现突破，对散布的原料的收集和储运也存在成本上的障碍。比较适宜的技术是小型处理设备，把秸秆等生物质材料加工成高热量的生物质固体燃料，直接取代农村地区的散煤燃烧，可以取得更好的效果。在欧洲和日本，这种技术已经比较成熟，可以考虑在国内推广。

此外，在边海偏远地区、户外作业、无人机等移动点式能源利用场景，也有大量的能源需求。以前这种需求不大，经常被忽视，但是随着技术进步和生活方式的转变，这种能源需求越来越大，已经成为一个新兴的能源市场，甚至已经发展出穿戴式可再生能源系统。

## （二）提高非碳能源与碳中和能源比重

碳达峰时，非碳能源与碳中和能源（二氧化碳制绿色醇醚燃料）应占到总能源消费的50%以上。为此，需要加快推进以下几项工作：一是加快建设风电、光伏等可再生能源，在碳达峰时风电占总发电比例争取达到30%、总可再生能源（含水电）比例超过50%；二是适度发展核电，使在建核电项目按期投产；三是实现氢能技术、储能技术的商业化利用，制氢选址最好在大型发电基地附近，合理使用弃风、弃光、弃水等不能并网的电力用以制氢；四是实现绿色醇醚燃料的商业化，即通过捕集工业（火电和碳酸盐工业）二氧化碳排放并利用绿色电力制取醇醚燃料，这是最有效的碳中和技术，它可以有效减少碳基能源的最终二氧化碳排放。

加快非碳能源的大规模商业化，使得能源结构接近80%非碳和碳循环（二氧化碳制能源），2031—2060年每年需提高1个百分点。大力发展碳中和技术体系及碳中和产业。产业支撑是各种新型能源技术大规模替代高碳化石能源的基础，否则技术只能停留在实验室之中。为推动碳中和目标的实现，需要大力发展新型碳中和产业技术经济体系。以中国的市场规模和潜力，碳中和将成为一个万亿级的新兴产业，为中国经济的升级转型提供新的增长点。

### （三）全面推进生态恢复和改善工作

加快生态修复和改善工作，到2060年森林覆盖率提高到30%以上（2019年全国森林覆盖率为22.96%，森林面积为2.2亿公顷），草原生态功能恢复，东部地区天然湖泊面积恢复到9万平方公里以上（2015年中国共有面积大于1平方公里湖泊2554个，总面积达7.4万平方公里），河湖水体生态功能大幅度改善。如此力度的生态功能改善可以每年吸收中和5亿吨的二氧化碳。

## 参考文献

[1]北极星氢能网. 绿氢or蓝氢? 一文了解德、日、英、美等7国的氢气选择[N/OL]. [2020-08-17]. http://chuneng.bjx.com.cn/news/20200817/1097419.shtml.

[2]北极星氢能网. 绿氢or蓝氢? 一文了解德、日、英、美等7国的氢气选择[N/OL]. [2020-08-17]. http://chuneng.bjx.com.cn/news/20200817/1097419.shtml.

[3]Carbon Recycling International. First Commercial Co2-to-Methanol Plant Underway in China[EB/OL]. [2021-02-19]. https://www.process-worldwide.com/first-commercial-co2-to-methanol-plant-underway-in-china-a-1001705/.

[4]搜狐网. 电动汽车第一大国:面子与里子[EB/OL]. [2019-01-25]. https://www.sohu.com/a/291409212_121957.

[5]中国网. 碳中和森林作用大！我国森林植被总碳储量92亿吨[EB/OL]. [2021-01-14]. http://life.china.com.cn/2021-01/14/content_41426776.htm.

[6]国家发展和改革委员会. 全国重要生态系统保护和修复重大工程总体规划（2021—2035年）[EB/OL]. [2020-06-11]. https://www.ndrc.gov.cn/xxgk/zcfb/tz/202006/P020200611354032680531.pdf.

[7]中国网. 碳中和森林作用大！我国森林植被总碳储量92亿吨[EB/OL]. [2021-01-14]. http://life.china.com.cn/2021-01/14/content_41426776.htm.

[8] RHODIUM GROUP, MIKHAIL GRANT, HANNAH PITT, AND KATE LARSEN. Preliminary 2020 Greenhouse Gas Emissions Estimates for China[EB/OL]. [2021-03-04]. https://rhg.com/research/preliminary-2020-greenhouse-gas-emissions-estimates-for-china/.

# 经济增长与能源消费：经济体之间总量、弹性、强度与结构的四维比较

胡安俊[*]　荆钰淇[**]

**摘　要**　研究代表性经济体经济增长与能源消费总量、弹性、强度与结构的关系。数据分析发现：库兹涅茨倒U型曲线在能源领域同样适用，大多数发达经济体的能源消费已经出现了峰值，经济发展与能源消费进入脱钩阶段。而发展中经济体，则还处于库兹涅茨倒U型曲线的左侧，能源消费总量仍然处于上升阶段。发达经济体与发展中经济体的能源利用效率差距很大，前者的效率是后者的数倍。发达经济体与发展中经济体的能源结构不同，发达经济体多以石油和天然气为主，而发展中经济体，如中国、印度、南非则以煤炭为主。提高能源效率，是发展中国家实现碳达峰和碳中和的首要选择。

**关键词**　能源消费总量；能源消费弹性；能源消费强度；能源消费结构；国际比较

* 胡安俊，中国社会科学院数量经济与技术经济研究所副研究员，主要研究领域包括人工智能与创新经济、产业布局与区域不平衡、能源革命等。

** 荆钰淇，华东师范大学经济与管理学部信息管理系，主要研究领域包括数据分析、数据挖掘、商业分析。

## 一、引言

2020年9月22日，国家主席习近平在第七十五届联合国大会上宣布，中国将提高国家自主贡献力度，采取更加有力的政策和措施，二氧化碳排放力争于2030年前达到峰值，努力争取2060年前实现碳中和。2020年12月12日，习近平主席在气候雄心峰会上进一步宣布：到2030年，中国单位国内生产总值二氧化碳排放将比2005年下降65%以上，非化石能源占一次能源消费比重将达到25%左右，森林蓄积量将比2005年增加60亿立方米，风电、太阳能发电总装机容量将达到12亿千瓦以上。2020年12月中央经济工作会议将碳达峰和碳中和列为2021年八项重点任务之一，2021年政府工作报告强调做好碳达峰和碳中和工作，并制订了2030年前碳达峰行动方案。

作为一个发展中国家，中国一直积极承担国际责任。碳达峰和碳中和目标既是中国大国担当的表现，也是实现中国经济高质量发展的内在要求。为了更好地推动中国实现碳达峰和碳中和，分析主要经济体的经济发展与能源消费的关系，特别是分析能源消费总量、能源消费弹性、能源消费强度和能源消费结构之间的变化关系，将对中国开展相关工作提供重要的理论参考与实践经验。

首先，选择美国、英国、法国、德国、日本、意大利、加拿大、欧盟等8个经济体，分析经济增长与能源消费总量、能源消费弹性、能源消费强度与能源消费结构之间的关系。研究发现，随着经济的不断进步，除了加拿大之外，美国、英国、法国、德国、日本、意大利、欧盟等7个经济体都出现了能源消费总量的峰值。除了德国在1988年实现能源消费达峰外，美国、英国、法国、日本、意大利、欧盟等经济体在2003—2006年实现能源消费总量的达峰。发达经济体的能源利用效率较高，其中，英国的效率最高，仅为0.07千克油当量/2010年美元不变价；加拿大最低，也为0.15千克油当量/2010年美元不变价。除了法国之外，发达经济体的能源消费结构以化石能源为主，但侧重石油和天然气，而不是煤炭。

第二，选择金砖国家中的巴西、俄罗斯、印度和南非四个国家，分析经济增长与能源消费总量、能源消费弹性、能源消费强度与能源消费结构之间的关系。研究发现，由于经济发展水平仍然较低，除了俄罗斯之外，巴西、印度和南非的能源利用总量仍在增长，还没有出现峰值。金砖国家的能源利用效率较低，除了巴西之外，南非、印度和俄罗斯的能源消费强度远远高于发达经济体，能源利用效率还有很大的提升空间。除了巴西的可再生能源消费比重出现大幅上涨、化石能源消费比重有所下降之外，俄罗斯、印度和南非的能源消费结构比较稳定，变化不大。

第三，分析了中国的经济增长与能源消费总量、能源消费弹性、能源消费强度与能源消费结构的关系。中国的能源利用效率已有大幅改善，但与发达国家相比，中国的能源消费强度较高，分别是英国、意大利、日本、德国、法国、欧盟、美国、加拿大等发达经济体的5.67倍、5.23倍、5.08倍、4.46倍、4.27倍、3.92倍、2.94倍、2.47倍，中国的能源利用效率还有很大的提升空间。中国是一个以煤炭为主的能源消费国家。尽管近年来节能降耗不断加快，煤炭消费占比不断下降，但以煤炭为主体的能源消费结构没有改变。降低煤炭消耗总量、提高煤炭的利用效率是实现碳达峰和碳中和关键。

第四，基于习近平主席提出的2030年前实现碳达峰、2060年前实现碳中和的目标，分析了中国的能源消费前景与重点减排的产业。研究发现，碳排放产业具有高度集中性。电力、蒸汽和热水的生产和供应业，黑色金属冶炼及压延加工业，非金属矿物制品业，运输、仓储和邮电服务业，化学原料和化学制品业，石油加工和炼焦业六大高排放产业的二氧化碳排放量超过总排放量的90%。因此，六大高排放产业既是提高能源利用效率、降低碳排放的工作重点，也是面临绿色转型状况最严峻的产业。

下文中，第二部分分析了发达经济体的经济增长与能源消费，第三部分分析了发展中经济体的经济增长与能源消费，第四部分分析了中国的经济增长与能源消费，第五部分分析了碳达峰、碳中和承诺与未来中国的能源消费，最后是结论与讨论。

## 二、发达经济体的经济增长与能源消费

七国集团和欧盟经济体是世界上发达经济体的主要代表，2019 年七国集团的经济总量占到全球 GDP 的 45.17%，欧盟的经济总量占到全球 GDP 的 17.80%，其在国际和地区事务的处理中扮演着关键角色。为此，选择美国、英国、法国、德国、日本、意大利、加拿大、欧盟等 8 个经济体，分析其经济增长与能源消费总量、能源消费弹性、能源消费强度与能源消费结构的关系，并通过比较分析，总结能源消费的规律。

### （一）经济增长与能源消费总量

库兹涅茨倒 U 型曲线规律是社会科学领域的一条基本规律。将这一规律应用到能源领域，就是随着经济的发展，能源消费先增长后下降。根据发达经济体的能源消费曲线，可以发现大多数发达经济体都遵循库兹涅茨倒 U 型曲线规律。即发达经济体在能源消费负增长的情况下，经济仍然呈现正增长，发达经济体的经济发展与能源消费已经进入脱钩阶段。

美国的能源消费从 1960 年的 10.16 亿吨油当量提高到 2015 年的 21.78 亿吨油当量，增长了 2.14 倍；同期，美国的 GDP 从 $3.20 \times 10^4$ 亿美元提高到 $1.70 \times 10^5$ 亿美元，增长了 5.31 倍。能源消耗总量的增幅小于经济增长

的增幅，反映了能源利用效率的改善。同时，美国的能源消费总量在2005年达到峰值，之后缓慢下降。

英国的能源消费从1960年的1.58亿吨油当量提高到2015年的1.80亿吨油当量，增长了1.14倍；同期，英国的GDP从$7.30\times10^3$亿美元提高到$2.70\times10^4$亿美元，增长了3.70倍。能源消耗总量的增幅小于经济增长的增幅，反映了能源利用效率的改善。同时，英国的能源消费总量在2003年达到峰值，之后不断下降。

法国的能源消费从1960年的0.80亿吨油当量提高到2015年的2.47亿吨油当量，增长了3.10倍；同期，法国的GDP从$5.90\times10^3$亿美元提高到$2.80\times10^4$亿美元，增长了4.75倍。能源消耗总量的增幅小于经济增长的增幅，反映了能源利用效率的改善。同时，法国的能源消费总量在2004年达到峰值，之后不断下降。

德国的能源消费从1970年的3.01亿吨油当量提高到2015年的3.13亿吨油当量，增长了1.04倍；同期，德国的GDP从$1.50\times10^4$亿美元提高到$3.70\times10^4$亿美元，增长了2.47倍。能源消耗总量的增幅小于经济增长的增幅，反映了能源利用效率的改善。同时，德国的能源消费总量在1988年达到峰值，之后不断下降。

日本的能源消费从1960年的0.81亿吨油当量提高到2015年的4.46亿吨油当量，增长了5.48倍；同期，日本的GDP从$8.00\times10^3$亿美元提高到$6.00\times10^4$亿美元，增长了7.50倍。能源消耗总量的增幅小于经济增长的增幅，反映了能源利用效率的改善。同时，日本的能源消费总量在2004年达到峰值，之后不断下降。

意大利的能源消费从1960年的0.40亿吨油当量提高到2015年的1.51亿吨油当量，增长了3.81倍；同期，意大利的GDP从$5.50\times10^3$亿美元提高到$2.10\times10^4$亿美元，增长了3.82倍。能源消耗总量的增幅与经济增长的增幅相差不大，反映了能源利用效率改进不大。同时，意大利的能源消费总量在2005年达到峰值，之后不断下降。

加拿大的能源消费从1960年的0.77亿吨油当量提高到2015年的2.75亿吨油当量，增长了3.59倍；同期，加拿大的GDP从$2.90\times10^{3}$亿美元提高到$1.80\times10^{4}$亿美元，增长了6.21倍。能源消耗总量的增幅小于经济增长的增幅，反映了能源利用效率的改善。同时，加拿大的能源消费总量仍在增长，没有出现峰值。

欧盟的能源消费从1970年的10.77亿吨油当量提高到2015年的14.42亿吨油当量，增长了1.34倍；同期，欧盟的GDP从$5.80\times10^{4}$亿美元提高到$1.50\times10^{5}$亿美元，增长了2.59倍。能源消耗总量的增幅小于经济增长的增幅，反映了能源利用效率的改善。同时，欧盟的能源消费总量在2006年达到峰值，之后不断下降（见图1）。

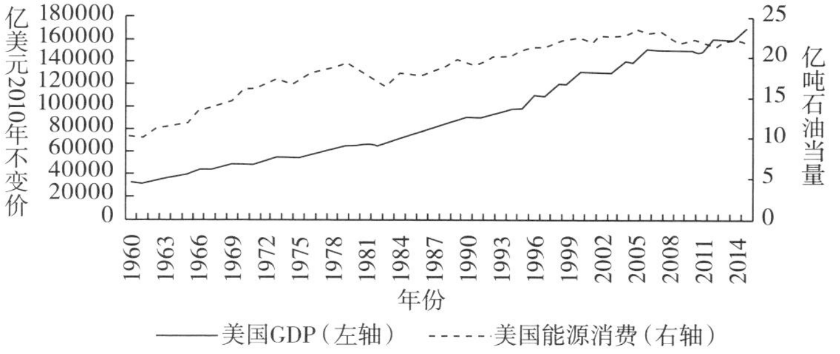


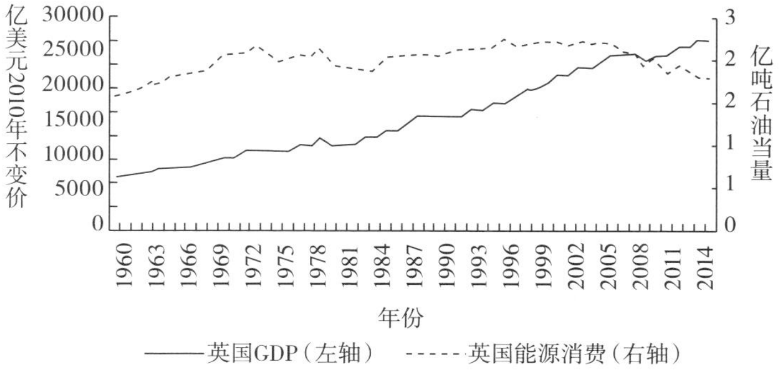

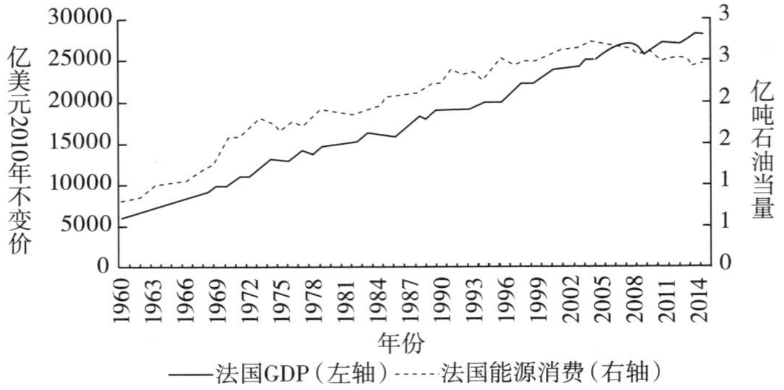

亿美元2010年不变价
亿吨石油当量
年份
法国GDP（左轴）
法国能源消费（右轴）


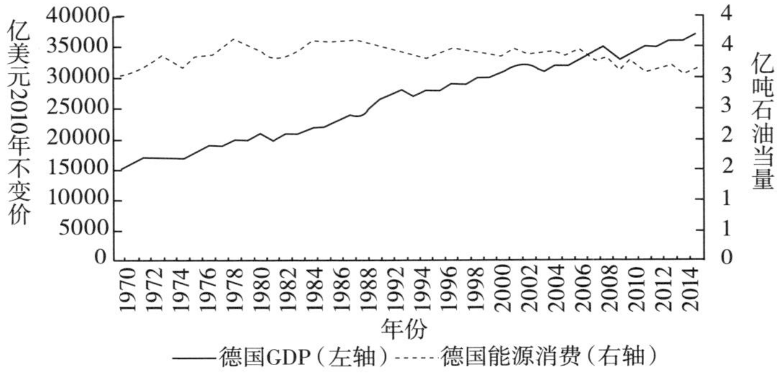

亿美元2010年不变价
亿吨石油当量
年份
德国GDP（左轴）
德国能源消费（右轴）


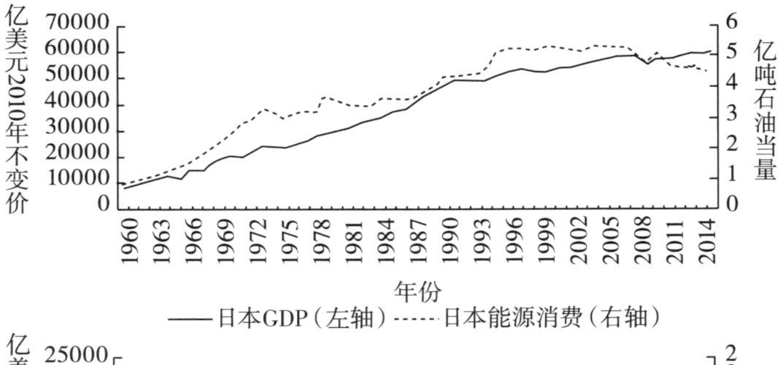

亿美元2010年不变价
亿吨石油当量
年份
日本GDP（左轴）
日本能源消费（右轴）


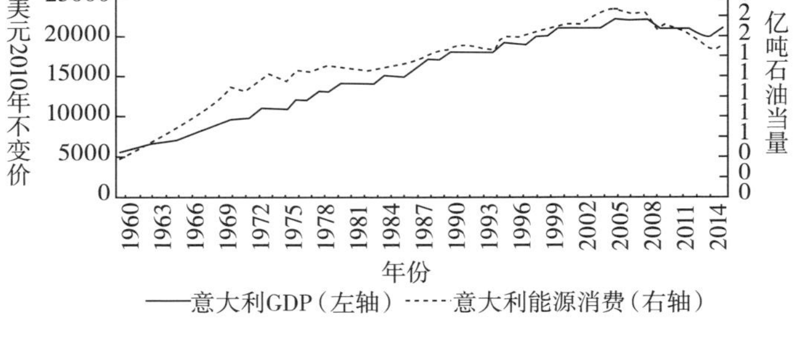

亿美元2010年不变价
亿吨石油当量
年份
意大利GDP（左轴）
意大利能源消费（右轴）

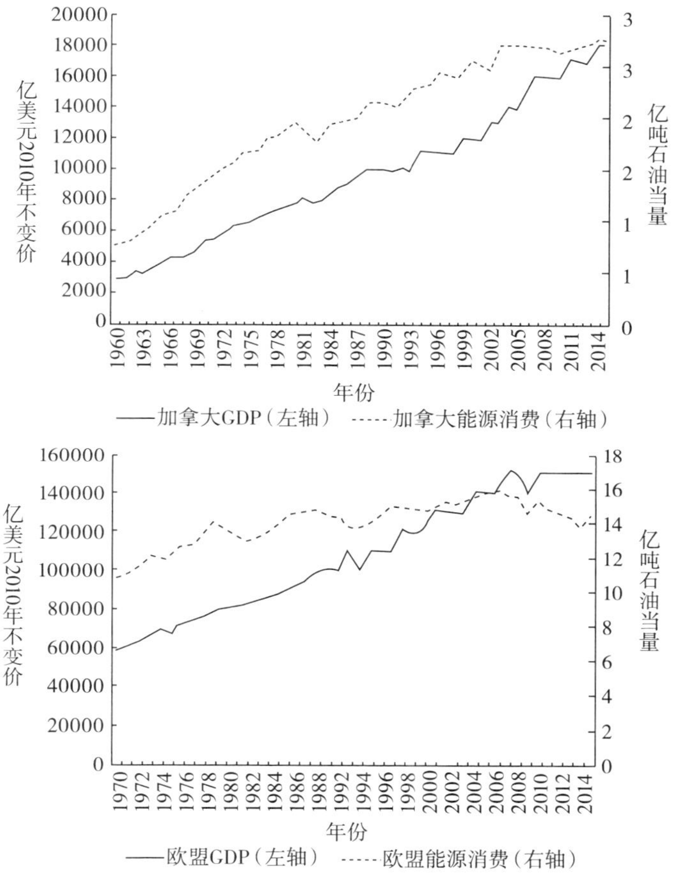


**图 1　发达经济体的经济增长与能源消费总量**

数据来源：世界银行数据库，2021。

概括起来，随着经济的不断进步，除了意大利之外，美国、英国、法国、德国、日本、加拿大、欧盟等 7 个经济体的能源利用效率都出现了较大的改善；除了加拿大之外，美国、英国、法国、德国、日本、意大利、欧盟等 7 个经济体都出现了能源消费总量的峰值。除了德国在 1988 年实现能源消费达峰外，美国、英国、法国、日本、意大利、欧盟等经济体在 2003—2006 年实现能源消费总量的达峰。

## （二）经济增长与能源消费弹性

能源消费弹性是能源消费增长率与GDP增长率的比例。本文通过使用数据，依次分析了美国、英国、法国、德国、日本、意大利、加拿大、欧盟的能源消费弹性。

美国的能源消费弹性从1961年的-0.23，变化为2015年的-0.77，由于能源消费总量已经达峰，中间年份的能源消费弹性也是正值与负值交替出现。美国的能源消费的效率较高。

英国的能源消费弹性从1961年的0.39，变化为2015年的-0.20，由于能源消费总量已经达峰，中间年份的能源消费弹性也出现负值。这说明英国的能源消费效率较高。

法国的能源消费弹性波动较大，从1961年的0.54，变化为2015年的2.18，由于能源消费总量已经达峰，中间年份的能源消费弹性也出现负值。这说明法国的能源消费弹性波动较大，近年来能源消费的效率有所下降。

德国的能源消费弹性从1971年的0.28，变化为2015年的1.51。由于能源消费总量已经达峰，中间年份的能源消费弹性也出现负值。这说明德国的能源消费弹性波动较大，近年来能源消费的效率有所下降。

日本的能源消费弹性从1961年的1.04，变化为2015年的-0.99，由于能源消费总量已经达峰，中间年份的能源消费弹性也出现负值。这说明日本的能源消费效率较高。

意大利的能源消费弹性从1961年的1.74，变化为2015年的3.58。由于能源消费总量已经达峰，中间年份的能源消费弹性也出现负值。这说明意大利的能源消费弹性波动较大，近年来能源消费的效率有所下降。

加拿大的能源消费弹性从1961年的0.42，下降为2015年的-0.93，这说明能源消费的效率在改善，以至于经济增长率为正、能源消费增长率为负。

欧盟的能源消费弹性从1971年的0.27，变化为2015年的2.15。由于能源消费总量已经达峰，中间年份的能源消费弹性也出现负值。这说明欧盟的能源消费弹性波动较大，近年来能源消费的效率有所下降（见图 2）。

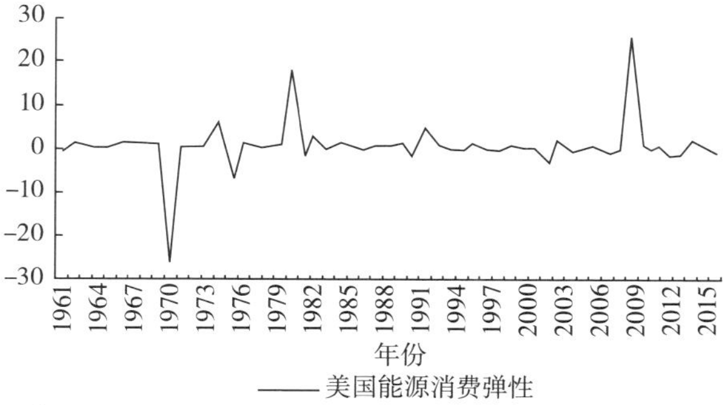


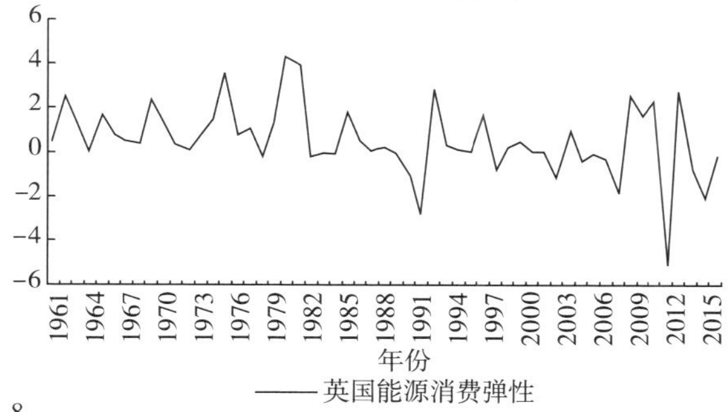

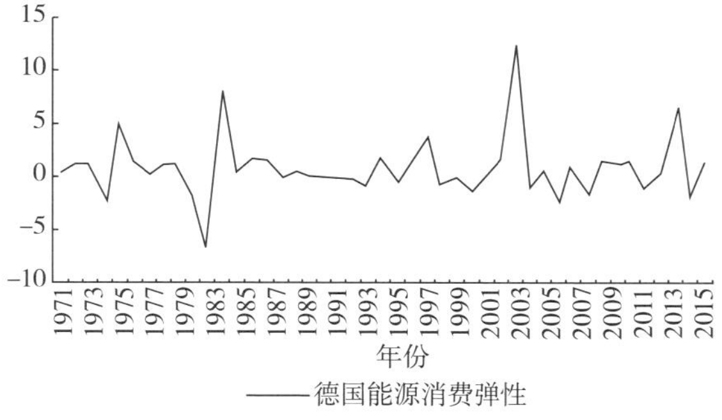

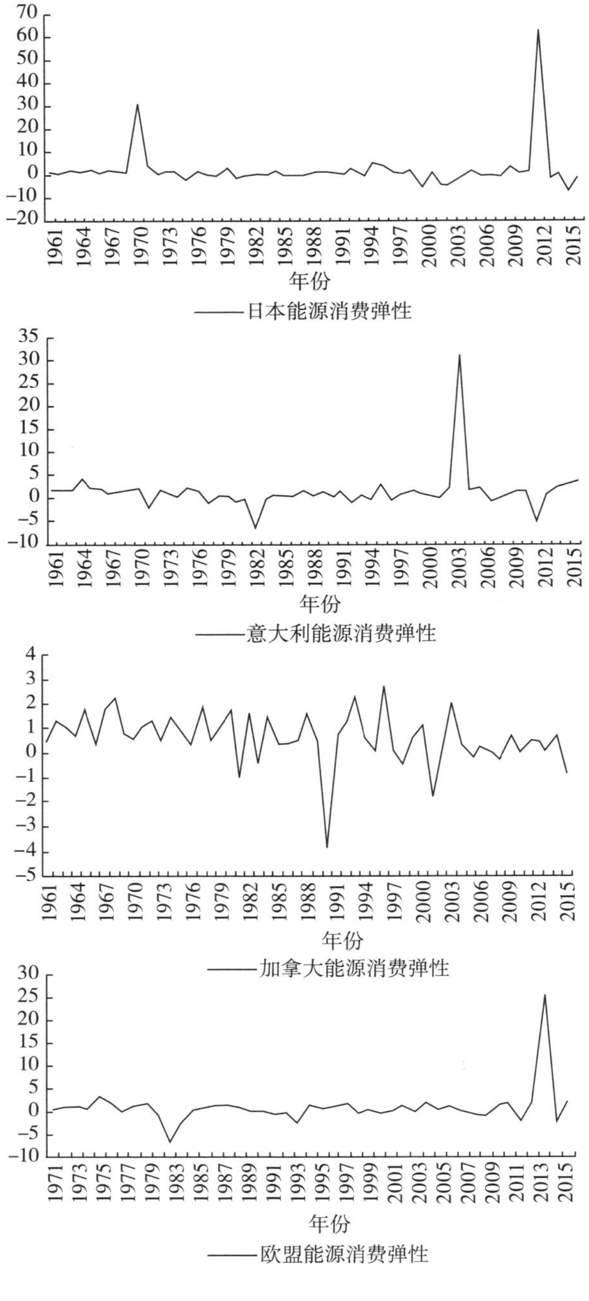


**图2　发达经济体的能源消费弹性**

数据来源：世界银行数据库，2021。

概括起来，美国、英国、日本和加拿大的能源消费弹性由正转负，利用效率不断改善。而法国、德国、意大利和欧盟的能源消费弹性波动较大，近年来出现正值，能源消费的效率有所下降。

### （三）经济增长与能源消费强度

能源消费强度是一国能源消费总量与GDP的比值，为了便于国家之间比较，能源消费总量和GDP的单位都按照国际标准进行了统一。总体而言，八大发达经济体的能源消费强度都呈现下降的态势。

美国的能源消费强度不断下降，从1960年的0.32千克油当量/2010年美元不变价，下降到2015年的0.13千克油当量/2010年美元不变价，2015年的能源消费强度是1960年的0.40。

英国的能源消费强度不断下降，从1960年的0.22千克油当量/2010年美元不变价，下降到2015年的0.07千克油当量/2010年美元不变价，2015年的能源消费强度是1960年的0.31。

法国的能源消费强度不断下降，从1960年的0.14千克油当量/2010年美元不变价，下降到2015年的0.09千克油当量/2010年美元不变价，2015年的能源消费强度是1960年的0.65。

德国的能源消费强度不断下降，从1970年的0.20千克油当量/2010年美元不变价，下降到2015年的0.08千克油当量/2010年美元不变价，2015年的能源消费强度是1960年的0.73。

日本的能源消费强度不断下降，从1960年的0.10千克油当量/2010年美元不变价，下降到2015年的0.07千克油当量/2010年美元不变价，2015年的能源消费强度是1960年的0.40。

意大利的能源消费强度基本没有变化，从1960年的0.07千克油当量/2010年美元不变价，变为2015年的0.07千克油当量/2010年美元不变价，2015年的能源消费强度是1960年的1.00。

加拿大的能源消费强度不断下降，从1960年的0.26千克油当量/2010

年美元不变价，下降到 2015 年的 0.15 千克油当量/2010 年美元不变价，2015 年的能源消费强度是 1960 年的 0.58。

欧盟的能源消费强度不断下降，从 1970 年的 0.19 千克油当量/2010 年美元不变价，下降到 2015 年的 0.10 千克油当量/2010 年美元不变价，2015 年的能源消费强度是 1960 年的 0.52（见图 3）。

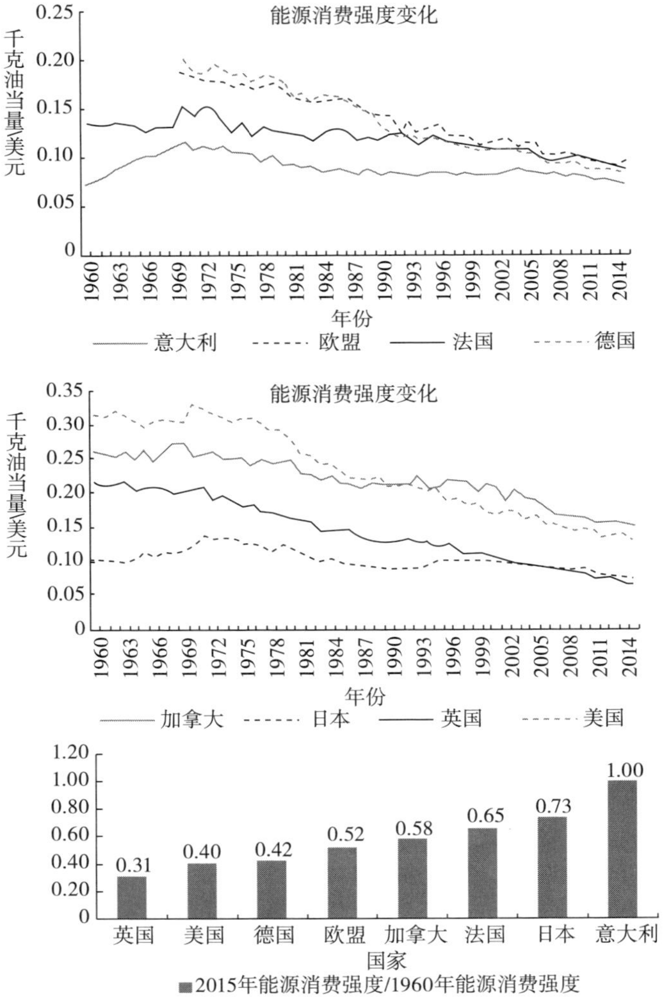


**图 3　发达经济体的能源消费强度**

数据来源：世界银行数据库，2021。

从2015年八大发达经济体的能源消费强度的变化幅度看，英国降低得最多，其次是美国、德国、欧盟、加拿大、法国、日本，最后是意大利。1960年意大利的能源消费强度就很低，因此变化幅度较小。能源消耗强度反映了一国整体的能源利用效率，从八大发达经济体2015年的能源消费强度看，英国的效率最高，仅为0.07千克油当量/2010年美元不变价；其次是意大利、日本、德国、法国、欧盟、美国，最后是加拿大，为0.15千克油当量/2010年美元不变价。

## （四）经济增长与能源消费结构

经济发展的过程，既是一个能源消费效率不断提高的过程，也是一个能源供给结构不断优化的过程。这两个过程共同推动环境库兹涅茨倒“U”型曲线的变化，实现环境由污染到优化的转变。

美国的能源供给是以化石能源供给为主体，石油的比重最大，其次是天然气和煤炭。2009年美国煤炭消费占到一次能源消费的22.51%，原油消费占到一次能源消费的37.80%，天然气消费占到一次能源消费的26.69%，三者合计占到一次能源消费的87%。而水电和可再生能源占到一次能源消费的4.36%。

英国的能源供给是以化石能源供给为主体，天然气的比重最大，其次是石油，再次是煤炭。2009年煤炭消费占到一次能源消费的14.55%，原油消费占到一次能源消费的36.56%，天然气消费占到一次能源消费的38.33%，三者合计占到一次能源消费的89.44%。而水电和可再生能源占到一次能源消费的2.90%。

法国的核电供给比重最高，其次是原油和天然气。2009年煤炭消费占到一次能源消费的4.06%，原油消费占到一次能源消费的35.85%，天然气消费占到一次能源消费的15.57%，三者合计占到一次能源消费的55.48%。核电消费占一次能源消费的比重为38.02%，水电和可再生能源占到一次能源消费的6.52%。

德国的能源供给是以化石能源供给为主体，原油的比重最大，其次是煤炭和天然气。2009 年煤炭消费占到一次能源消费的 23. 32%，原油消费占到一次能源消费的 37. 05%，天然气消费占到一次能源消费的 22. 84%，三者合计占到一次能源消费的 83. 21%。而水电和可再生能源占到一次能源消费的 6. 87%。

日本的能源供给是以化石能源供给为主体，原油的比重最大，其次是煤炭和天然气，再次是核电。2009 年煤炭消费占到一次能源消费的 23. 00%，原油消费占到一次能源消费的 42. 00%，天然气消费占到一次能源消费的 16. 63%，三者合计占到一次能源消费的 81. 63%。核电消费占到一次能源消费的 13. 74%，而水电和可再生能源占到一次能源消费的 4. 63%。

意大利的能源供给是以化石能源供给为主体，原油的比重最大，其次是天然气。2009 年煤炭消费占到一次能源消费的 7. 78%，原油消费占到一次能源消费的 44. 62%，天然气消费占到一次能源消费的 38. 27%，三者合计占到一次能源消费的 90. 67%。而水电和可再生能源占到一次能源消费的 9. 33%。

加拿大各种能源的消费比较均衡。2009 年煤炭消费占到一次能源消费的 7. 46%，原油消费占到一次能源消费的 31. 07%，天然气消费占到一次能源消费的 27. 20%，三者合计占到一次能源消费的 65. 73%。而水电和可再生能源占到一次能源消费的 27. 81%。

欧盟的能源供给是以化石能源供给为主体，原油的比重最大，其次是天然气和煤炭。2009 年煤炭消费占到一次能源消费的 15. 48%，原油消费占到一次能源消费的 39. 93%，天然气消费占到一次能源消费的 24. 58%，三者合计占到一次能源消费的 79. 99%。而水电和可再生能源占到一次能源消费的 7. 94%（见图 4）。

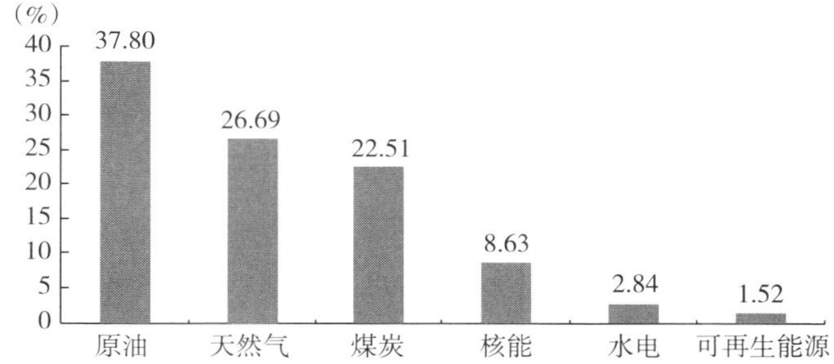


美国一次能源消费结构

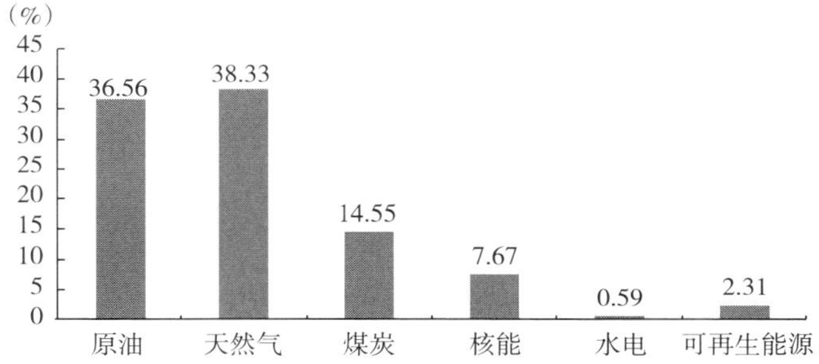


英国一次能源消费结构

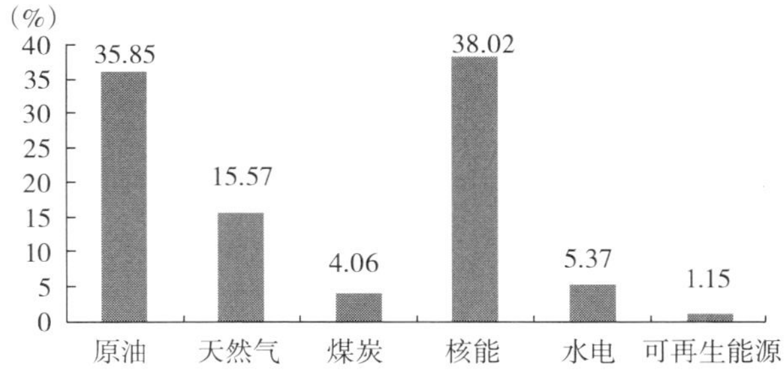


法国一次能源消费结构

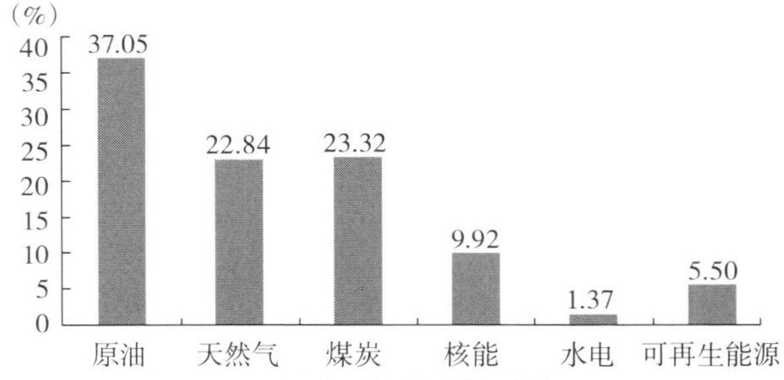


德国一次能源消费结构

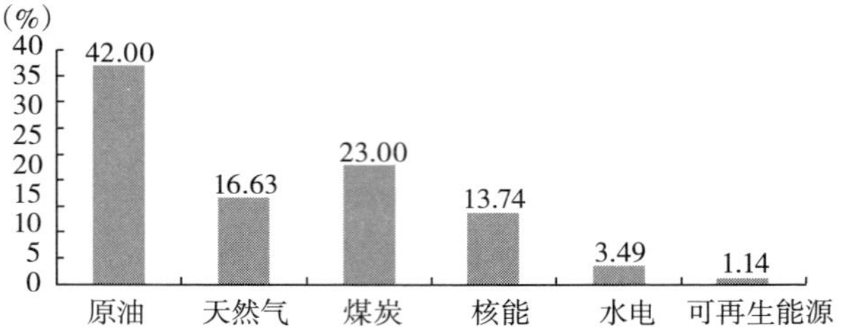


日本一次能源消费结构

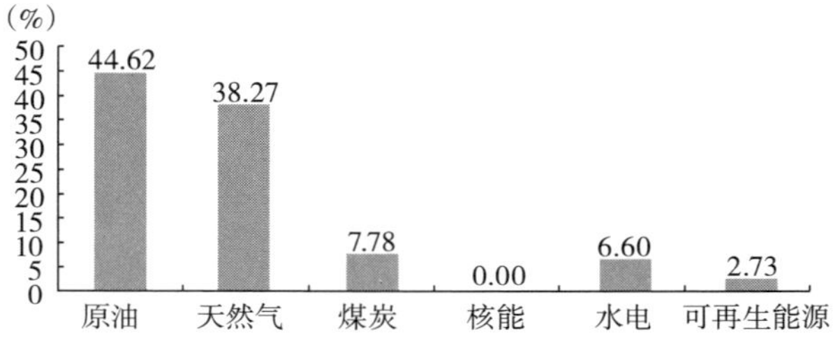


意大利一次能源消费结构

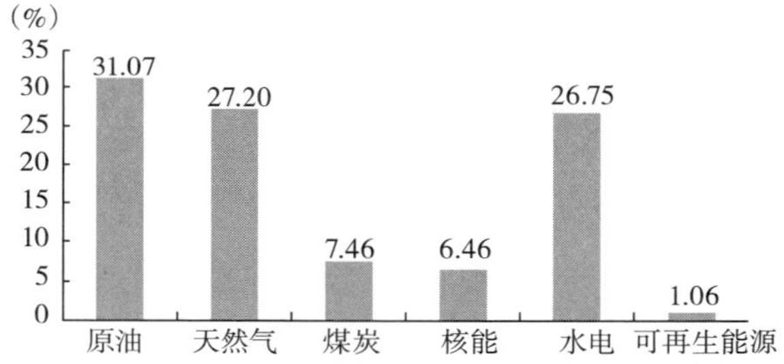


加拿大一次能源消费结构

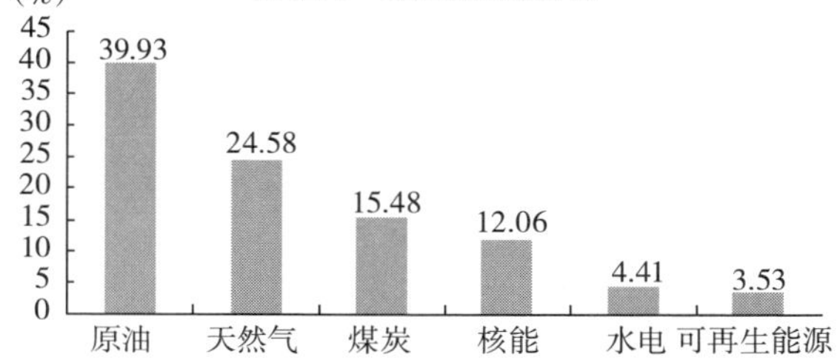


欧盟一次能源消费结构

**图 4　2009 年发达经济体的能源消费结构**

数据来源：BP 世界能源统计评论，2010。

2019 年美国煤炭消费占到一次能源消费的 11. 98%，原油消费占到一次能源消费的 39. 08%，天然气消费占到一次能源消费的 32. 20%，三者合计占到一次能源消费的 83. 26%。而水电和可再生能源占到一次能源消费的 8. 71%。与 2009 年相比，美国的能源供给仍然是以化石能源供给为主体。不过，煤炭的消费下降，石油和天然气的比重上升。此外，可再生能源的比重也有上升。

2019 年英国煤炭消费占到一次能源消费的 3. 34%，原油消费占到一次能源消费的 39. 61%，天然气消费占到一次能源消费的 36. 20%，三者合计占到一次能源消费的 79. 15%。而水电和可再生能源占到一次能源消费的 14. 46%。与 2009 年相比，煤炭消费大幅下降，而水电和可再生能源比重大幅上升。

2019 年法国煤炭消费占到一次能源消费的 2. 79%，原油消费占到一次能源消费的 32. 54%，天然气消费占到一次能源消费的 16. 15%，三者合计占到一次能源消费的 51. 48%。核电消费占一次能源消费的比重为 36. 79%，水电和可再生能源占到一次能源消费的 11. 73%。与 2009 年相比，整体结构变动不大，水电和可再生能源占比有一定幅度的增长。

2019 年德国煤炭消费占到一次能源消费的 17. 53%，原油消费占到一次能源消费的 35. 60%，天然气消费占到一次能源消费的 24. 29%，三者合计占到一次能源消费的 77. 42%。而水电和可再生能源占到一次能源消费的 17. 48%。与 2009 年相比，化石能源比重下降，可再生能源比重上升较快。

2019 年日本煤炭消费占到一次能源消费的 26. 27%，原油消费占到一次能源消费的 40. 34%，天然气消费占到一次能源消费的 20. 84%，三者合计占到一次能源消费的 87. 45%。核电消费占到一次能源消费的 3. 13%，而水电和可再生能源占到一次能源消费的 9. 42%。因受 2011 年地震影响，日本的核电规模大幅下降，化石能源与可再生能源比重都有所上升。

2019 年意大利煤炭消费占到一次能源消费的 4. 67%，原油消费占到一次能源消费的 39. 05%，天然气消费占到一次能源消费的 39. 99%，三者合计占到一次能源消费的 83. 71%。而水电和可再生能源占到一次能源消费的 16. 29%。

2019 年加拿大煤炭消费占到一次能源消费的 3. 93%，原油消费占到一次能源消费的 31. 66%，天然气消费占到一次能源消费的 30. 47%，三者合计占到一次能源消费的 66. 06%。而水电和可再生能源占到一次能源消费的 27. 64%。与 2009 年相比变动不大。

2019 年欧盟煤炭消费占到一次能源消费的 11. 18%，原油消费占到一次能源消费的 38. 36%，天然气消费占到一次能源消费的 24. 57%，三者合计占到一次能源消费的 74. 11%。而水电和可再生能源占到一次能源消费的 15. 23%（见图 5）。

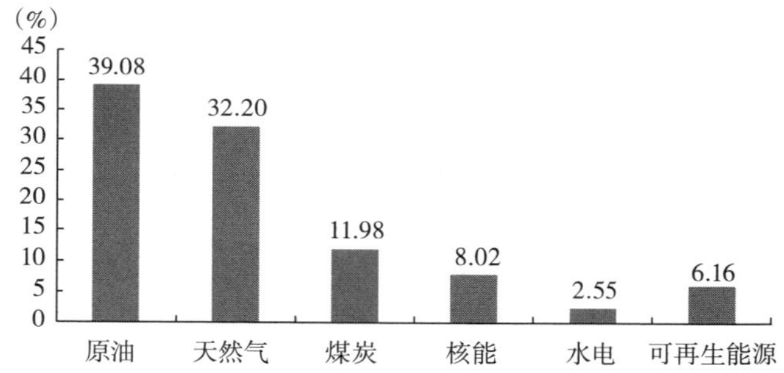


美国一次能源消费结构

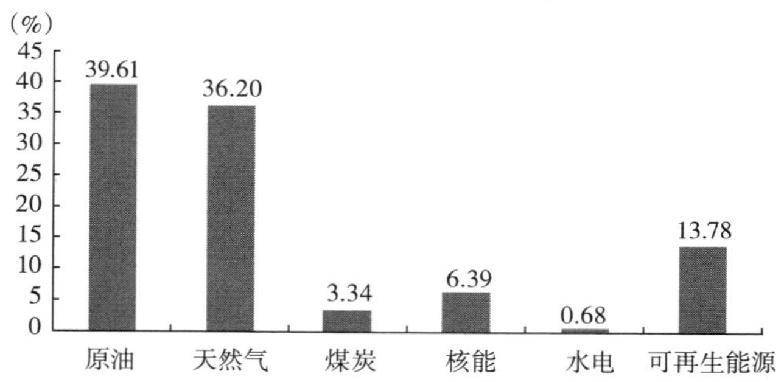


英国一次能源消费结构

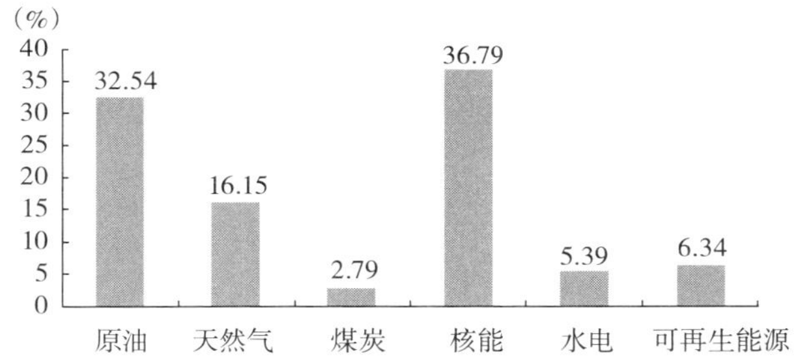


法国一次能源消费结构

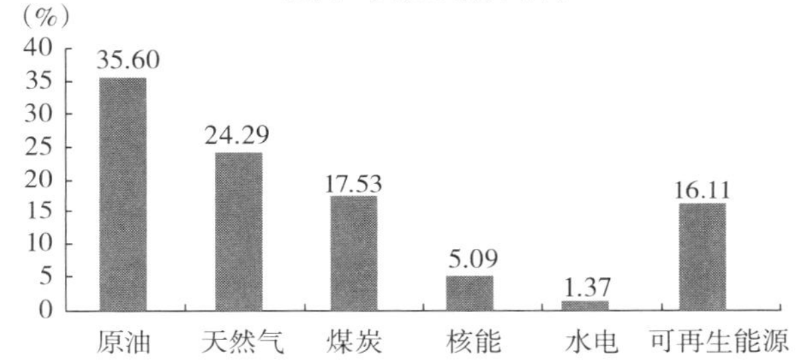


德国一次能源消费结构

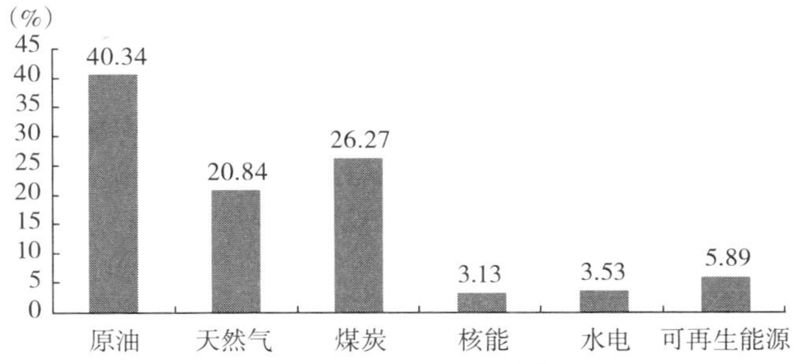


日本一次能源消费结构

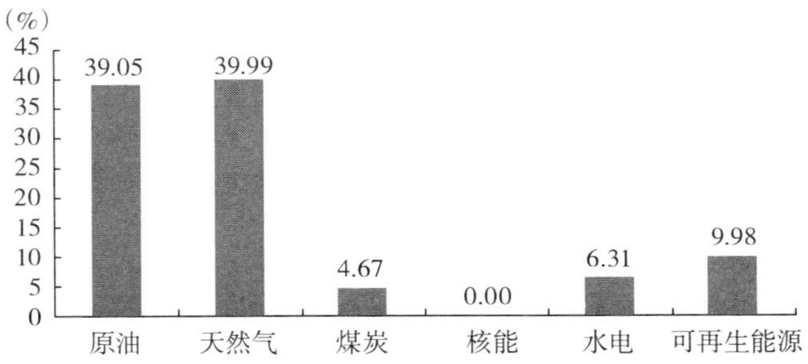


意大利一次能源消费结构

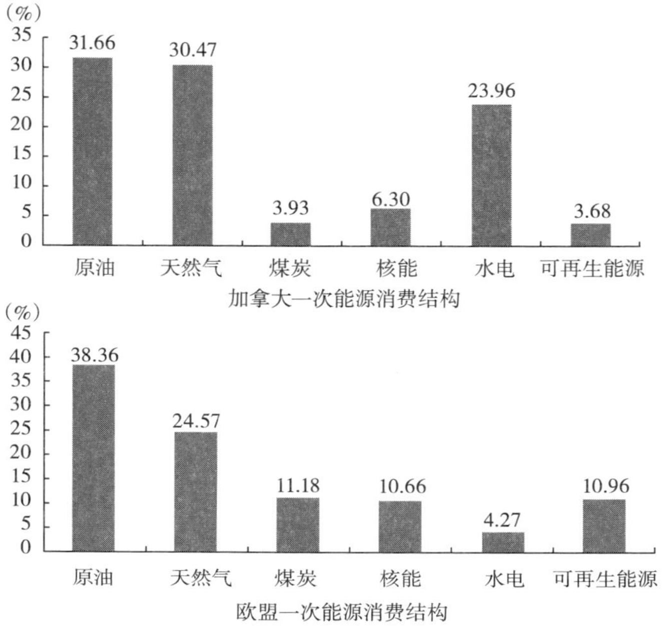


**图 5　2019 年发达经济体的能源消费结构**

数据来源：BP 世界能源统计评论，2010。

概括起来，除了法国之外，发达经济体的能源消费结构以化石能源为主，但侧重石油和天然气，而不是煤炭。2009—2019 年除了日本（很大程度上是受 2011 年地震影响）以外，其他发达经济体的煤炭消费呈现下降特点，可再生能源消费比重出现上升。

## 三、发展中经济体的经济增长与能源消费

当今世界正处于百年未有之大变局，新兴经济体在国际事务中发挥着非常重要的作用。其中，作为新兴经济体的代表，2019 年金砖五国的 GDP 占到全球 GDP 的 24%，已成为推动世界多极化治理的主要力量。为此，本文选择金砖国家中的巴西、俄罗斯、印度和南非四个国家，分析其经济增长与能源消费总量、能源消费弹性、能源消费强度与能源消费结构之间的关系。

## （一）经济增长与能源消费总量

巴西的能源消费从1971年的0.69亿吨油当量提高到2014年的2.99亿吨油当量，增长4.31倍；同期，巴西的GDP从$5.00\times10^3$亿美元提高到$2.40\times10^4$亿美元，增长4.80倍。能源消耗总量的增幅小于经济增长的增幅，反映了能源利用效率的优化。同时，巴西的能源消费总量还在持续增长，没有出现峰值。

俄罗斯的能源消费从1990年的8.91亿吨油当量提高到2014年的6.92亿吨油当量，增长0.78倍；同期，俄罗斯的GDP从$1.40\times10^4$亿美元提高到$1.70\times10^4$亿美元，增长1.21倍。能源消耗总量的增幅小于经济增长的增幅，反映了能源利用效率的优化。同时，俄罗斯的能源消费总量在2012年出现峰值，之后出现下降。

印度的能源消费从1971年的1.52亿吨油当量提高到2014年的8.28亿吨油当量，增长5.43倍；同期，印度的GDP从$2.20\times10^3$亿美元提高到$2.10\times10^4$亿美元，增长9.55倍。能源消耗总量的增幅小于经济增长的增幅，反映了能源利用效率的改善。同时，印度的能源消费总量仍在持续增长，没有出现峰值。

南非的能源消费从1971年的0.46亿吨油当量提高到2014年的1.48亿吨油当量，增长3.22倍；同期，南非的GDP从$1.40\times10^3$亿美元提高到$4.10\times10^3$亿美元，增长2.93倍。能源消耗总量的增幅大于经济增长的增幅，反映了能源利用效率的恶化。同时，南非的能源消费总量还在持续增长，没有出现峰值（见图6）。

概括起来，随着经济的增长，除了南非之外，巴西、俄罗斯和印度能源利用效率都出现了较大的改善；由于经济发展水平仍然较低，除了俄罗斯之外，巴西、印度和南非的能源利用总量仍在增长，还没有出现峰值，这一点与发达经济体有较大差异。

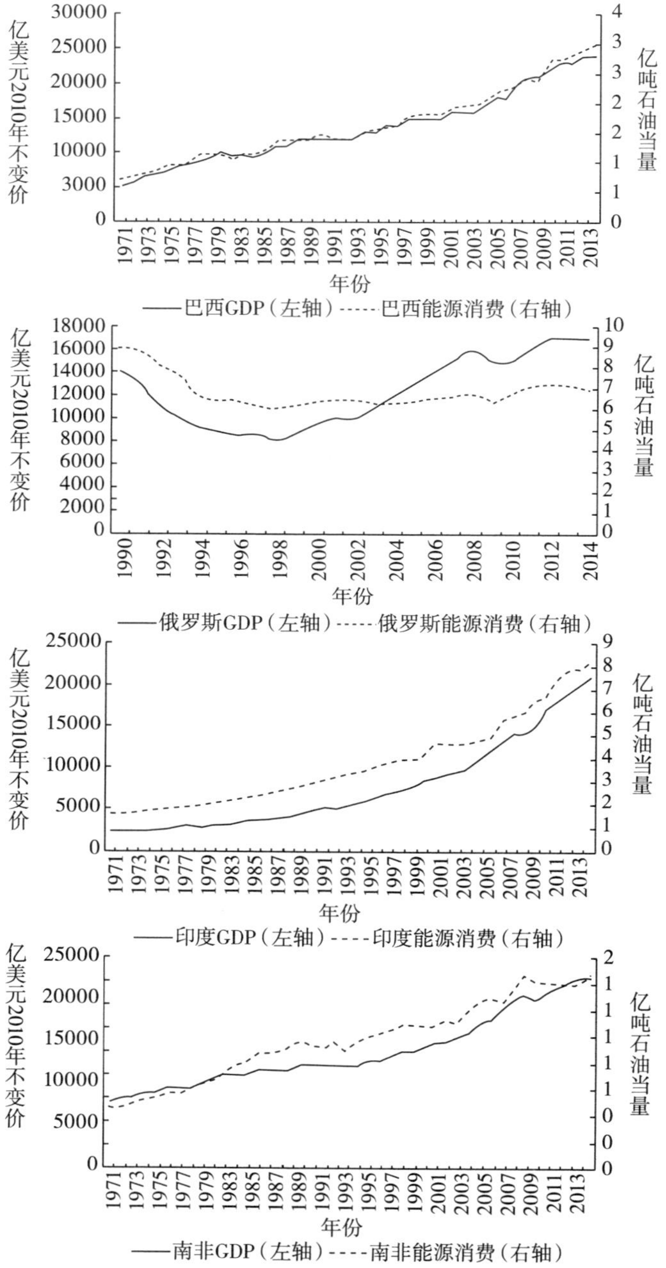


**图6　发展中经济体的经济增长与能源消费总量**

数据来源：世界银行数据库，2021。

## （二）经济增长与能源消费弹性

巴西的能源消费波动较经济增长的波动大，导致能源消费弹性变动很大。能源消费弹性从 1972 年的 0.65，变化为 2014 年变为 4.68，能源利用效率还有很大的提升空间。

俄罗斯的能源消费增长率与经济增长率的吻合性很高。伴随着能源消费总量峰值的到来，俄罗斯的经济增长与能源消费脱钩，俄罗斯能源消费弹性由正转负，并出现大幅下降，从 1991 年的 0.24 下降到 2014 年变为 -3.63。

印度的经济增长和能源消费都有较大的波动，而能源消费弹性变动不大，从 1973 年的 0.67，变化为 2014 年变为 0.69，能源利用效率还有很大的提升空间。

南非能源消费弹性有较大增幅，从 1973 年的 1.79，上升为 2014 年变为 2.97，能源利用效率有很大的提升空间（见图 7）。

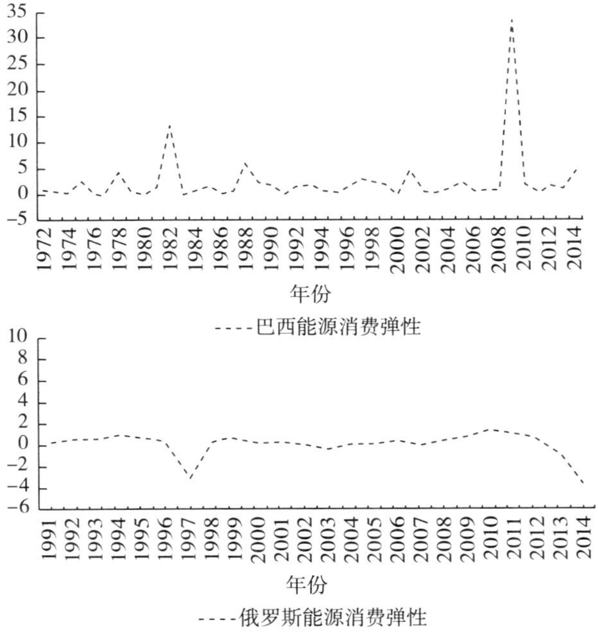

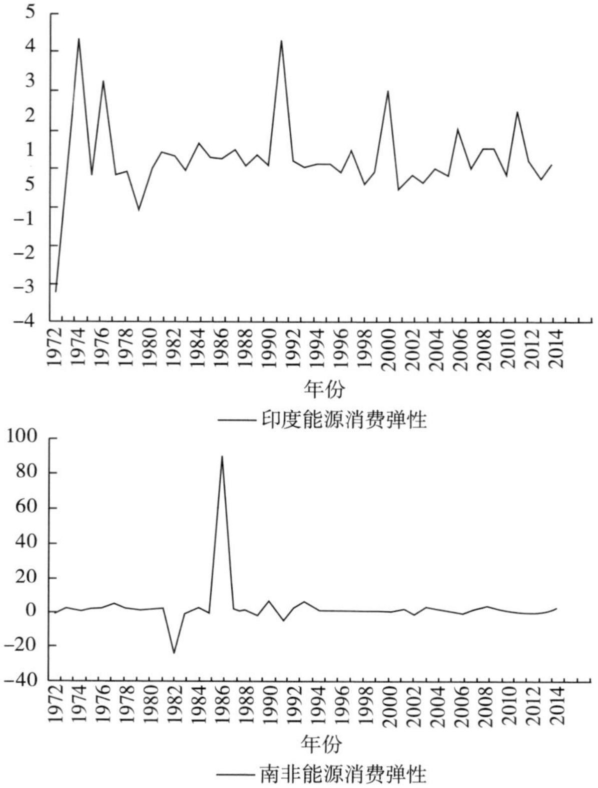


**图 7　发展中经济体的能源消费弹性**

数据来源：世界银行数据库，2021。

概括起来，俄罗斯的能源消费已经达到峰值，能源弹性系数已经转为负数；而印度的能源弹性系数几乎没有变化，巴西和南非两国的能源弹性系数则呈现上涨趋势。

## （三）经济增长与能源消费强度

巴西的能源消费强度变化不大，从 1971 年的 0.14 千克油当量/2010 年美元不变价，变化为 2014 年的 0.12 千克油当量/2010 年美元不变价，2014 年的能源消费强度是 1971 年的 0.90。

俄罗斯的能源消费强度变化不大，从 1990 年的 0.64 千克油当量/2010

年美元不变价，变化为 2014 年的 0.41 千克油当量/2010 年美元不变价，2014 年的能源消费强度是 1990 年的 0.64。

印度的能源消费强度变化不大，从 1971 年的 0.69 千克油当量/2010 年美元不变价，变化为 2014 年的 0.39 千克油当量/2010 年美元不变价，2014 年的能源消费强度是 1971 年的 0.57。

南非的能源消费强度变化不大，从 1971 年的 0.33 千克油当量/2010 年美元不变价，变化为 2014 年的 0.36 千克油当量/2010 年美元不变价，2014 年的能源消费强度是 1971 年的 1.10（见图 8）。

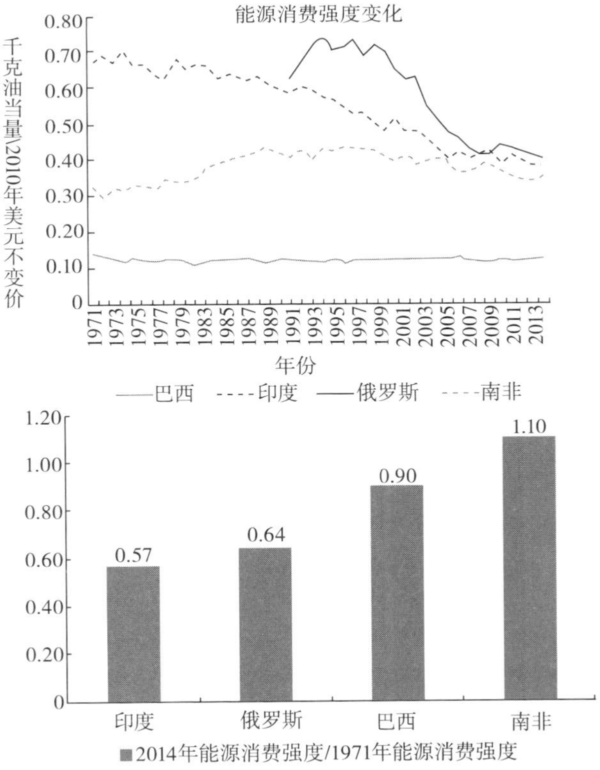


**图 8　发展中经济体的能源消费强度**

数据来源：世界银行数据库，2021。

概括起来，除了南非之外，巴西、俄罗斯和印度的能源消费强度呈现下降态势，其中俄罗斯和印度的能源消费强度下降较大。从2014年的能源消费强度看，除了巴西之外，南非、印度和俄罗斯的能源消费强度远远高于发达经济体，能源利用效率还有很大的提升空间。

## （四）经济增长与能源消费结构

分析巴西、俄罗斯、印度和南非的能源消费结构可以发现：巴西是以原油和水电消费为主的国家，俄罗斯是以天然气和原油消费为主的国家，印度是以煤炭和原油消费为主的国家，南非则是以煤炭消费为主的国家。

2009年巴西煤炭消费占到一次能源消费的5.00%，原油消费占到一次能源消费的45.71%，天然气消费占到一次能源消费的7.60%，三者合计占到一次能源消费的58.31%。水电消费占到一次能源消费的37.80%，可再生能源占到一次能源消费的2.65%。

2009年俄罗斯煤炭消费占到一次能源消费的14.03%，原油消费占到一次能源消费的20.65%，天然气消费占到一次能源消费的53.56%，三者合计占到一次能源消费的88.24%。而水电和可再生能源占到一次能源消费的6.11%。

2009年印度煤炭消费占到一次能源消费的52.22%，原油消费占到一次能源消费的31.46%，天然气消费占到一次能源消费的9.56%，三者合计占到一次能源消费的93.24%。而水电和可再生能源占到一次能源消费的5.96%。

2009年南非煤炭消费占到一次能源消费的73.82%，原油消费占到一次能源消费的20.79%，天然气消费占到一次能源消费的2.53%，三者合计占到一次能源消费的97.14%。而水电和可再生能源占到一次能源消费的0.25%（见图9）。

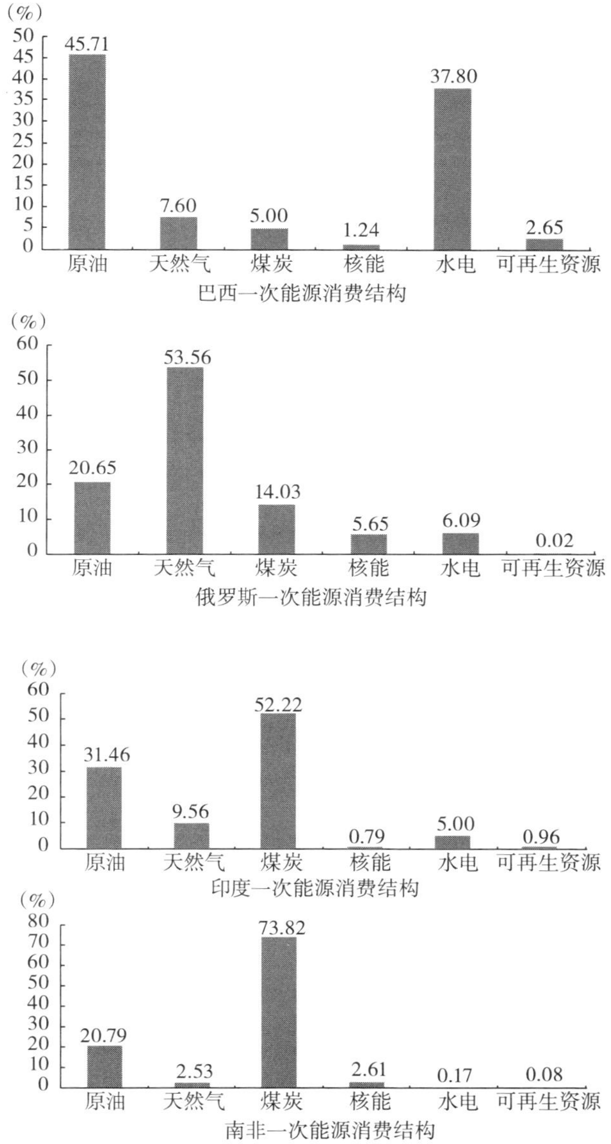


**图 9　2009 年发展中经济体的能源消费结构**

数据来源：BP 世界能源统计评论，2010。

相比于 2009 年，巴西的化石能源消费有所下降，可再生能源比重大幅上升。2019 年巴西煤炭消费占到一次能源消费的 5. 29%，原油消费占到一次能源消费的38.14%，天然气消费占到一次能源消费的10.39%，三者合计占到一次能源消费的53.82%，比2009年有所下降。水电消费占到一次能源消费的28.70%，比2009年有所下降，可再生能源占到一次能源消费的16.32%，与2009年相比大幅上升。

相比于2009年，俄罗斯的能源消费结构非常稳定。2019年俄罗斯煤炭消费占到一次能源消费的12.18%，原油消费占到一次能源消费的22.04%，天然气消费占到一次能源消费的53.67%，三者合计占到一次能源消费的87.89%。而水电和可再生能源占到一次能源消费的5.86%。

相比于2009年，印度的能源消费结构相对稳定。2019年印度煤炭消费占到一次能源消费的54.67%，原油消费占到一次能源消费的30.06%，天然气消费占到一次能源消费的6.31%，三者合计占到一次能源消费的91.04%。而水电和可再生能源占到一次能源消费的7.79%。

相比于2009年，南非的能源消费结构相对稳定。2019年南非煤炭消费占到一次能源消费的70.61%，原油消费占到一次能源消费的21.91%，天然气消费占到一次能源消费的2.85%，三者合计占到一次能源消费的95.37%。而水电和可再生能源占到一次能源消费的2.28%（见图10）。

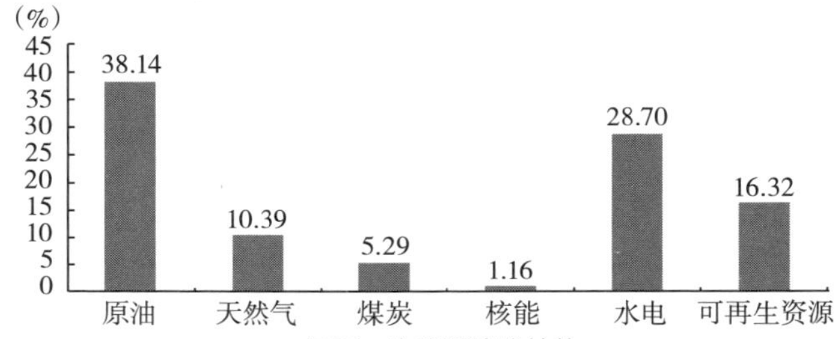

巴西一次能源消费结构

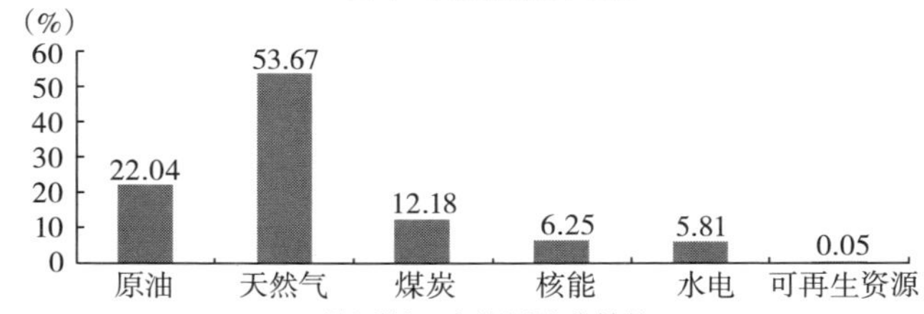

俄罗斯一次能源消费结构

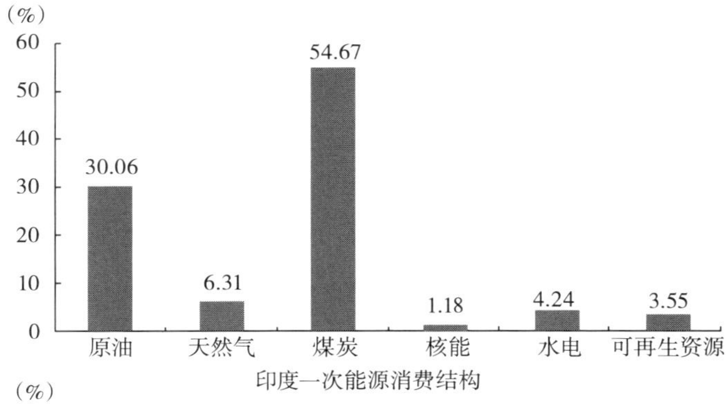


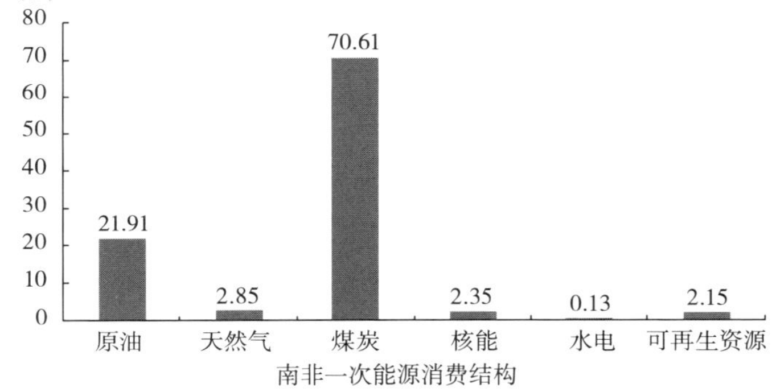


**图 10　2019 年发展中经济体的能源消费结构**

数据来源：BP 世界能源统计评论，2020。

概括起来，2009—2019 年除了巴西的可再生能源消费比重出现大幅上升、化石能源消费比重有所下降之外，俄罗斯、印度和南非的能源消费结构比较稳定，变化不大。

## 四、中国的经济增长与能源消费

中国经济取得快速增长的同时，能源消费总量不断上升，能源消费效率不断提高，能源消费弹性和能源消费强度则在不断下降，能源消费结构不断优化。但是与发达经济体相比，中国的能源利用效率还有很大的提升空间。

## (一) 经济增长与能源消费总量

中国的能源消费从1971年的3.91亿吨油当量提高到2014年的31.31亿吨油当量，增长了8.02倍；同期，中国的GDP从2.00×10³亿美元提高到8.30×10⁴亿美元，增长了41.5倍。能源消耗总量的增幅小于经济增长的增幅，反映出能源利用效率已经大幅改善。同时，中国的能源消费总量仍在增长，还没有出现峰值（见图11）。

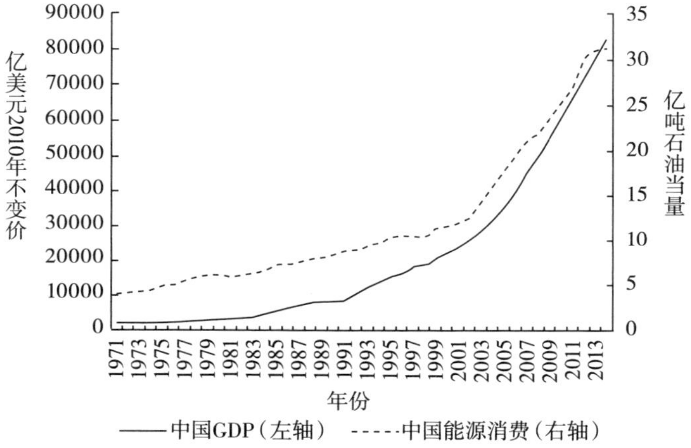


**图11　中国的经济增长与能源消费总量**

数据来源：世界银行数据库，2021。

## (二) 经济增长与能源消费弹性

与能源消费增长率和经济增长率相比，中国的能源消费弹性变化较小。伴随着能源利用效率的改善，中国能源消费弹性大幅下降，从1972年的1.33下降到2014年的0.14。不过，发达国家的能源消费已经出现峰值，能源消费增长率与经济增长率脱钩，能源消费弹性为负数。这也反映出中国的能源利用效率还有很大的提升空间（见图12）。

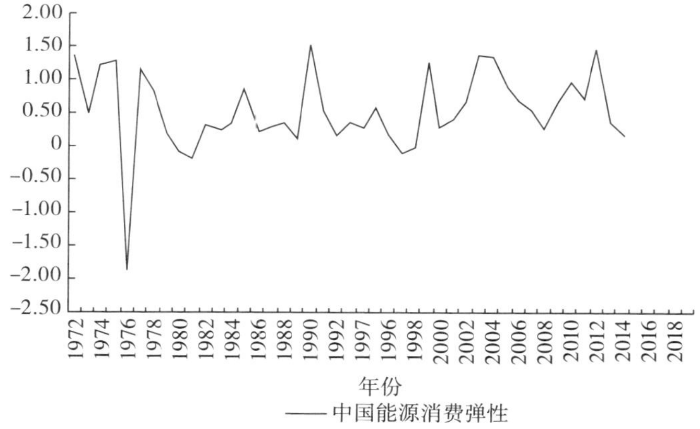


**图 12　中国的能源消费弹性**

数据来源：世界银行数据库，2021。

## （三）经济增长与能源消费强度

中国的能源消费强度不断下降，从 1971 年的 1.95 千克油当量/2010 年美元不变价，下降到 2014 年的 0.38 千克油当量/2010 年美元不变价，2014 年的能源消费强度是 1971 年的 0.19，下降幅度很大（见图 13）。

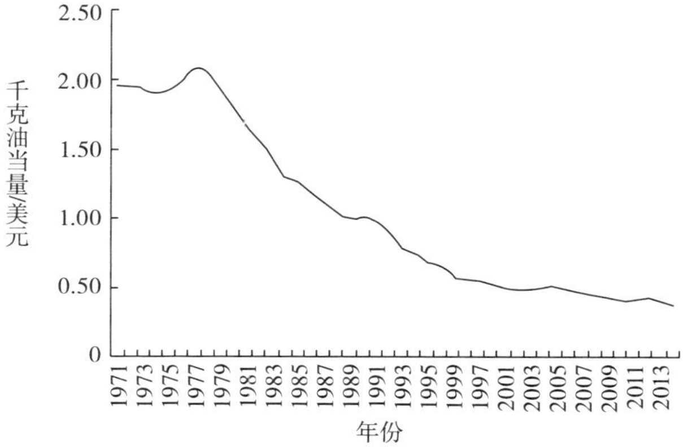


**图 13　中国的能源消费强度变化**

数据来源：世界银行数据库，2021。

从国际比较看，中国的能源消费强度较高，分别是英国、意大利、日本、德国、法国、欧盟、美国、加拿大等发达经济体的 5.67 倍、5.23 倍、5.08 倍、4.46 倍、4.27 倍、3.92 倍、2.94 倍、2.47 倍。中国的能源利用效率还有很大的提升空间（见图 14）。

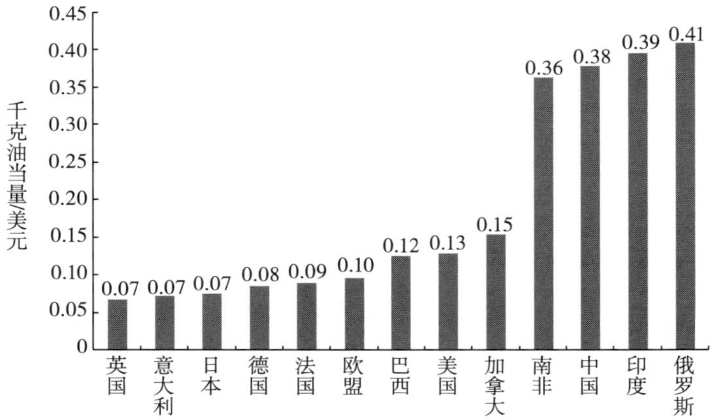


**图 14　中国的能源消费强度的国际比较**

注：中国、俄罗斯、巴西、印度、南非的数据年份为 2014 年，其他经济体的数据年份为 2015 年。

数据来源：世界银行数据库，2021。

## （四）经济增长与能源消费结构

中国是一个以煤炭能源消费为主的国家。尽管近年来节能降耗不断加快，煤炭消费占比不断下降，但以煤炭为主体的能源消费结构没有改变。

2009 年中国煤炭消费占到一次能源消费的 71.16%，原油消费占到一次能源消费的 17.74%，天然气消费占到一次能源消费的 3.68%，三者合计占到一次能源消费的 92.58%。而水电和可再生能源占到一次能源消费的 6.69%。

相比于 2009 年，中国煤炭消费占比大幅下降，水电和可再生能源消费占比有所提高。2019 年中国煤炭消费占到一次能源消费的 57.64%，比 2009 年下降了 13.52%。原油消费占到一次能源消费的 19.69%，天然气消费占到一次能源消费的 7.81%，三者合计占到一次能源消费的 85.14%。

而水电和可再生能源占到一次能源消费的12.67%（见图15、图16）。

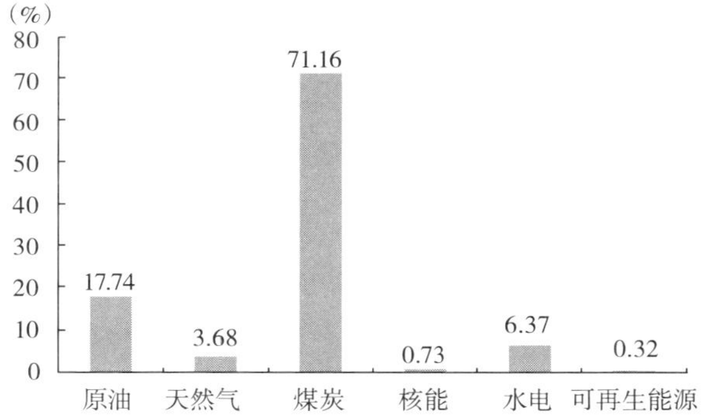


**图15　2009年中国一次能源消费结构**

数据来源：BP世界能源统计评论，2010。

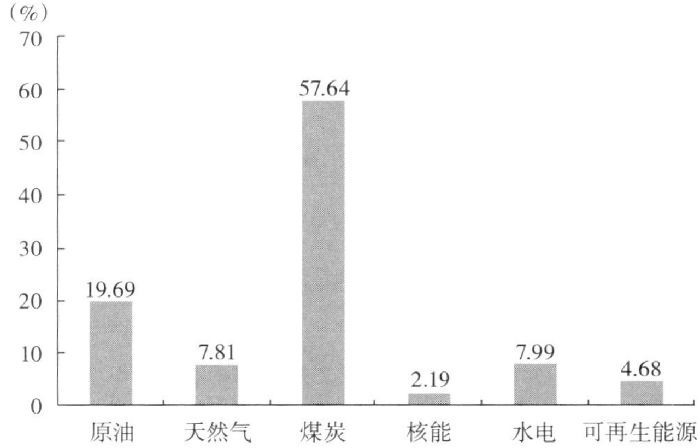


**图16　2019年中国一次能源消费结构**

数据来源：BP世界能源统计评论，2020。

提高能源利用效率，特别是煤炭的利用效率，是降低二氧化碳等温室气体排放的关键。倘若中国的能源消费效率提升3倍，中国使用1/2的煤炭就可以满足当前的能源需求；倘若中国的能源消费效率提升5倍，即达到发达国家的水平，中国使用1/3的煤炭就可以满足当前的能源需求。因此，提高能源利用效率是中国实现碳达峰与碳中和的首要选择。

## 五、碳达峰、碳中和承诺与未来中国的能源消费

温室气体就如给地球覆盖了一层毛毯，其浓度的增加是全球变暖的主要原因。而全球变暖的终极原因是化石燃料的燃烧导致二氧化碳等温室气体排放增加。近年来，温室气体排放浓度快速增长，全球气温增速较快。由于地球是一个非线性的复杂系统，当排放浓度增加到一定程度时，会触发大量冰盖的融化、大洋环流的大规模变化、全球变暖的正向反馈和长期加剧，使得地球出现突发或不可逆的变化过程，以至于人类现有技术无法有效地控制。为了保护人类的共同家园，2015 年《巴黎协定》提出一项重要目标：21 世纪末把全球平均气温较工业化前水平升高控制在 2℃之内，并为把升温控制在 1.5℃之内而努力。实现这一目标需要国际社会的一致行动。截至 2021 年 2 月，已有 127 个国家承诺 2050 年前实现碳中和目标，其中，不丹和苏里南已经实现了碳中和。根据 IPCC 发布的《全球 1.5℃温升特别报告》，碳中和是指在规定时期内人为 $CO_2$ 移除在全球范围抵消人为 $CO_2$ 排放时，可实现 $CO_2$ 净零排放（见表 1）。

**表 1　碳中和承诺国家情况**

| | 碳中和承诺国家数（个） | 国家总数（个） | 承诺国家比例（%） | 承诺时间 |
|---|---|---|---|---|
| 低收入国家 | 26 | 31 | 83.9 | 2050 |
| 中低等收入国家 | 25 | 51 | 49.0 | 2050 |
| 中高等收入国家 | 27 | 57 | 47.4 | 2050/2060 前 |
| 高收入国家 | 48 | 83 | 57.8 | 2030/2035/2040/2045/2050 |

数据来源：Energy & Climate Intelligence Unit. Net Zero Emissions Race. 2021. https://eciu.net/netzerotracker/map

作为一个发展中国家，中国一直积极承担国际责任。2020 年 9 月习近平主席在联合国第七十五届大会上向国际社会承诺中国将在 2030 年前实现碳排放达峰、2060 年前实现碳中和。中国作为全球主要的温室气体排放国之一，习近平主席明确了中国“碳达峰、碳中和”的时间表，无疑是人类

应对气候变化的里程碑事件，为新一轮的全球气候合作注入了新动力。

为了深入推动碳达峰、碳中和工作，中央经济工作会议将碳达峰和碳中和列为2021年八项重点任务之一，并在2021年政府工作报告中提出制定2030年前碳排放达峰行动方案。实现碳达峰和碳中和，一是要提高能源利用效率，减少能源需求，降低碳排放；二是要发展可再生能源，改善能源供给，降低碳排放。中国是一个以煤炭能源供给为主的国家，按照发电煤耗计算，2018年中国原煤占一次能源生产总量的69.2%，而非化石能源供给比重较小，仅占18.2%。煤炭为主的供给结构与非化石能源现有规模较小的现实，决定了提高能源利用效率是提前实现碳达峰和碳中和的最为重要且成本最低的战略选择。

碳达峰、碳中和目标的提出，将给中国的产业结构带来变革，中国经济将进行全面的绿色转型与升级。为了推动碳达峰和碳中和，中国将着力建立和完善碳市场，提高碳价格。同时，依托中国特色的行政管理体制，加大对碳排放的环境监督。在市场与政府的双重推动下，中国的能源消费将随着碳达峰和碳中和而不断下降，中国的能源利用效率将得到大幅提升。这个过程中，高排放产业将面临巨大的挑战与压力。通过调查各个产业的碳排放数据，笔者发现：碳排放产业具有高度的集中性。电力、蒸汽和热水的生产和供应业，黑色金属冶炼及压延加工业，非金属矿物制品业，运输、仓储和邮电服务业，化学原料和化学制品业，石油加工和炼焦业这六大高排放产业的二氧化碳排放量超过二氧化碳总排放量的90%。因此，六大高排放产业将是提高能源利用效率、降低碳排放的重点，也是面临绿色转型最严峻的产业。碳达峰和碳中和的目标已经确立，及时行动是降低成本的关键举措。各个行业，特别是高排放行业，已经认识到碳达峰和碳中和对于企业的巨大挑战，积极早做谋划，尽快行动，从而降低绿色转型的成本。这也将带动全社会各个行业的节能减排行动的开展。

专栏

## 中国宝武钢铁集团有限公司的碳达峰和碳中和宣言

2020年中国钢铁产量占世界总产量的57%。作为高耗能产业的代表，钢铁行业是制造业中的碳排放大户，占全国碳排放总量15%左右。钢铁产业的碳达峰和碳中和将是中国提前实现碳达峰和碳中和的关键。作为国之重器的代表，中国宝武钢铁集团有限公司于2021年1月20日发布碳减排宣言：2023年力争实现碳达峰，2025年具备减碳30%工艺技术能力，2035年力争减碳30%，2050年力争实现碳中和。具体举措如下。

一是依托科技创新，打通低碳发展路径。创立全球低碳冶金创新联盟，打造面向全球的低碳冶金创新技术交流平台；建立1+N开放式研发创新模式，开展钢铁工业前瞻性、颠覆性、突破性创新技术的研究；建设面向全球的低碳冶金创新试验基地，促进钢铁上下游产业链的技术合作，助推钢铁工业可持续发展。

二是以智慧化、精品化实现极致的碳利用效率。以数字化系统打破时空边界、跨越管理边界、推动工序互联共享，实现资源和能源高效利用，为社会提供更绿色、更优质的钢铁及相关新型材料。

三是优化能源结构、加大节能环保技术投入。不断提高清洁能源利用比例，推进能源结构清洁化；不断提高炉窑热效率、深挖余能回收潜力，提升能源转换和利用效率，大幅降低能源消耗强度，严控能源消耗总量。

四是加强宣传教育，全员形成减碳意识。宣传碳中和战略的重要意义，让员工自觉养成低碳生活习惯，鼓励绿色出行、光盘行动、植树造林、视频会议、无纸办公等低碳或零碳行动。

资料来源：https：//baijiahao. baidu. com/s? id = 1689453190429878747&wfr = spider&for = pc。

## 六、结论与讨论

通过比较分析发达经济体、发展中经济体的经济增长与能源消费特点，可以得出如下结论。

第一，库兹涅茨倒“U”型曲线在能源领域同样适用。随着经济的发展，能源消费先增长后下降。大多数发达经济体的能源消费已经从增长转为下降，出现了能源消费的峰值，发达经济体的经济发展与能源消费已经进入脱钩阶段。而发展中经济体还处于库兹涅茨倒“U”型曲线的左侧，能源消费总量仍然处于上升阶段。

第二，发达经济体与发展中经济的能源利用效率差距很大。从2015年八大发达经济体的能源消费强度看，英国的效率最高，仅为0.07千克油当量/2010年美元不变价；其次是意大利、日本、德国、法国、欧盟、美国；最低的是加拿大，为0.15千克油当量/2010年美元不变价。从2014年金砖五国的能源消费强度看，巴西为0.12千克油当量/2010年美元不变价，南非为0.36千克油当量/2010年美元不变价，印度为0.39千克油当量/2010年美元不变价，俄罗斯为0.41千克油当量/2010年美元不变价，中国为0.38千克油当量/2010年美元不变价。发展中经济体的能源利用效率远远低于发达经济体。

第三，发达经济体与发展中经济体的能源结构不同。除了法国之外，发达经济体的能源消费结构以化石能源为主，但侧重石油和天然气消费，而不是煤炭消费。而发展中经济体，如中国、印度、南非的煤炭消费比重较大。这增加了发展中经济体的减排压力。

第四，提高能源效率，是发展中国家的首要选择。发展中国家要实现碳中和目标，一是要提高能源效率，二是要发展可再生能源，三是要实施地球工程。当前，与发达经济体相比，发展中经济体的能源利用效率很低。从实施成本看，提高能源利用效率是发展中经济体实现碳中和成本最低的选择。

碳达峰、碳中和目标的提出，为中国经济绿色转型指出了方向。如何衡量碳的排放与收集的数量，如何确定碳的价格，如何在省际存在碳转移的情况下，公平分配碳排放权等，这些都是需要深入研究的问题。中国是一个发展中国家，2035 年的目标是基本实现现代化、人均 GDP 达到中等发达国家水平。在此过程中，既需要发展经济，也需要改善环境。在碳价格机制的引导下，如何平衡经济增长、就业保障与绿色环境的关系，也是摆在学术界与各级政府面前的一道难题。

## 参考文献

[1]威廉·诺德豪斯. 气候赌场：全球变暖的风险、不确性与经济学[M]. 梁小民，译. 上海：东方出版中心，2019.

[2]林伯强. 2060 年中国"碳中和"目标的路径、机遇与挑战[N]. 第一财经日报，2021－1－19(11).

[3]陈晖，温婧，庞军，等. 基于 31 省 MRIO 模型的中国省际碳转移及碳公平研究[J]. 中国环境科学，2020，40(12)：5540－5550.

# 石油篇

# 后疫情时代的国际石油市场深层次分析

施雷[*]　王佩[**]　王媛[***]

**摘　要**　受新冠肺炎疫情影响，2020 年全球石油业遭受前所未有的挑战，石油需求急剧萎缩并创有史以来最大降幅，国际油价创 16 年新低，西德克萨斯轻质中间基原油（WTI）一度创下史无前例的负价格，全球炼油业遭受重创并造成近 1 亿吨炼力关闭，国际石油公司陷入大面积亏损状态。为支撑油价，以沙特、俄罗斯为首的“欧佩克 +”国家进行了历史上最大规模的减产，推动石油市场逐渐迎来新的平衡。2021 年以来，全球疫情形势明显好转，新冠疫苗接种进程加快，主要经济体经济呈现恢复性增长，全球石油需求显著改善。在“欧佩克 +”减产的推动下，全球石油库存逐渐回归正常水平，国际油价重新迈上 70 美元大关并一度冲破 75 美元。从中长期来看，后疫情时代的石油市场仍面临较大挑战，能源转型、低碳经济、居家办公等将继续对石油需求构成挑战，需求峰值或提前到来，石油公司低碳转型步伐显著提速。

**关键词**　石油市场；国际油价；新冠肺炎疫情；欧佩克减产；低碳转型

---

* 施雷，高级会计师，现任中国国际石油化工联合有限责任公司副总经理。

** 王佩，经济学博士，教授级高级经济师，现任中国国际石油化工联合有限责任公司市场战略部总经理。

*** 王媛，北京大学 - 伦敦政治经济学院联合培养硕士，现任中国国际石油化工联合有限责任公司市场战略部业务员。

## 一、2020 年全球石油市场特点

### （一）国际油价暴跌并出现史无前例的负价格，基准油价差剧烈波动

2020 年以来，新冠肺炎疫情大范围蔓延，全球陷入史无前例的危机，多国被迫采取了隔离封锁、居家办公等形式，全球经济和石油需求严重萎缩，国际油价呈现一季度单边下行、二季度先抑后扬、三季度窄幅震荡、四季度震荡回升走势，整体表现为深 V 型波动。2020 年 4 月 20 日，在合约即将到期、交割仓库库存暴涨、交易所修改规则等多重因素的影响下，北美 WTI 一度创下史无前例的极端负价格（见图 1）。2020 年，国际基准油标杆布伦特均价为 43.21 美元/桶，同比下跌 20.95 美元/桶，跌幅为 32.7%，创 16 年新低；WTI 均价为 39.34 美元/桶，同比下跌 17.7 美元/桶，创 17 年新低；普氏 Dubai 均价为 42.27 美元/桶，同比下跌 21.24 美元/桶，创 16 年新低。

从基准油价差来看，WTI/布伦特价差在 4 月份一度拉宽接近 -10 美元/桶；全球轻重油价格呈现倒挂状态，2020 年 DTD 布伦特/Dubai 价差均值为 -0.46美元/桶，大幅低于 2019 年的 0.8 美元/桶。此外，我国上海原油期货在国内投资者的热情炒作下，2020 年 4 月一度成为全球最贵的原油期货合约，高点时比布伦特价格高 14 美元/桶。

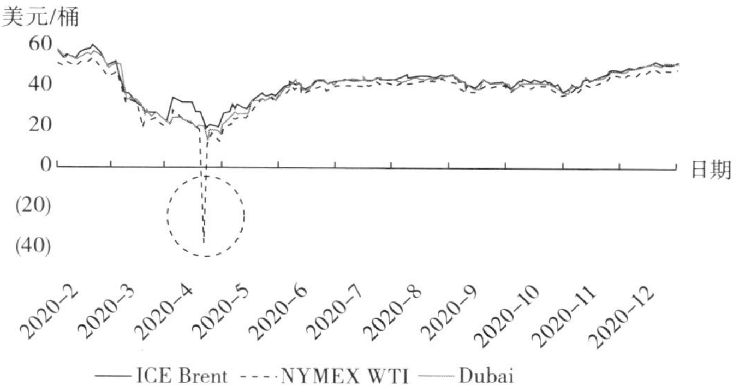


**图1　国际基准原油价格走势**

数据来源：路透社、Unipec Research & Strategy（URS）。

## （二）需求面：2020年全球石油需求出现历史最大降幅

受新冠肺炎疫情影响，全球主要经济体接连出台封锁政策，加上全球经济严重萎缩，工业活动和经济活动几近停滞，导致石油需求断崖式下降。据统计，高峰时段，全球近100个国家出台了限制入境和取消国际航班的政策，同时有50多个国家和地区宣布进入紧急状态。根据国际能源署（IEA）统计，2020年全球石油需求骤减至9100万桶/日，同比大减870万桶/日，为历史最大降幅，远超金融危机时期100万桶/日左右的降幅，其中4月全球石油需求同比降幅超过2000万桶/日，创历史最大跌幅。分品种看，2020年汽油、煤油、柴油等主要品种需求均出现了不同程度的下滑，其中汽油需求同比下降10%左右，柴油需求同比下降6%左右，航煤遭受冲击最为严重，需求同比大降40%左右。国际航空运输协会预计，2020年全球航空公司客运收入损失高达1130亿美元。分国家来看，2020年除我国石油需求表现为正增长外，其他国家石油需求均出现负增长。

## （三）供应面：2020年“欧佩克+”采取史无前例减产规模

油价低迷令全球主要石油生产国不得不审时度势，重新调整自己的生存战略以应对史无前例的萧条市场。在经历了长达一个月的价格战之后，

2020 年 4 月，以沙特和俄罗斯为代表的“欧佩克 +”达成史上最大规模的减产协议，分别在 2020 年 5 月、7 月和 2021 年 1 月减产 970 万桶/日、770 万桶/日、580 万桶/日。在减产协议的推动下，2020 年全球石油供应为 9390 万桶/日，同比大降 660 万桶/日，创历史之最，参与减产国家的平均减产执行率基本为 100%。除了欧佩克（OPEC）外，页岩油生产商也面临极大压力，史无前例的低油价令生产商面临极差的融资环境，资金来源减少、债务持续增长令页岩油生产商不堪重负。贝克休斯数据显示，油气钻机数从 2020 年 3 月的 683 座骤降至 8 月的最低点 172 座，石油公司股价普遍暴跌 40% ~70%。美国原油产量由 2020 年初的 1300 万桶/日一度跌至 970 万桶/日。除美国外，其他的非欧佩克产油国包括巴西、加拿大等国也在疫情之下纷纷减产。

**（四）库存面：2020 年全球原油库存和海上浮仓均创历史最高水平**

2020 年全球石油需求暴跌，4 月份需求萎缩最严重之时，欧佩克和俄罗斯正在进行价格战，供需错配使得全球石油库存迅速飙升至历史最高水平，出现“一罐难求”的紧张局面。美国 WTI 交割地库欣地区库存一度攀升至 6545 万桶，库容使用率超过 80%，直接导致 WTI 跌至负价格。根据咨询机构 Kayrros 数据，2020 年 7 月份全球陆上库存飙升至 32.1 亿桶，创下 2016 年以来最高。在陆上库存满负荷运行的同时，海上浮仓规模也急剧攀升，其间布伦特首次行价差一度拉宽至金融危机后的最高水平 -3.97 美元/桶，足以覆盖海上浮仓储油的仓储费和资金成本，从而刺激贸易商大规模进行海上浮仓运作，全球运输市场 WS 点一度达到 223 的高点，出现“一船难求”情况，2020 年 7 月底海上浮仓储油规模也到达 1 亿桶的历史高位。2020 年下半年以来，在大规模减产的推动下，陆上库存和海上库存规模逐渐回落，但仍然高于正常水平。

### （五）炼油业：全球炼油业遭遇史无前例重创

在疫情严重打击石油需求、全球成品油和原油库存高企的影响下，世界炼油业遭遇重创，全球范围内炼厂掀起金融危机以来最大规模的关停潮。日本最大炼油商 Eneos 于 9 月 30 日宣布永久关闭 11.5 万桶/日的 Osaka 炼厂，壳牌关闭美国路易斯安那州 26 万桶/日的 Convent 炼厂，菲律宾关闭炼能为 11 万桶/日的 Tabangao 炼厂，澳大利亚关闭炼能为 14 万桶/日的 Kwinana 炼厂，该炼厂也是澳大利亚国内最大的炼厂，新西兰即将关闭国内唯一的炼厂 Marsden Point（炼能为 13.5 万桶/日）。初步估算，疫情已经导致全球大约 200 万桶/日的炼能永久关闭。经路透社测算，2020 年全年，新加坡地区炼油加工收益平均仅为 0.4 美元/桶，同比大减 3.3 美元/桶，3 月中旬后，基本处于负值区域；欧洲鹿特丹炼油加工收益平均为 2.3 美元/桶，同比低 2.9 美元/桶，5 月中旬后，也跌至负值区域；美国墨西哥湾沿岸炼厂加工收益平均为 7.2 美元/桶，同比低 8 美元/桶，降幅为 53%，远低于正常水平。

## 二、2021 年展望：后疫情时代的国际石油市场分析

2021 年，后疫情时代的全球经济和石油需求复苏仍是主线，与此同时，欧佩克限产保价的决心仍然强烈，全球石油库存继续消化，国际政治经济格局错综复杂，地缘政治剧烈震荡，国际油价总体应维持中高位运行。

### （一）疫情面：全球疫情拐点出现，疫情形势总体向好，但有反复

2021 年以来，全球疫情拐点出现，疫情形势总体向好，自 1 月中旬以来全球单日新增病例由前期的 80 万例降至 30 万例左右，但是 4 月起，印度、日本等国疫情反复，单日新增病例数再次上升到 70 万例以上，但是全

球大部分国家和地区的新冠疫情出现好转。约翰·霍普金斯大学数据显示，除印度、巴西等国外，主要国家新增病例数均已持稳或减少（见图2），尤其美国单日新增病例由此前高峰时段的20万例左右大幅下降至目前的1万例上下，尽管近期亚洲多国疫情反复，但预计本轮疫情影响时间不会持续过长。欧洲第三波疫情对需求造成的影响较为可控，英国等地道路交通拥堵程度已基本恢复至疫情前水平。

从疫苗接种来看，当前全球多种类新冠疫苗已投入大规模使用，包括辉瑞、强生、阿斯利康、俄罗斯卫星疫苗以及我国的国药和科兴生物等疫苗。截至2021年8月初，全球累计接种疫苗近46亿剂，其中，美国累计接种3.6亿剂，西班牙、德国等欧洲国家接种率接近或超过100%，欧盟宣布7月70%的成年人完成第一剂新冠疫苗的接种。阿联酋和马耳他是接种比例最高的国家，累计接种量为1818万剂，我国新冠疫苗接种进程也在不断推进，截至2021年8月中旬，我国完成新冠疫苗全程接种人数超7.77亿人。

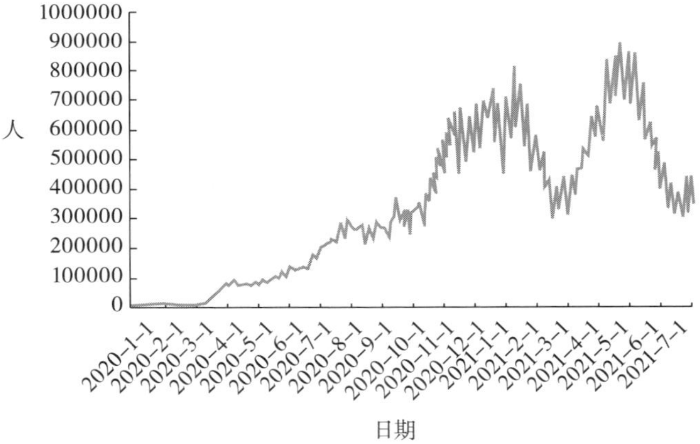


**图2　全球单日新增病例数**

数据来源：WIND、Unipec Research & Strategy（URS）。

## （二）宏观面：全球经济实现恢复性增长，大规模放水推高资产价格

随着新冠肺炎疫情在全球大部分国家和地区受到控制，恢复经济成为各国政府今年的首要任务。国际货币基金组织（IMF）预计，随着全球新冠疫苗接种进程加快以及全球主要经济体纷纷采取经济刺激政策，2021 年全球经济增长率将恢复至6%（见图3）。美联储最新预测认为，2021 年美国 GDP 增长6.5%，将创1984 年来最大增幅；我国经济实现恢复性增长，据国家统计局数据，我国2021 年第一季度 GDP 同比大幅增长 18.3%。在“国内国外双循环”战略引领下我国进入经济发展新阶段，全年 GDP 增速有望达到6%以上。从制造业来看，世界主要国家制造业采购经理人指数（PMI）普遍恢复至50%以上。

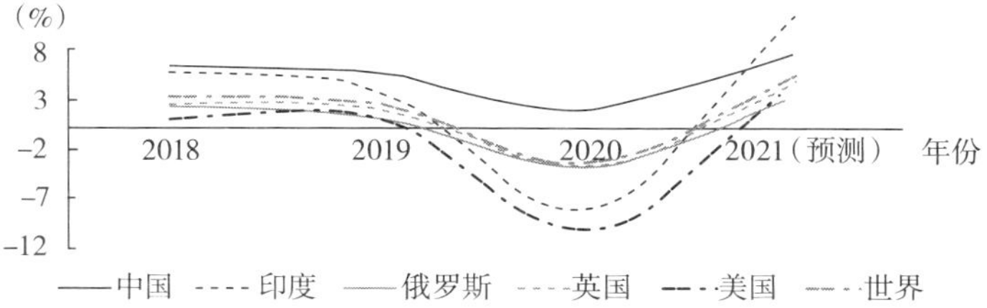


**图3　世界经济增长率预期（IMF）**

数据来源：IMF、Unipec Research & Strategy（URS）。

值得关注的是，2020 年至今，为提振经济，各国央行纷纷推出大规模量化宽松举措，显著提高了大宗商品价格，其中美联储推出无限量资产购买计划，2020 年美国广义货币（M2）发行量达到19.4 万亿美元，同比增长34%，使得全球流动性充裕甚至泛滥。除了货币政策刺激，财政刺激也在持续加强，美国当前累计推出近6 万亿美元财政刺激方案，欧盟则推出2.2 万亿刺激方案，其中相当一部分流向了金融资产。2021 年初至今全球金融市场和大宗商品价格普遍上涨，道指、标普500 指数、日经指数刷新历史高点，铁矿石、铜、玉米等纷纷创下十年新高。从油市资金来看，基

金持有的布伦特原油净多头头寸由2020年四季度的8万手左右一度提高至2021年2月份的35万手左右，创一年多最高水平。3月上旬布伦特价格飙升，接近70美元/桶，基本抹平新冠肺炎疫情以来的下跌。2021年6月份以来，布伦特油价接连突破70.75美元两大关口。7月5日布伦特上涨至77.16美元/桶，为2018年10月以来最高水平。

### （三）需求面：全球石油需求逐步恢复，但难以完全恢复至疫情之前

随着当前疫苗接种进程加快带动经济活动恢复增速，全球石油需求持续强劲复苏。截至2021年7月初，欧洲主要国家包括法国、英国、西班牙等国的成品油需求都出现反弹，欧洲石油需求已经恢复至正常水平的90%。美国需求持续向好，2021年7月初美国航空客运量已经恢复至2019年同期水平，即使在汽油零售价格走高并突破3美元/加仑红线的情况下，美国公路交通出行依然维持在高水平，美国汽油需求已突破1000万桶/日大关并创历史新高。在亚洲方面，2021年6月份印度汽柴油销量分别环比增长29%和19%，随着封锁解除和经济活动复苏，预计年底前印度石油需求有望恢复至正常水平。总体来说，欧美和亚洲整体需求都处于强劲复苏阶段。从需求复苏节奏来看，上半年全球需求复苏相对较慢，随着全球疫苗接种加速进行，从第三季度开始需求有望迎来较强复苏，到四季度末全球石油需求有望接近疫情前水平（见图4）。

分品种来看，2021年，在各国封锁隔离措施取消后，汽油需求将出现稳步复苏，尤其欧美驾驶季期间汽油需求或迎来报复性反弹，但疫情导致更多人选择居家办公以及新能源汽车的加快应用，均会对汽油增长产生一定限制。此外，当前中美等主要国家仍在大力加强基础设施建设，我国进入“十四五”开局之年，美国推出基础设施建设计划，加之物流交通迅速发展，有助于推动柴油需求增长，预计全年柴油表现较为强势。2021年，航煤需求有望逐步走出2020年谷底，但受疫情影响以及受各大航空公司削

减支出影响等，航班恢复特别是国际性航线恢复较为缓慢，加上更多商务人士选择在线会议而减少乘坐航班出差，抑制了航煤需求。有机构表示，航煤需求在2022年底才能恢复至疫情前水平。

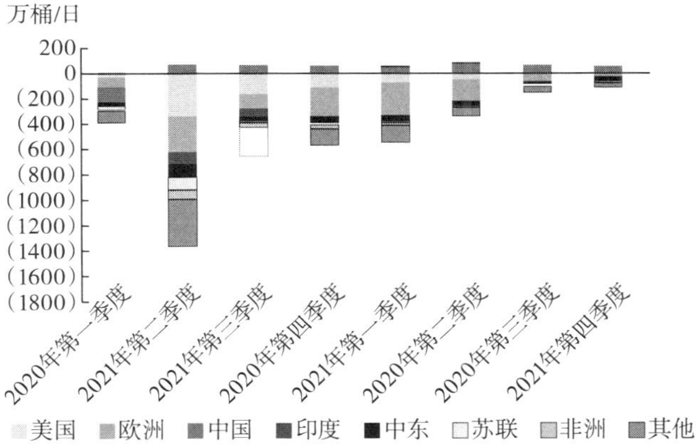


**图4　全球石油需求较疫情前变化示意图**

数据来源：IEA、Unipec Research & Strategy（URS）。

## （四）供应面：欧佩克保持小幅增产，全球供应增长总体有限

2021年4月1日，“欧佩克+”部长级会议达成小幅逐步增产协议，根据“欧佩克+”会后声明，“欧佩克+”将在2021年5月和6月分别增产35万桶/日，7月增产45万桶/日，沙特将分阶段撤回100万桶/日的自愿减产，5月增产25万桶/日、6月增产35万桶/日、7月增产40万桶/日。总体而言，减产联盟将在5月、6月、7月逐月增产60万桶/日、70万桶/日、85万桶/日，相较于需求增长，增幅总体可控。2021年7月底，“欧佩克+”召开部长级会议，达成逐月增产40万桶/日的新决议。“欧佩克+”决定将现有减产协议延长至2022年12月，从2021年8月起每月增产40万桶/日，直至576万桶/日的少规模全部恢复。此外，自2022年5月起，沙特和俄罗斯分别上调减产基线50万桶/日至1150万桶/日；阿联酋上调33万桶/日至350万桶/日；伊拉克和科威特均上调15万桶/日，分别至480.3和295.9万桶/日。综合而言，相当于从2022年5月起，这些国家合

计增产 163 万桶/日。我们认为，“欧佩克 +”的小幅增产协议为今年年内石油市场再平衡奠定的基础，预计 2021 年下半年全球维持去库存状态，但受新一轮疫情蔓延影响，去库存进程放缓。2022 年，随着产油国增产以及上调基准线，石油市场或重回宽松态势。

非欧佩克国家方面，此前一年的低油价对美国页岩油生产商造成巨大冲击，页岩油生产商大规模削减资本开支，且股东提高资本回报要求，加之大量债务到期，预计 2021 年上游投资难有实质性增长，美国页岩油产量回升缓慢，全年平均产量预计不足 800 万桶/日，同比下降近 15 万桶/日，美国页岩油产量将难以恢复至疫情前水平。此外，2021 年巴西盐下油产量仍将有 10 万桶/日左右增量，挪威新投产油田也将带来 10 万桶/日左右增量，加拿大部分新投产油砂项目预计带来 30 万桶/日左右增量，但总体而言，非欧佩克国家产量增幅较为有限（见图 5）。预计 2021 年全球石油供应为 9500 万桶/日左右，同比增幅仅为 220 万桶/日左右，低于需求增幅。

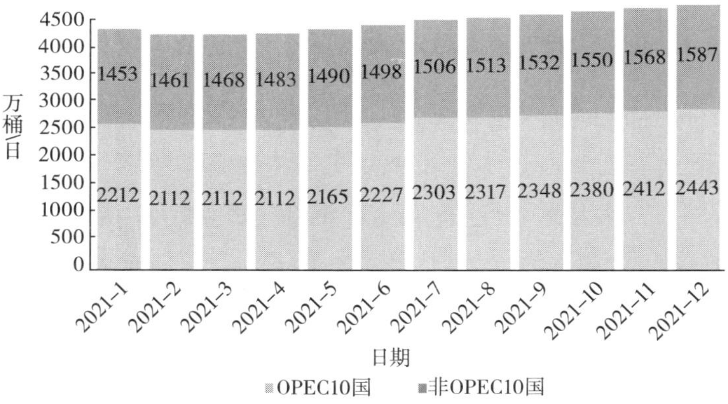


**图 5 “欧佩克 +”产量变化**

数据来源：OPEC、Unipec Research & Strategy（URS）。

## （五）库存面：全年去库存加速，全球库存逐渐回归正常水平

库存是全球供需平衡结果的最终体现。2020 年以来，由于供需错配，全球石油库存一度上涨至历史最高水平。2020 年四季度以来，在需求恢复

和欧佩克减产的推动下，全球库存逐步下降。我们预计，2021 年全球供需缺口达到 130 万桶/日左右，将推动全球石油库存进一步消化。据咨询机构 Kayrros 和 FGE 统计，截至 2021 年 7 月初，全球陆上原油库存为 30.1 亿桶，较 2020 年高点已降库 2 亿桶。陆上成品油库存为 6.4 亿桶，较 2020 年最高点已降库 1 亿桶。除中国外，全球主要国家和地区库存水平已经基本回归正常，特别是美国原油和成品油库存均已降至五年均值以下。

从经济合作与发展组织（OECD）国家的情况来看，国际能源信息署（IEA）最新数据显示，截止到 2021 年 4 月末，OECD 商业石油库存已连续 8 个月下降，4 月份总库存环比小幅上升 4150 万桶至 29.3 亿桶，比五年均值低 600 万桶，整体库存水平偏低；其中，原油库存为 11.4 亿桶，同比下降 48090 万桶；汽煤柴等成品油库存为 14.6 亿桶，同比下降 8940 万桶。从可满足天数来看，当前 OECD 库存可满足 101 天的石油需求，库存总规模仍然充足（见图 6）。

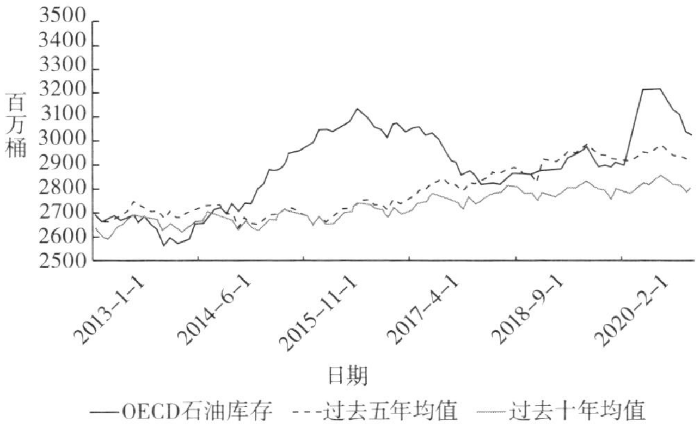


**图 6　OECD 商业石油库存**

数据来源：IEA、Unipec Research & Strategy（URS）。

## （六）炼油业：全球炼油业逐步复苏，但难以回到疫情之前

如前文所述，全球炼油业在新冠肺炎疫情的影响下遭受重挫，欧美老旧炼厂纷纷关停。但机遇与挑战并存，新冠肺炎疫情加速了整个炼油业的重组

和优化，炼油业还将持续淘汰落后产能，实现行业内的新陈代谢。一边是很多欧美老旧炼厂永久性关闭，但另一边以我国为首的大型一体化炼厂的竞争和经营优势进一步凸显。苏伊士以东地区将继续新增大量炼能，预计2021年全球将迎来新一轮炼厂投产高峰，预计新增炼能约为204万桶/日，增量主要来自亚洲和中东，包括我国盛虹石化集团有限公司（1600万吨/年）、沙特吉赞炼油厂（2000万吨/年）和科威特阿尔祖尔炼厂（3075万吨/年）等。

从炼油毛利来看，2021年以来，美国汽柴油需求强劲恢复，且美国最大成品油管道遭遇黑客袭击，推动墨西哥湾地区炼油毛利大幅改善，2021年上半年平均为10.70美元/桶，同比增2.4美元/桶，大体恢复至疫情前的70%；欧洲地区受疫情封锁的影响较大，上半年平均炼油毛利为1.94美元/桶，同比降1.72美元/桶，恢复至疫情前50%左右，但2021年7月以来，再度恶化；新加坡地区炼油毛利平稳恢复，上半年平均水平为1.92美元/桶，同比提高1.79美元/桶，恢复至疫情前的1/3左右。但是，考虑到2021年全球石油需求难以完全恢复至疫情之前，加之炼油业行业内竞争进一步加剧，产业升级和转型也踏上快车道，预计全球炼油毛利仍难完全恢复至疫情之前。

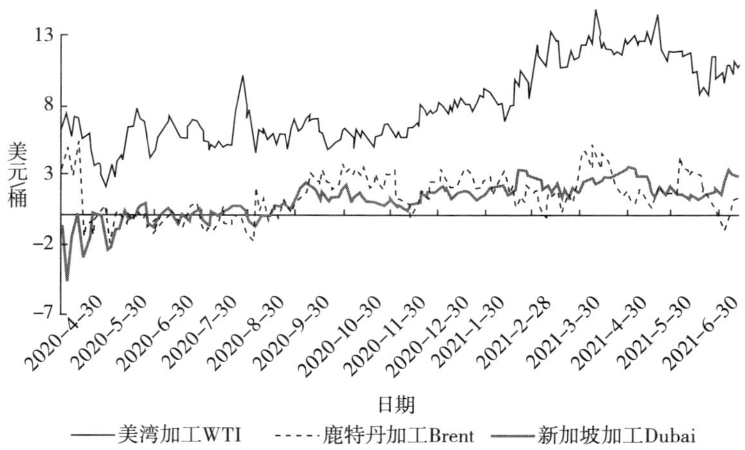


**图7　三地复杂型炼厂加工收益变化情况**

数据来源：路透社、Unipec Research & Strategy（URS）。

### （七）地缘政治：地缘政治仍将动荡，伊朗原油回归或晚于预期

今年以来，中东地区地缘政治冲突逐步升级，胡塞武装最近加大了对沙特炼厂、港口、码头等石油设施的袭击，但得益于越来越先进的拦截技术，均没有对产量造成很大影响。但是，这些事件发生后，不排除沙特方面会采取报复举措，沙特和也门胡塞武装之间剑拔弩张的紧张形势仍将加剧，中东地缘政治局势动荡加剧。此外，美国新总统拜登上台后，对中东地区政策进行大幅调整，开启中东战略的再平衡，先是对沙特等美国传统盟友进行敲打，一改特朗普一边倒的支持沙特、以色列政策；再者是试图向伊朗释放善意，以寻求美伊对话。此外，美俄关系近期也颇为紧张，拜登多次释放对俄不友好信号，并威胁对俄实施新制裁。俄罗斯近期已宣布召回驻美大使，并威胁要增产以打压美国页岩油，有媒体称美俄关系已进入 41 年以来最糟糕时刻。

2019 年 5 月美国实施制裁以来，伊朗原油产量由制裁前的 380 万桶/日下跌为 200 万桶/日左右，出口量由制裁前的 250 万桶/日左右一度跌至历史最低的 10 万桶/日（见图 8）。2020 年四季度以来，随着大量不合规原油流入市场，咨询机构称伊朗实际出口量已达到 100 万桶/日。美国总统拜登自上任以来，积极推动与伊朗方面的接触和谈判。2021 年 4 月以来，伊核问题协议相关方在维也纳已举行六轮谈判，据悉协议已达成 60% 左右，但美伊双方在一些关键问题上仍存在分歧。尽管伊朗新当选总统莱希（Ebrahim Raisi）明确表示，将支持并继续推动伊核谈判，但美伊最新表态显示两国仍在许多问题上有重要分歧，伊核谈判前景再度陷入不明朗状态。目前市场普遍预计伊朗原油将于 2021 年四季度或 2022 年一季度才能最终回归市场。

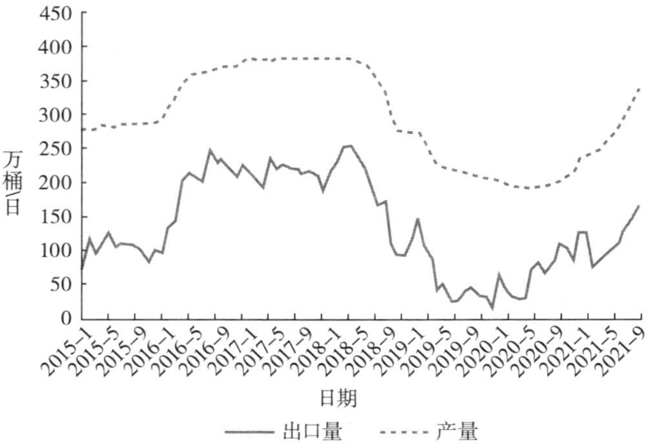


**图 8　伊朗原油出口量变化**

数据来源：Kpler、Unipec Research & Strategy（URS）。

## 三、中长期石油市场展望

从中长期来看，全球政治经济格局将进入新一轮动荡和博弈期，百年未有之大变局将深刻影响国际石油市场，叠加世纪疫情和能源低碳转型等影响，全球经济、需求、供应、炼油等将发生深刻变化，具体表现在以下几个方面。

### （一）中长期全球经济增长面临一定挑战

当前全球经济正处于大变革、大调整时期。在结构性矛盾叠加周期性因素影响下，全球经济在实现了 2021 年强势反弹后，预计后几年总体呈现高赤字、高负债、低增长和低通胀格局。新冠肺炎疫情对全球经济的冲击漫长而深刻，全球供应链、产业链、贸易链的修复仍需相当一段时间。为应对疫情，各国纷纷采取了史无前例的财政刺激和货币刺激手段，在提振经济的同时，无疑将加重政府财政负担，同时引发更深层次的流动性泛滥和更大规模的金融市场波动。此外，新冠肺炎疫情暴发以来，大国关系分化，全球民粹主义、逆全球化趋势进一步加剧，中美、美欧、美俄等大国关系面临新的挑战。中美新一轮战略竞争加剧、双方互信和潜在经贸合作面临一定挑战，这将使得国际政治经济格局重塑。

### （二）中长期世界石油需求进入低增长阶段

受世界经济低增长影响，后疫情时代全球石油需求或进入低增长阶段，增量和增速较过去几年都可能下降一个台阶。新冠肺炎疫情不仅极大地冲击了世界经济，同时深刻改变了人们的生活与工作方式，越来越多的公司选择远程办公，谷歌、推特等企业已宣布可以永久性居家办公，这将对传统石油需求产生巨大冲击。此外，未来电动车、天然气、生物燃料等替代能源仍有望进入快速发展阶段，共享经济、燃油效率提升等也将继续对传统石油需求形成压力。我国宣布2030年碳达峰、2060年碳中和目标，越来越多的国家和地区宣布“净零排放目标”，将对化石能源消费产生巨大冲击，能源脱碳、氢能源等有望迈入发展快车道。值得关注的是，2025年，挪威、荷兰等国家将正式实施禁售燃油车计划，新能源对传统能源的挑战进入新阶段。

### （三）中长期世界石油供应面临较大不确定性

新冠肺炎疫情暴发使得国际油价跌入20年低位，并跌破绝大多数国家的石油生产成本。受此影响，全球上游油气投资降到历史冰点，投资支出大幅降至3800亿美元，同比下降32%，为15年来最低水平。从中长期来看，2020年资本支出减少不仅影响了生产商计划在今年启动的项目，也影响了在未来几年计划投产的项目，其中一些项目可能延迟，另一些项目可能直接取消投产，甚至有一些运营成本高、产能较低的老油田将永久关闭。总体而言，未来几年全球油气行业上游投资将增长缓慢，常规油气投资仍将低迷，非常规投资包括页岩油、深水、盐下、超重油、油砂等也将在后疫情时代承受一定增长压力，这将使得全球石油供应面临的不确定性大增，叠加欧佩克未来两年的持续减产，部分时段全球石油供应可能出现供应紧张格局。

### （四）中长期国际油价或回归再平衡区间

2000 年至今，国际油价经历了好几轮大起大落、大涨大跌的历程。2011—2014 年，在中东“茉莉花革命”等地缘政治动荡加剧、中印等国石油需求快速增长的背景下，国际油价连续维持了四年的 100 美元/桶以上高油价；2015—2019 年，在页岩油革命崛起、新兴经济体需求放缓的背景下，布伦特油价多数时间在 50～70 美元/桶区间波动。后疫情时代，尽管石油需求进入低增长阶段，但供应同样面临较大不确定性，国际油价可能回归此前的再平衡区间，预计中长期布伦特油价多数时间在 50～80 美元/桶区间波动。与此同时，后疫情时代地缘政治、全球供应的不确定性仍然存在甚至加剧，国际油价个别时段仍然可能呈现大起大落之势。

### （五）中长期石油公司新一轮洗牌仍将加剧，能源转型提速

新冠肺炎疫情叠加低油价是对石油公司经营状况、盈利能力和抗风险能力的重大考验。2020 年，全球多数石油公司出现史无前例的亏损，埃克森美孚公司亏损 224 亿美元，壳牌公司亏损 217 亿美元，BP 公司亏损 203 亿美元。此外，油服公司如斯伦贝谢、贝克休斯、哈里伯顿等陷入股价暴跌、经营亏损、大幅裁员的困境，新加坡石油巨头兴隆公司也陷入前所未有的债务危机。从中长期来看，尽管国际油价有所回升，但能源行业经营环境形势仍然不容乐观。在不断萎缩的市场份额下，公司之间的竞争将更加激烈，石油公司新一轮洗牌将加剧，部分中小型石油公司将不可避免陷入破产与重组的窘境。与此同时，新冠肺炎疫情加速了主要石油公司的能源转型，壳牌、道达尔、英国石油公司先后宣布要在 2050 年之前实现碳中和，并大力发展新能源业务，逐步加大可再生能源的生产，实现由从“大石油”到“大能源”的过渡。

## 参考文献

[1]施雷．碳中和目标下的石油公司转型之路[J]．当代石油石化：2021,29(06):23－19.

[2]王佩．后疫情时代的全球石油市场走势分析[J]．当代石油石化：2020,28(7):6－12,54.

[3]中国国家统计局．中国国家统计局统计公报[EB/OL]．[2021]http://www. stats. gov. cn/.

[4]International Energy Agency. Oil Market Report[R]. Paris:IEA,2020－2021.

[5]Organization of Petroleum Exporting Countries. OPEC. Monthly Oil Market Report[R]. Vienna:OPEC,2020－2021.

[6]U. S. Energy Information Administration. Short－Term Energy Outlook[R], Washington. D. C. :EIA,2020－2021.

[7] Energy Aspects. Fundamentals [R], London: Energy Aspects, 2020－2021.

[8]International Monetary Fund. World Economic Outlook Update[R], Washington. D. C. :IMF,2021.

# 减产联盟下的全球石油供应分析与展望

任娜　张红梅

**摘　要**　2020 年，新冠肺炎疫情的冲击导致全球石油需求创历史最大降幅。“OPEC +”产油国达成历史上最大规模减产协议，限产保价效果明显；利比亚等减产豁免国家政局动荡导致石油产量大幅下降；非 OPEC 产油国大幅削减资本支出，美国页岩油生产商受到巨大冲击，巴西、加拿大等产油国原油产量纷纷下降。2021 年，全球石油供应将迎来触底反弹，“OPEC +”产油国有望分阶段压缩减产配额，且仍将发挥重要的市场“调节器”作用；随着油价回升，美国页岩油产量有望迎来复苏，其他非 OPEC 产油国将释放增长潜力。从中长期来看，全球中质原油增产速度较快，轻重原油价差保持较窄水平；主要产油国仍然具备较大增长潜力。全球正进入石油供应过剩期。

**关键词**　“欧佩克 +”（“OPEC +”）；减产协议；页岩油；增长潜力

## 一、2020 年全球石油供应回顾

2020 年，新冠肺炎疫情的冲击导致国际油价大跌，全球石油企业削减上游资本支出将近 1000 亿美元，较原计划减少 30% 左右。受此影响，“欧佩克 +”产油国大规模减产，美国、加拿大等非 OPEC 产油国供应大幅下滑。2020 年全球石油供应仅为 9393 万桶/日，同比减少 591 万桶/日；其中原油供应为 7352 万桶/日，同比减少 589 万桶/日，创历史最大降幅（见图 1）。

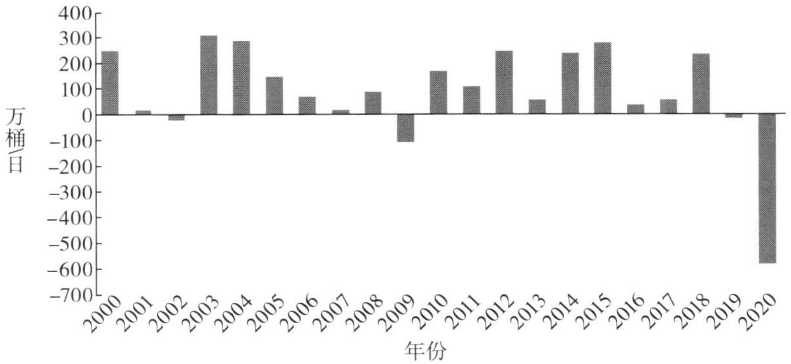


**图 1　2020 年全球石油供应增量示意图**

数据来源：IEA，OPEC，EIA，Unipec Reasearch & Strategy（URS）。

### （一）“欧佩克 +”达成史上最大规模减产协议

2020 年，在新冠肺炎疫情肆虐导致全球石油需求锐减的大背景下，为尽快恢复油市再平衡，OPEC 减产 10 国和以俄罗斯为首的 10 个非欧佩克产油国组成的“欧佩克 +”减产联盟就联合减产达成一致，减产规模和开会频次均创历史之最。“欧佩克+”产油国是石油生产国合作宪章（CoC）下的减产联盟，这些产油国的石油产量占全球原油产量的52%，发挥着石油市场的“调节器”作用，是国际石油市场上最重要的组织之一。2020年1—3月份，“欧佩克+”产油国延续上一轮减产协议，减产规模为170万桶/日；由于3月份沙特和俄罗斯谈判破裂，4月主要产油国开始大幅增产；在油价暴跌的背景下，2020年4月13日“欧佩克+”最终达成历史上最大规模减产协议；2020年下半年“欧佩克+”联合部长级监督委员会（JMMC）每月举行会议，评估市场、协议执行情况并确定下一步减产政策。2020年，在“欧佩克+”大规模的减产行动推动下，全球供需形势逐渐趋紧，国际油价从2020年4月份20美元/桶的低点逐步反弹，“欧佩克+”成功实现了限产保价的目标（见图2）。

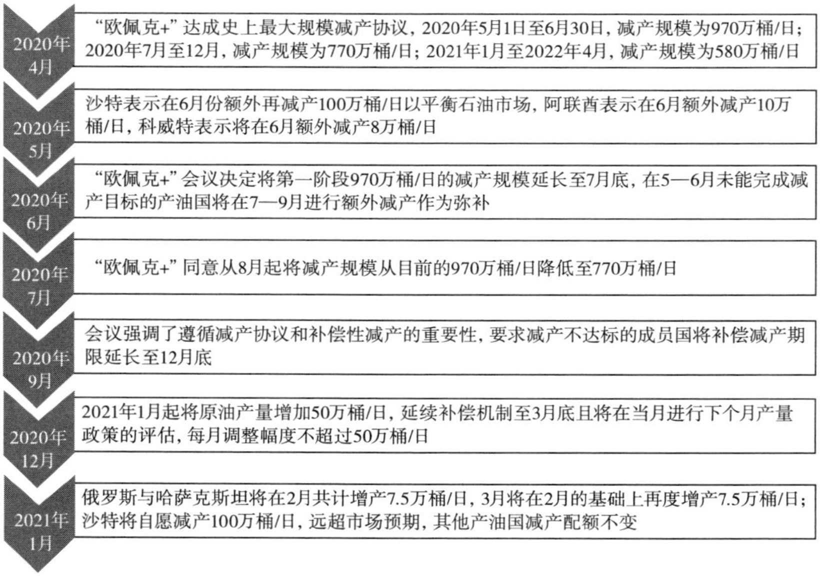


**图2 2020年以来“欧佩克+”历次会议结果回顾**

2020年，在减产协议的推动下，“欧佩克+”产油国总计原油产量为3769万桶/日，同比减少432万桶/日，减产执行率为103%。其中，欧佩克参与减产10国原油产量为2281万桶/日，同比减少279万桶/日，平均减产执行率为99%。从部分成员国来看，2020年沙特继续充当减产带头人，2020年6月额外减产100万桶/日，全年原油产量平均为919万桶/日，同比减少59万桶/日，全年减产执行率平均为124%；由于国内财政压力较大、加之国际石油巨头在伊拉克石油产量中占据较大份额，伊拉克减产相对勉为其难，全年原油产量平均为405万桶/日，同比减少64万桶/日，减产执行率平均为81%；阿联酋自5月份以来维持了较好的减产执行率，全年原油产量为280万桶/日，同比减少27万桶/日，2020年5—12月减产执行率为102%；科威特原油产量为244万桶/日，同比减少25万桶/日，2020年5—12月减产执行率为101%；安哥拉原油产量为126万桶/日，同比减少14万桶/日，2020年5—12月减产执行率为106%。

非欧佩克参与减产10国原油产量为1488万桶/日，同比减少152万桶/日，减产执行率平均为92%。分国家来看，本次减产周期启动以来，由于欧洲炼油商大幅削减加工量，俄罗斯原油产量和出口量大幅下滑，2020年俄罗斯原油产量为1027万桶/日，同比减少98万桶/日，减产执行率为90%，较此前80%的减产执行率明显上升；2020年5月哈萨克斯坦政府签署法令从5月开始执行“欧佩克+”减产协议，但执行效果并不理想，2020年哈萨克斯坦原油产量为150万桶/日，同比减少14万桶/日，减产执行率仅平均为81%。

### （二）政局动荡导致减产豁免国家产量下挫

自2019年以来，由于受美国制裁或者国内战乱影响等特殊原因，利比亚、委内瑞拉、伊朗成为欧佩克成员国中的减产豁免国家。2020年，这三个产油国产量均出现不同程度的下降。

**利比亚宣布不可抗力导致原油产量减少。**2011年卡扎菲政权被推翻后，利比亚陷入持续动荡，得到联合国承认的西部民族团结政府和哈夫塔尔领导的东部国民军两大势力割据对峙。石油收入的分配一直是利比亚东西部政府矛盾的关键，东部政府控制着大部分的油田和港口，但不能通过利比亚中央银行获得石油收入，利比亚所有的能源收入通过设在的黎波里的中央银行汇入利比亚国家石油公司（NOC）。2020 年 1 月 18 日，哈夫塔尔宣布关闭该国东部原油出口港口，随后 NOC 宣布不可抗力，使利比亚石油产量迅速下降至 10 万桶/日左右。经历 8 个多月的封锁期后，2020 年 9 月 NOC 才宣布解除对油田和港口的不可抗力。2020 年，利比亚原油产量平均为 36.8 万桶/日，同比大幅减少 73 万桶/日（见图 3）。

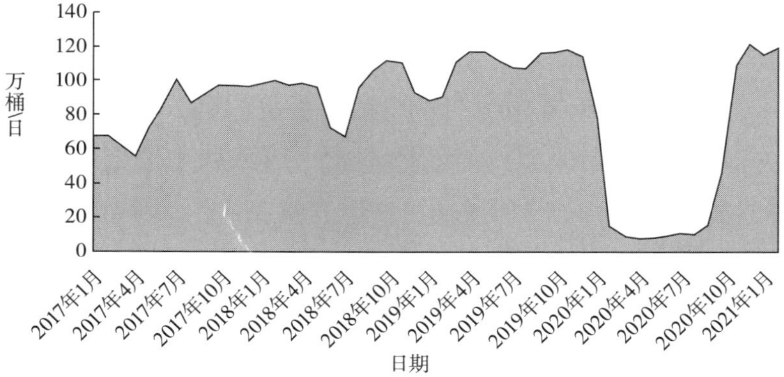


**图 3　利比亚原油产量示意图**

数据来源：OPEC，Unipec Reasearch & Strategy（URS）。

**委内瑞拉原油产量持续下滑。**近年来，出于委内瑞拉自身上游投资缺乏及国内基础设施落后，国内通货膨胀严重等原因，委内瑞拉原油产量持续下滑。2019 年 1 月，美国开始对委内瑞拉实施经济制裁，导致委内瑞拉原油产量和出口量大幅减少。2020 年 2 月，因帮助委内瑞拉规避制裁，美国对俄罗斯石油公司 Rosneft 旗下子公司 Rosneft Trading SA 实施制裁。2020 年，委内瑞拉原油产量平均为 50 万桶/日，创历史最低水平，同比减少 29 万桶/日。

**伊朗原油产量连续三年下降。**自 2019 年 5 月美国取消伊朗石油进口豁免后，伊朗的原油产量和出口量大幅减少。伊朗国家石油公司（NIOC）原油海上浮仓维持在 6000 万桶的水平。2020 年伊朗的原油产量为 199 万桶/日，同比减少 37 万桶/日，为连续第三年同比下降，较制裁前少 180 万桶/日。

### （三）美国页岩油生产商受到巨大冲击

近几年，由于投资者更加注重现金流和资本回报，美国页岩油生产商资金来源减少，债务问题凸显，生产技术瓶颈显现，面临越来越艰难的生产境况。2020 年，国际油价暴跌导致美国页岩油生产商和全球最大油服公司的股价一度下挫 40% ~70%，生产商套期保值面临较大的风险敞口。艰难的融资环境迫使石油生产商纷纷削减资本支出、减少钻机活动，2020 年美国石油行业上游资本支出从原计划的 1478 亿美元削减至 1059 亿美元，削减幅度为 28%，占到全球总削减规模的 42%。自 2020 年 3 月中旬油价暴跌以来，美国活跃石油钻机数出现大幅下降，截至 2020 年 8 月中旬，美国活跃石油钻机数降至 172 个，较年初低 74%；压裂作业队伍数量降至 70 支，较年初大幅减少 78%。页岩油井通常表现出极高的初始递减率，2020 年美国页岩油旧井衰减率超过新井贡献率，导致页岩油产量大幅下滑，全年美国原油产量为 1131 万桶/日，同比减少 93 万桶/日，其中页岩油产量为 809 万桶/日，同比减少 55 万桶/日（见图 4）。

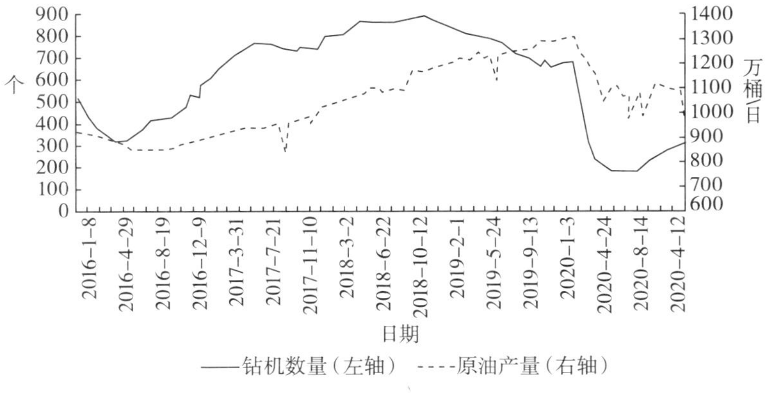


**图 4　美国石油钻机数量和原油产量变化示意图**

数据来源：EIA，Baker Hughes，Unipec Reasearch & Strategy（URS）。

### （四）非欧佩克产油国通过减产应对低油价冲击

**巴西油田进行超长检修。**2020 年上半年受疫情和低油价的影响，巴西国家石油公司一度暂停位于坎波斯、塞尔吉培、波蒂瓜尔和塞阿拉盆地的62个浅水平台作业，并将2020年产量目标削减20万桶/日；下半年Buzios、Tupi和Sapinhoa等油田开始长达5个月的超长检修期，巴西国家石油公司有37个浮式生产储存卸货装置（Floating Production Storage & Offloading，FPSO）在2020年进行检修，每个平台关闭15～20天。受检修影响，巴西原油产量从2020年8月份的310万桶/日降至2020年12月份的270万桶/日。但由于2019年基数较低，2020年巴西原油产量为294万桶/日，同比仍增加15万桶/日，其中盐下石油产量占到巴西原油产量的69%。

**加拿大生产油井被迫关停。**2020年油价暴跌导致加拿大部分生产油井被迫关停，上半年阿尔伯塔省（Alberta）的原油产量减少了约100万桶/日。Alberta省原油产量占加拿大原油总产量的近90%，因管道运输瓶颈，自2019年1月份开始加拿大Alberta政府实施产量禁令，2020年10月份才宣布解除禁令。随着油价回升以及检修结束，2020年11月份加拿大Alberta省油砂产量达到316万桶/日，创历史新高，石油产量基本恢复至疫情前的水平。2020年加拿大原油产量为403万桶/日，同比减少22万桶/日，其中油砂产量为283万桶/日，同比减少12万桶/日。

**挪威近四年首次增产。**由于成熟油田逐渐老化，2000年以后挪威原油产量逐年递减。2019年10月，挪威巨型油田项目Johan Sverdrup第一阶段开始投产，初始产能为43万桶/日，彻底扭转了挪威原油产量下滑的态势。2020年6—12月，挪威自愿参与减产行动，2020年6月份挪威计划减产25万桶/日至160.9万桶/日；2020年7—12月份减产13.4万桶/日至172.5万桶/日，减产执行率平均为129%。Johan Sverdrup油田项目投产抵消了减产带来的影响，2020年挪威原油产量为169万桶/日，同比增加28万桶/日，为近四年来首次增产。

**墨西哥产量连续第16年下滑。**墨西哥新总统计划推动石油投资以扭转石油产量不断下跌的态势，以及每年实施套期保值使得墨西哥具有较强的低油价承受能力，2020年下半年墨西哥退出“欧佩克+”减产协议。2020

年墨西哥原油产量为167万桶/日，同比减少6万桶/日，为连续第16年下滑，其中墨西哥国家石油公司（Pemex）的原油产量为161万桶/日。

**哥伦比亚投资大幅下降。**2020年哥伦比亚石油和天然气行业投资降至20.5亿美元，同比下降49%，为2016年以来的最低水平。其中，上游开发投资降至3.5亿美元，同比下降55%；生产投资降至17亿美元，同比下降48%。受此影响，哥伦比亚2020年原油产量为78万桶/日，同比减少10.5万桶/日。

**圭亚那新油田基本稳产。**圭亚那海上新油田Liza于2019年12月20日开始投产。2020年1月埃克森美孚公司出口该国首批原油，这标志着圭亚那正式成为原油出口国。Liza油田一期产量当前持稳于12万桶/日。

## 二、2021年全球石油供应展望

2021年，全球石油供应有望迎来触底反弹，预计全年石油供应同比增加250万桶/日至9638万桶/日，其中原油产量同比增加220万桶/日至7575万桶/日，主要产油国均实现同比增长，但仍难以回到2019年的水平。2021年全球约有250万桶/日的油田项目投产，其中200万桶/日的新投产项目分布在非欧佩克国家。

### （一）“欧佩克+”有望分阶段减少减产配额

2020年底，由于新冠肺炎疫情在欧美二次暴发，“欧佩克+”达成逐步放松减产力度协议，2021年1月成员国将减产额度自770万桶/日调整至720万桶/日。在2021年2月和3月，俄罗斯和哈萨克斯坦减产配额每月分别下调6.5万桶/日和1万桶/日，沙特自愿额外减产100万桶/日，其他成员国减产配额与1月保持相同。2021年4月，“欧佩克+”决定顺延减产协议，允许俄罗斯和哈萨克斯坦分别增产13万桶/日和2万桶/日，沙特维持100万桶/日的自愿减产，其他成员国减产配额维持不变，说明产油国限产保价的意愿仍然非常强烈。

沙特和俄罗斯两大“领头羊”是“欧佩克+”会议产量决策的关键。

2021 年度沙特维持财政预算平衡的油价为 75 美元/桶，俄罗斯为 64 美元/桶。在经历了 2020 年的超低油价以及负油价的惨痛教训后，产油国限产保价和集体行动的意愿非常强烈。沙特曾表示生产商必须保持谨慎，并一度警告原油空头，不要和“欧佩克+”对着干，还通过顺延自愿减产向市场传递托市决心；俄罗斯由于国内执政党支持率下降以及人口老龄化的问题，加之竞争对手美国页岩油生产商产量回升缓慢，增加了俄罗斯对油价上涨的愿望。预计 2021 年，“欧佩克+”仍将发挥重要的市场“调节器”作用，并将通过频繁开会调整产量政策。随着国际油价回升，“欧佩克+”逐步放松减产力度将是大势所趋。从减产节奏来看，2021 年上半年，由于欧洲疫情出现反复，石油需求复苏仍较缓慢，上半年“欧佩克+”仍维持较高的减产规模原油产量同比减少 344 万桶/日；下半年，随着全球疫苗接种加速进行，三季度开始全球石油需求有望迎来较强复苏，四季度有望接近正常水平，预计“欧佩克+”将逐步放松减产规模，产量也将相应增加。根据“欧佩克+”最新协议，从 2021 年 8 月起每月增产 40 万桶日，直至减产规模完全恢复。预计 2022 年 9 月前“欧佩克+”将逐月退出当前的减产配额。在此种情景下，预计 2021 年“欧佩克+”产油国原油产量为 3769 万桶日，下半年增产幅度基本抵消上半年减产幅度，全年同比基本持平。（见图 5）。

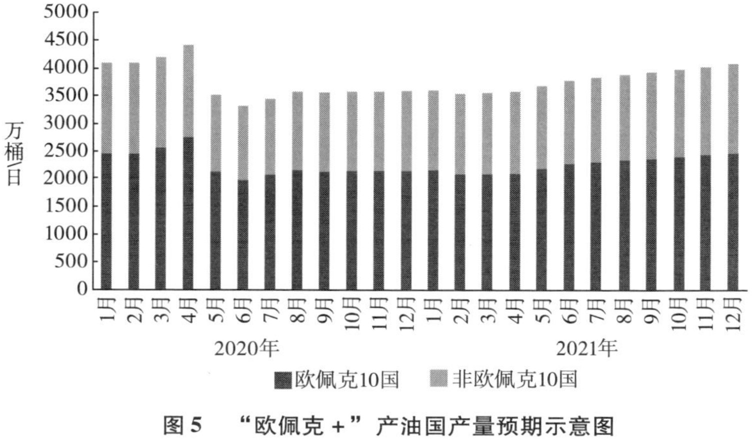


**图 5 “欧佩克+”产油国产量预期示意图**

数据来源：OPEC，IEA，Unipec Reasearch & Strategy（URS）。

## （二）减产豁免国家产量前景充满变数

**伊核谈判有望取得进展。**拜登政府上台后，美国逐渐释放出伊核谈判的积极信号。美伊双方不断试探对方，美国表示已准备好与伊朗就核问题进行讨论，而伊朗政府多次表示美国解除制裁是伊朗重返伊核协议的前提。2021 年 6 月伊朗总统大选强硬派候选人莱西获胜。目前伊朗局势仍充满变数，新总统上台后，伊核协议谈判陷入停滞，加之伊朗最高领袖哈梅内伊提出新的要求，伊核谈判不确定性加大，伊朗原油回归有望推迟。预计 2021 年伊朗原油产量为 225 万桶/日，同比增加 27 万桶/日（见图 6）。

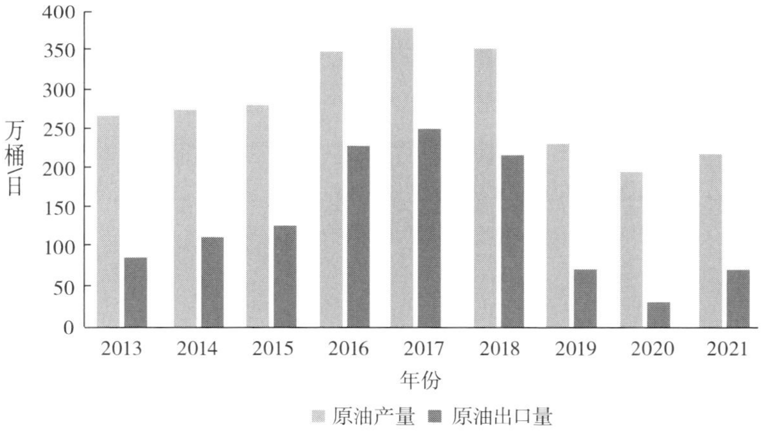


**图 6　伊朗原油产量和出口量示意图**

数据来源：OPEC，Unipec Reasearch & Strategy（URS）。

**委内瑞拉状况继续恶化。**当前拜登政府“不急于”取消对委内瑞拉实施的制裁。2021 年 3 月，美国国务卿布林肯与委内瑞拉反对派领袖胡安·瓜伊多进行首次通话，表示美国正在努力帮助委内瑞拉实现民主过渡并提供人道主义援助。美国国会对马杜罗政府的反对，加之委内瑞拉不太可能发生政权更迭，预计 2021 年美国仍将维持对委内瑞拉的制裁。2021 年委内瑞拉状况将继续恶化，原油产量有望同比减少 4 万桶/日至 46 万桶/日。

**利比亚仍存在供应中断风险。**2021 年 2 月，在联合国斡旋下，利比亚成立过渡政府，冲突双方代表同意在 2021 年 12 月举行总统和议会选举。尽管利比亚原油产量已经恢复至正常水平，考虑到国内错综复杂的局势，利比亚仍然存在供应中断风险。预计 2021 年利比亚原油产量为 127 万桶/日，基本维持在正常水平，同比增加 90 万桶/日。

### （三）美国页岩油产量有望迎来复苏

2021 年，美国页岩油生产商仍将注重现金流和股东回报。但随着油价回升，页岩油产量有望逐步复苏。2021 年美国大型页岩油生产商有望增加资本支出 10%，中小型生产商仅增加 2%，均难以恢复到疫情前的水平。大型生产商持有 50% 的未完井（Drilled Uncompleted Wells，DUCs），中小型生产商仅持有 14% 的 DUCs。从 DUCs 到完井的转化成本是钻完井点成本的 60%，为节省成本开支，大型页岩油主要通过消耗 DUCs 来维持产量；2020 年 8 月至 2021 年 3 月，美国新增活跃石油钻机数约 140 个，其中 90 个来自中小型页岩油生产商，因此中小型页岩油生产商是美国钻机数的主要增长来源。页岩油生产具有较高的衰减率，据咨询机构 Energy Aspects 测算，美国每月需要新增 700 口陆上完井才能保持产量基本持稳。然而，2020 年 4 月至 2021 年 1 月，美国每月新增完井数平均为 470 口，因此美国页岩油产量仍然延续下降趋势。拜登总统提倡发展新能源，上任后即发布了 60 天的联邦土地钻探禁令。考虑到生产商已经提前囤积了 9000 多张许可证，许可证至少可持续 4 年，其中超过 60% 位于新墨西哥州的特拉华盆地，预计短期不会对供应造成影响。预计 2021 年美国原油产量同比减少 27 万桶/日至 1105 万桶/日，随着油价回升，页岩油有望迎来复苏，二、三、四季度产量将呈现逐步增长态势（见图 7）。

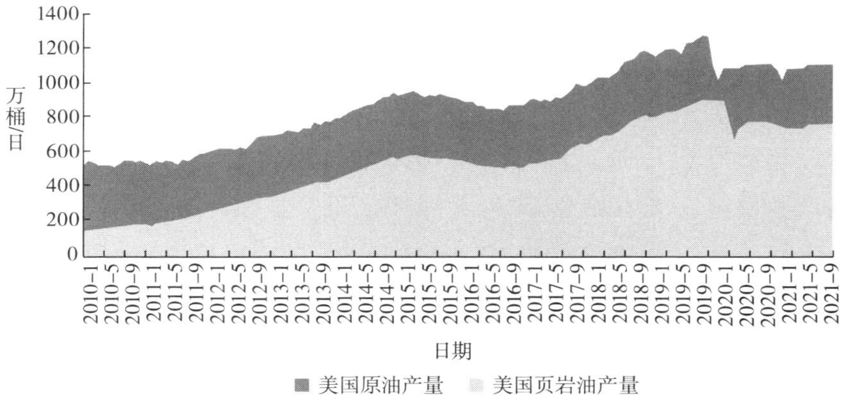


**图 7　美国原油及页岩油产量走势变化**

数据来源：EIA，Unipec Reasearch & Strategy（URS）。

## （四）巴西、加拿大等产油国释放增长潜力

**巴西盐下项目投产上马。**随着国际油价回升，2021 年 3 月份巴西油田检修量逐步回升，基本回到疫情前的水平。2021 年，新投产的产量 15 万桶/日的 Berbigao 和 Sururu 油田以及 15 万桶/日的 Atapu 油田有望增产，产量 18 万桶/日的位于 Sepia 的 Re 项目、产量 18 万桶/日的 Mero I 项目预计到 2021 年投产，但巴西盐上油田产量有望减少 20 万桶/日，部分抵消了盐下油田增加的产量。预计 2021 年，巴西原油产量同比增加 10 万桶/日至 303 万桶/日，增产主要集中在下半年。

**加拿大多个油砂项目投产。**尽管美国总统拜登取消了运输能力为 83 万桶/日的美加输油管道 Keystone XL 许可，加拿大仍有超过 100 万桶/日的管道运输能力计划投产。其中 TC 能源公司计划在 2021 年增加 Keystone 管道管运输能力 5 万桶/日；Enbridge 公司旗下 37 万桶/日的 Line 3 更换管道预计在 2021 年下半年投产，此外 Enbridge 计划在 2021 年之后增加管道运输能力 30 万桶/日；TransMountain 扩建项目计划增加 59 万桶/日管道运输能力，预计将于 2022 年投入使用。由于阿尔伯塔省取消原油生产限制，多个油砂项目投产，加之加拿大管道运输能力不断提高，预计 2021 年加拿大原

油产量为434万桶/日，同比增加30万桶/日。

**挪威新油田不断提高产能。**Johan Sverdrup产量不断刷新历史新高，挪威国家石油公司Equinor称Johan Sverdrup油田一期的产能将在2021年下半年提升至53.5万桶/日；该油田二期计划在2022年四季度投产，预计投产后产能将进一步增加至75.5万桶/日。此外，原计划2020年投产的Yme、Martin Linge、Njord、Hyme、Bauge、Tor等油田推迟至2021年下半年投产，这几个油田产能为22万桶/日，预计2021年挪威原油产量同比增加11万桶/日至180万桶/日。

**墨西哥仍难以实现增产。**墨西哥在产的油田大部分为早期开发油田，天然的油井衰减率导致产量不断下滑。墨西哥国家石油公司（Pemex）的债务高达1103亿美元，是所有大型石油公司中债务最高的。多年来，该公司一直未能投资新油田，20个重点油田增产计划也落后于预期。预计2021年墨西哥原油产量仍难以实现增长，产量或将进一步下滑至169万桶/日。

**哥伦比亚计划重振油气行业。**哥伦比亚国家石油公司（Ecopetrol）表示，随着油价上涨，计划在2021—2023年投资120亿~150亿美元。哥伦比亚的目标是通过3个途径维持目前的产量水平，即2021年年中举行的新一轮拍卖中提供30~40个区块、更高的采收率（EOR）技术以及页岩油开发。哥伦比亚计划在2021年签署15份石油勘探合同，并将该国2021年的原油产量目标定为86.5万桶/日。

**圭亚那油田二期计划明年投产。**自2015年以来，埃克森美孚（Exxon Mobil）已经在圭亚那近海的Stabroek区块发现18个油田，约90亿桶油当量。2021年Exxon Mobil还将继续勘探活动，计划在Stabroek区块开钻两口勘探井。2022年Liza油田二期计划投产，产能预计为22万桶/日。

## 三、中长期全球石油供应预判

### （一）中质原油增产速度较快，轻重原油价差保持较窄水平

从中长期来看，轻、中、重三类原油产量将呈现不同的变化趋势。全球重质原油供应增长将受到制约，一方面委内瑞拉和伊拉克长期投资不足，基础设施老旧；另一方面，加拿大等国家发展绿色经济的要求限制重质原油生产。全球轻质原油产量有一定增长，但仍低于正常水平，美国、利比亚、阿联酋的轻油增量有望大部分抵消前苏联地区、北海和亚太地区的降量。后疫情时代，中质原油增产速度将快于轻质和重质原油，沙特或将引领 OPEC 产油国中质高硫油产量增长，巴西、圭亚那、挪威和尼日利亚等新项目投资上马。此外，苏伊士以东地区现代化炼厂炼能增加，欧美老旧炼厂大规模关闭，将导致重质原油供应紧张情况进一步加剧，轻质原油价格进一步承压。未来五年，预计全球重质原油仍将受到追捧，轻、重质原油价差将保持较窄水平。

### （二）产油国具备较大增长潜力，全球步入供应过剩时代

据 BP 世界能源统计年鉴，2020 年底，全球已探明石油储量为 17.3 亿桶，储产比为 53 年。目前全球剩余产能约为 720 万桶/日，其中欧佩克剩余产能高达 610 万桶/日，主要产油国仍具备较大的增长潜力。自 2020 年 5 月份至今，石油市场之所以能够较快实现去库存，很大程度上是由于“欧佩克 +”采取的史无前例的减产协议带动产量减少。随着国际油价逐步回升，“欧佩克 +”产量有望逐步回归正常。此外，美国页岩油供给弹性较大，从开钻到投产，周期只有 3 ~ 6 个月，美国页岩油具备较大的增长潜能。在全球能源转型和低碳减排加快推进的背景下，石油需求峰值或已达到，“十四五”期末，全球石油消费占一次能源消费的比重有望从 2019 年的 33% 降至 30% 。在供应潜能释放和石油需求减少的共同推动下，全球

正步入石油供应过剩的时代。但是考虑到短期内中东地缘政治动荡局势难以改善，不排除大油田再次遭受武装袭击而中断生产的可能，因此部分时段或会出现供应短缺。

## 参考文献

[1]IEA. Oil Market Report[R]. 2020.
[2]PIRA. World Oil Market Forecast[R]. 2020.
[3]OPEC. Monthly Oil Market Report[R]. 2020.
[4]EIA. Short - Term Energy Outlook[R]. 2020
[5]Energy Aspects. Crude Oil Quality 5 - Year Outlook.

# 全球石油需求回顾及中长期展望

蔡艺* 秦治圆**

**摘 要** 2020年，一场突如其来的新冠肺炎疫情席卷全球并愈演愈烈，全球各国为控制疫情纷纷出台严格的封锁管制措施，导致经济出现严重衰退，石油需求出现断崖式下跌，4月份世界石油需求一度减少2300万桶/日，全年石油需求减少超过860万桶/日，为有史以来最严重滑坡。展望后市，进入2021年以来，随着疫情拐点的到来，全球各国新冠肺炎疫苗接种进程加速，经济活动稳步复苏，全球石油需求有望出现恢复性增长，预计2021年全球石油需求将同比增长近540万桶/日，但仍难以恢复至疫情前水平。中长期来看，新冠肺炎疫情或进一步加速全球能源转型步伐，特别是在中国、欧美等主要国家高度重视碳减排的推动下，预计石油等传统能源消费将逐步达到顶峰，中长期汽柴油需求将面临较大挑战。

**关键词** 新冠肺炎疫情；封锁管制；全球石油需求；峰值

* 蔡艺，中国石油大学和阿联酋哈利法大学双硕士，中国国际石油化工联合有限责任公司市场战略部分析师，研究方向为化工、天然气及国际石油市场。

** 秦治圆，中国科学院博士，中国国际石油化工联合有限责任公司市场战略部分析师，研究方向为国际石油市场及天然气市场。

# 一、2020 年全球石油需求创历史最大降幅

## （一）新冠肺炎疫情导致全球经济严重衰退

2020 年新冠肺炎疫情持续蔓延，全球各国均采取不同程度的封锁管制措施，经济、生产活动陷入停滞状态，全球供应链和市场需求受到重创，跨境贸易和投资活动急剧萎缩，大宗商品市场动荡加剧，全球经济活动面临有史以来最严重的衰退。4 月份国际货币基金组织（IMF）预计全球 GDP 增幅为 -4.9%，远超 2008 年全球金融危机时的水平，全球 GDP 因疫情造成的累计损失约 9 万亿美元，超过日本和德国经济的总和。其中，欧美发达国家遭受的冲击最为严重。在疫情大暴发期间，市场预计美国经济收缩 8%，欧元区经济衰退达 10.2%，印度经济也将在高速增长后大幅衰退 10.3%。而中国成为唯一实现经济正增长的国家，预计小幅增长 1.9%（见图 1）。

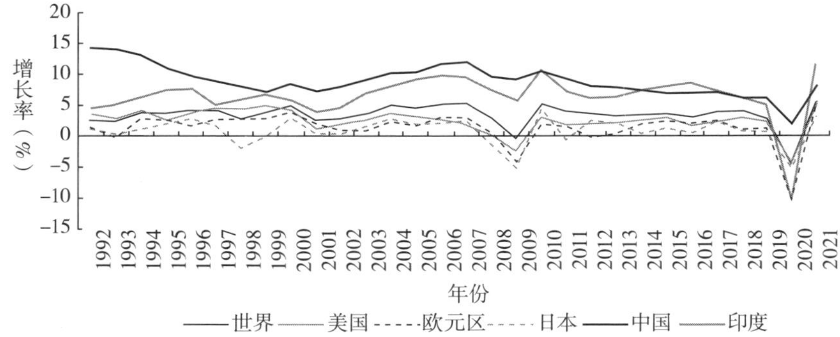


**图 1　世界主要经济体 GDP 增长率**

数据来源：路透，IMF，Unipec Research & Serategy（URS）。

## （二）疫情令全球石油需求创历史最大跌幅

本次新冠肺炎疫情传染性强，集中暴发，多点扩散，各国采取的封路封城举措空前，对全球经济和石油消费造成了前所未有的冲击。主要机构如 IEA、OPEC 以及 EIA 等从 2020 年初以来不断下调全球石油需求，整体石油需求同比降幅均在 800 万～900 万桶/日，创下有史以来的最大降幅。分月度来看，4 月份石油需求受疫情影响最大。因全球很多国家和地区均实施严格的封锁计划，导致石油需求呈现断崖式下跌，环比下降近 2300 万桶/日至 7800 万桶/日（见图 2）。

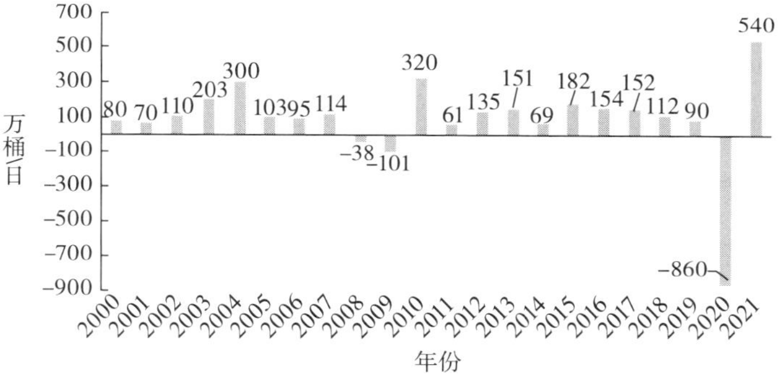


**图 2　历年来全球石油需求增幅走势**

数据来源：IEA，Unipec Research & Serategy（URS）。

随后，一些国家在疫情缓解后，加大经济刺激力度，使经济复苏加快，也带动石油需求逐步回升。到 2020 年 7 月份，全球石油需求已稳步增至 9340 万桶/日，较 4 月份最低时增加近 1500 万桶/日。但进入第四季度以来，随着北半球各地区进入冬季，气温普遍下降导致病毒传播速度加快，欧美主要国家再次暴发疫情，且疫情严重程度远超第二、第三季度。为控制疫情，各国政府宣布重新实施不同程度的封锁措施，且第四季度欧洲石油整体需求环比下降，石油需求复苏进程再次放缓。尽管 12 月份以来，新冠疫苗已经在多国得到紧急使用授权，如美国、英国以及以色列和阿联酋等国疫苗接种加速进行，但目前欧美主要发达国家的人群大部分已接种，而广大发展中国家疫苗仍紧缺，这对于有效提振石油需求的回升仍十分有限。

### （三）中国石油需求同比增长，其他国家均大幅下降

2020 年在新冠肺炎疫情的冲击下，全球主要地区和国家石油需求均出现大幅下降。其中，欧美发达国家受疫情影响最为严重，而亚太地区表现相对较好，整体需求复苏进程也快于欧美地区。其他地区如中东、非洲及独联体也受到较大影响并出现不同程度的下降。

2020 年，亚太石油需求为 3317 万桶/日，同比下降 160 万桶/日，在全球总石油需求中占比高达 36.3%，较 2019 年提高 1.6 个百分点，整体占比仍在不断提高。从主要国家来看，2020 年，中国表观石油需求同比增长 55 万桶/日至 1343 万桶/日，中国有望成为在疫情影响下唯一实现石油需求同比正增长的消费大国。其中，汽柴油因疫情封锁管制措施出现小幅下降，分别同比下滑 20 万桶/日和 10 万桶/日，而石脑油、LPG、燃料油及沥青等产品受化工需求旺盛及基建投资的支撑出现显著增长，这也反映出我国在疫情防控及经济活动复苏方面整体表现优于欧美发达国家。印度作为亚太地区仅次于中国的石油消费国，2020 年整体石油需求同比下降 48 万桶/日至 419 万桶/日，印度一度成为全球受疫情影响最为严重的国家之一。为控制疫情传播，政府出台严格的封锁隔离措施，导致汽柴油及航煤出现大幅下滑，其中柴油同比下降 25 万桶/日至 147 万桶/日，而石脑油及 LPG 则同比小幅增长。且在疫情缓解及经济活动加速恢复的过程中，印度石油需求复苏也较快，到 12 月底已接近疫情前水平。而日本、韩国等发达国家石油需求也同比大幅下降，疫情的冲击导致经济活动严重衰退，交通及航空用油均受到较大冲击。2020 年两国石油需求分别同比下降 28 万桶/日和 20 万桶/日。其他国家如马来西亚、印度尼西亚及菲律宾等也都受疫情影响，石油需求降幅在 10 万 ~20 万桶/日。

北美地区，2020 年石油需求为 2205 万桶/日，同比下降 260 万桶/日，

占全球石油需求比重降至24%。其中，美国石油需求遭受疫情冲击最为严重，交通封锁管制措施及经济活动大幅衰退导致汽柴油需求大幅下滑，同比分别下降120万桶/日和30万桶/日，而航煤需求也因疫情导致长时间航班停运而表现萎靡，同比下降70万桶/日。加拿大及墨西哥也在全球疫情的影响下石油需求出现显著下降，分别同比下降20万桶/日和28万桶/日（见图3）。

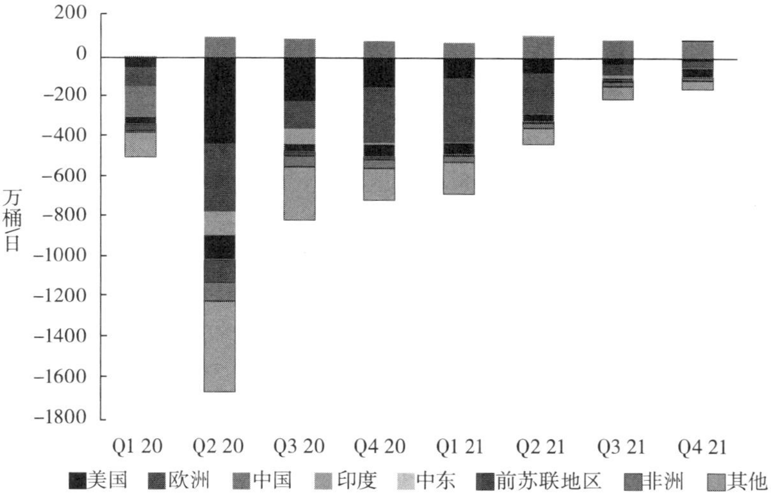


**图3 全球石油需求较疫情前变化走势**

数据来源：Energy Aspects，Rystad Energy，Unipec Research & Serategy（URS）。

欧洲石油需求在疫情的影响下也出现严重萎缩。2020年3月份以来，欧洲主要国家疫情集中暴发，欧洲一度成为全球疫情的震中。各国政府纷纷宣布实施全国性封锁和交通管制措施，石油需求出现断崖式下跌，主要国家如英国、法国及德国等需求显著下滑。自6月份以来随着经济活动逐步复苏，带动需求缓慢回升，但疫情的多次反复令需求回升承压下行，到12月底，欧洲石油需求同比仍低250万桶/日左右。整体来看，2020年欧洲石油需求同比下降220万桶/日至1310万桶/日。

2020年，其他地区如中东、前苏联地区、非洲及南美在疫情的影响下，石油需求均出现不同程度的下滑。中东地区整体石油同比下降60万桶/日至790万桶/日；苏联地区同比下降40万桶/日至460万桶/日；非洲地区同比下降50万桶/日至390万桶/日。

## （四）成品油需求延续柴强汽弱走势，航煤受影响最大

2020年以来，新冠肺炎疫情对全球石油需求造成巨大冲击，其中航煤需求受影响最大。海外各国为防止新冠病毒传入，纷纷采取封锁边境、禁止国际航班降落等措施，全球国际航班数量出现断崖式下降，对航煤需求造成严重冲击。而封锁和管制措施也直接影响到各国主要城市的交通情况，从而对道路交通用油构成冲击。

分品种来看，航煤方面，2020年全球航煤需求为477万桶/日，同比下降322万桶/日。具体而言，去年4月份以来，受疫情影响，全球各国出台措施禁止国际航班往来，主要国家航班数同比降幅高达70%，导致美国、欧洲以及亚太在内主要国家航煤需求均创下最大跌幅。美国4月份航煤需求为69万桶/日，同比大幅下降106万桶/日；欧洲航煤需求为41万桶/日，同比下降120万桶/日。随着疫情逐步好转，各国陆续恢复往来航班，但受制于对疫情的担忧以及商务出行的减少，整体复苏进程仍十分缓慢，截至2020年底，全球航煤需求同比仍低38%。目前看来，航煤是受疫情影响最大的燃料，航煤需求或到2022年底才能恢复至疫情前水平（见图4）。

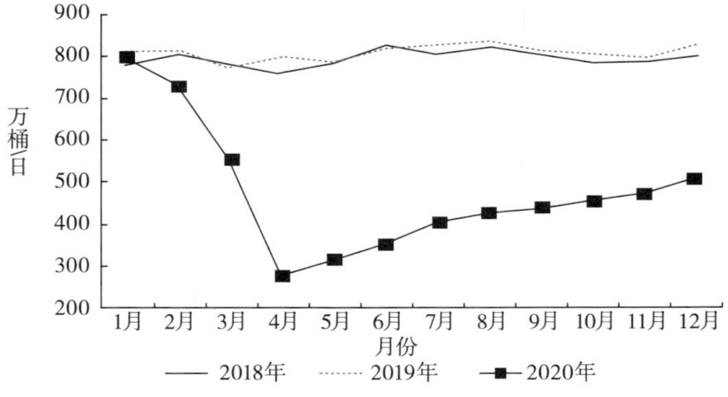


**图4 全球航煤需求走势变化情况**

数据来源：Energy Aspects，IEA，Unipec Research & Serategy（URS）。

汽油方面，2020 年全球汽油需求为 2360 万桶/日，同比下降 260 万桶/日。纵观 2020 年，为控制疫情传播，全球各国均出台严格的交通管制及居家隔离措施，主要城市交通拥堵程度受此影响显著下降，如美国纽约、法国巴黎、意大利罗马和英国伦敦等均同比下降超 70%。4 月份美国汽油需求量同比下跌近 50%。5 月份以后，随着疫情得到有效控制，各国对交通管制措施逐渐放松，交通出行量开始稳步回升。10 月份以来，欧美疫情迎来二次暴发，各国重新拉响防疫警报，主要城市交通出行量同比下降 30% 左右。随着疫苗的利好消息不断，欧美国家率先接种新冠疫苗，道路交通也稳步恢复（见图 5）。

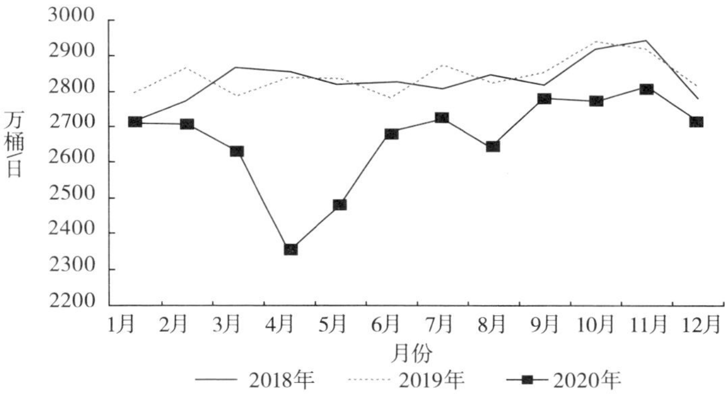


**图 5　全球汽油需求走势变化情况**

数据来源：Energy Aspects，IEA，Unipec。

柴油方面，2020 年全球柴油需求为 2665 万桶/日，同比下降 180 万桶/日，降幅远小于航煤和汽油，成为全年表现最好的品种。尽管疫情下的管制封锁也对柴油需求造成了影响，但鉴于当前全球范围内电商的发达，卡车等物流运输以及生活必需品的刚需较为强烈。此外，我国进入“十三五”收官之年，大规模基础设施建设也拉动了柴油需求；冬季浙江一带拉闸限电，也一度推动了柴油需求。从后市来看，如美国、欧盟等出台大规模经济刺激法案，基建项目有望推动柴油需求复苏（见图 6）。

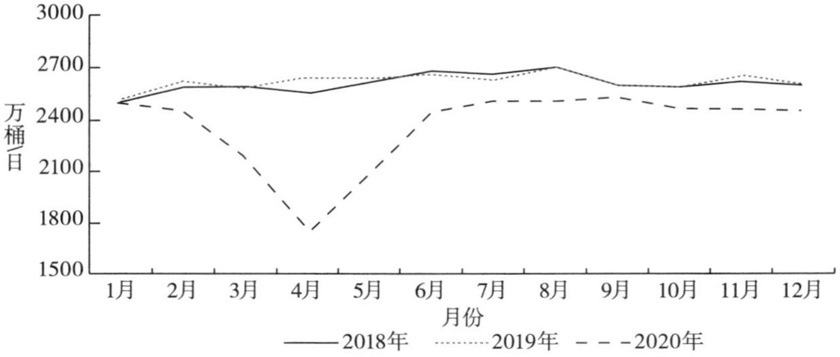


**图 6　全球柴油需求走势变化情况**

数据来源：Energy Aspects，IEA，Unipec Research & Serategy（URS）。

## 二、2021 年全球石油需求复苏，但难回到疫情前水平

### （一）全球宏观经济呈现恢复性增长

2021 年，在全球货币政策宽松及主要国家大规模财政刺激计划的带动下，全球经济有望迎来恢复性增长。年初以来，主要机构均上调今年经济增速，IMF 最新表示，2021 年全球经济增长将达到6%，较上年提高 10 个百分点。其中，新兴经济体增速将从去年 -2.4% 回升至6.3%，而发达国家增速也将由 -4.9% 恢复至5.6%，新兴经济体增速高于发达国家的态势在全球经济稳步复苏的阶段仍将延续（见表 1）。

分国家来看，美国和欧元区经济有望分别增长7%和4.6%，中国也将继续增长8.1%，而印度将大幅增长近9.5%。全球主要经济体在 2021 年均将迎来 V 型反弹。但需要注意的是，新冠肺炎疫情发展趋势对经济复苏影响的不确定性仍在，三季度以来全球疫情受变异病毒蔓延加剧，主要经济体收紧防疫措施，仍将抑制经济活动复苏。此外，中美经贸摩擦在后疫情时代将继续给全球经济发展带来较大影响，需密切关注拜登政府上台后中美经贸关系的走势变化。

**表 1　IMF 最新世界经济展望预测**

| 国家 | 2021 年经济增速（%） | 2020 年经济增速（%） |
|---|---|---|
| 中国 | 8.1 | 2.3 |
| 美国 | 7.0 | -3.4 |
| 日本 | 2.8 | -5.1 |
| 英国 | 7.0 | -10 |
| 法国 | 5.8 | -9 |
| 德国 | 3.6 | -5.4 |
| 巴西 | 5.3 | -4.5 |
| 印度 | 9.5 | -8 |
| 全球 | 6.0 | -3.5 |

数据来源：IMF，Unipec Research & Seratetgy（URS）。

## （二）全球石油需求触底反弹，创最大增幅

在经历了 2020 年新冠肺炎疫情的冲击后，随着疫情逐步稳定以及疫苗的大规模接种，全球经济加速复苏将带动全球石油需求，迎来触底反弹。年初以来，主要机构小幅上调 2021 年石油需求，国际能源署（IEA）最新月报预计 2021 年全球石油需求将同比增长 534 万桶/日，其中第四季度石油需求将回升至 9890 万桶/日，较疫情前水平仅低 170 万桶/日。此外，欧佩克及美国能源信息署（EIA）分别预计，2021 年全球石油需求将同比增

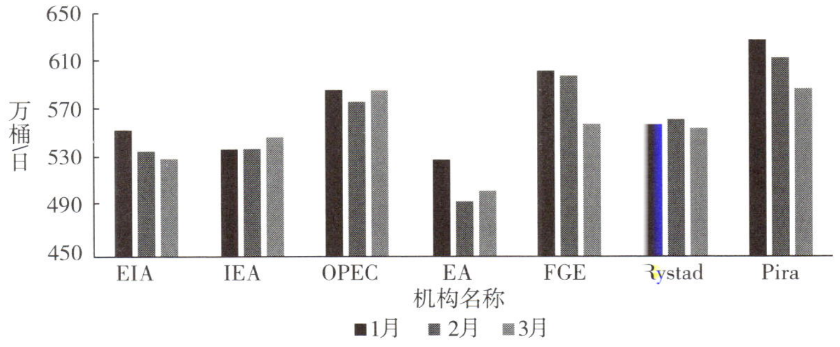


**图 7　主要机构预测 2021 年全球石油需求增幅**

数据来源：IEA、OPEC、EIA、FGE、Unipec URS。

长 595 万桶/日和 533 万桶/日。分阶段来看，上半年全球石油需求回升仍受限于疫情传播的不确定性以及新冠疫苗产能有限的影响，但从第三季度开始，随着主要经济体疫苗接种率超过 50%，经济活动将加速恢复，道路交通出行回归正常，将带动石油需求大幅回升至接近正常水平。综合来看，2021 年疫情逐步缓解会使经济复苏加速进行，我们预计全球石油需求将同比增长 540 万桶/日，创下有史以来最大增幅（见图 7）。

### （三）主要经济体需求均将迎来大幅回升

在全球经济稳步复苏的大环境下，主要经济体石油需求也将呈现恢复性增长。美国方面，进入 2021 年，在新冠疫苗上市以及开始大规模接种的利好影响下，石油需求迎来快速复苏，且在新总统拜登上台后，1.8 万亿美元经济刺激计划已通过议会批准，美联储持续维持的量化宽松以及低利率政策将带动石油需求恢复加速进行。值得注意的是，新任拜登政府的新能源政策预计将在一定程度上打击以石油为代表的传统能源消费、改变叠加出行方式以及增加居家办公人数等，预计 2021 年美国石油需求将同比增长 150 万桶/日。此外，欧洲石油需求也将迎来稳步回升，但受限于接种进程的缓慢，且传播能力更强的变异病毒令疫情控制仍存在较大不确定性，多国近期再次宣布延长封锁管制时间。石油需求疲软态势将延续至上半年，进入下半年后，石油需求有望在疫情得控的前提下显著回升，预计 2021 年欧洲石油需求将实现同比增长 70 万桶/日，但仍远低于疫情前水平。

印度方面，随着经济稳步增长和工业活动的回升，以及政府经济刺激计划的出台，印度石油需求将得到显著带动，当前印度主要炼厂开工率均已回到疫情前水平，并维持高负荷生产。标普分析报告称，2021 年印度和中国石油需求将领先全球，带动亚洲需求稳步增长。随着印度经济复苏以及炼油能力的不断提高，预计 2021 年印度石油需求将同比增长 35 万桶/日至 454 万桶/日。从我国的情况来看，经济增长和“十四五”开局之年的

"新基建"将继续拉动我国石油需求增长，预计2021年中国石油需求将有望实现增长53万桶/日。从原油进口来看，随着主营炼厂加工量回升以及多个大型一体化民营炼厂上马，非国营企业原油进口配额的进一步增加，中国原油进口量仍将继续增加，我国将继续保持全球第一大原油进口国地位。

### （四）汽柴油需求回归正常，航煤仍承压

2021年，在全球疫情逐步缓解及经济活动加速复苏的背景下，成品油需求将稳步回升，并有望恢复至疫情前水平。其中，汽柴油需求将迎来强势增长，但航煤仍承压，石脑油需求受化工行业走强影响整体较为强劲。

汽油方面，随着全球各国交通管制的放松及交通出行量的增多，全球汽油需求有望大幅回升，预计2021年全球汽油需求将同比增长150万桶/日2505万桶/日。从主要国家来看，美国汽油需求自2021年初以来一直保持较好复苏进程，自6月开始美国汽油平均需求已回升至疫情前的90%，且在着夏季全美驾驶季的利好支撑下，汽油需求迎来快速反弹，并大幅回升至在960万桶/日的水平。EIA预计，2021年美国汽油需求将同比增长60万桶/日至860万桶/日。欧洲汽油需求恢复进程相对缓慢，上半年主要国家如英国、法国和德国等汽油消费仍较疫情前低40%左右，且近期多国政府重启封锁措施，令汽油需求继续承压，但三季度以来汽油消费在各国放松封锁和管制措施后显著增长，英国和法国汽油均回升至疫情前水平。

柴油方面，全球制造业活动逐渐回归正常，对于柴油需求将构成有力支撑，预计2021年全球柴油需求将同比增长110万桶/日。目前，美国柴油需求已实现同比正增长，我国柴油需求表现坚挺。党中央提出构建以国内大循环为主体、国内国际双循环相互促进的新发展格局，并将继续推动经济发展和国际贸易高质量发展。印度柴油需求在国内经济活动快速复苏的带动下，已于去年四季度稳定回升并接近疫情前水平，2021年初至今，印度柴油需求为170万桶/日，同比降低5万桶/日。此外，其他制造业大

国如日本、韩国和德国等，柴油需求仍在稳步回升，有助于支撑全球柴油需求。

航煤方面，国际航线恢复进程缓慢，但随着疫苗接种的加快，预计下半年更多国家开放边境以及商务出行的恢复将带动航煤需求逐步回升。预计2021年全球航煤需求为615万桶/日，同比增长136万桶/日，但较疫情前仍低190万桶/日。目前，全球每日航班数量较疫情前仍低40%左右，特别是欧洲地区受疫情影响较大，航班数量回升缓慢，仍较疫情前低60%。主要国家航煤需求均远低于正常水平。EIA最新数据显示，美国四周航煤需求为140万桶/日，较疫情前低50万桶/日；欧洲四周航煤需求为65万桶/日，远低于150万桶/日的正常水平。其他国家如印度、日本、韩国等航煤需求均回升缓慢。

此外，预计2021年石脑油及燃料油市场表现较好。据主要能源咨询机构统计，2021年低硫燃料油需求将进一步提升，全球船燃市场消费量将超过3亿吨。随着IMO新规的继续实施，更多港口将提供低硫燃料油，而我国随着低硫船燃出口退税政策的出台，燃料油出口量也将显著增长，2021年上半年，我国燃料油出口量达到981万吨，同比大幅增长52%。石脑油方面，随着全球化工市场在经济活动复苏带动下持续走强，石脑油需求也有望稳步增长。年初以来石脑油需求旺盛带动价格持续走高，一度上涨至600美元/吨并创下2018年以来的新高。预计2021年石脑油需求将保持旺盛态势，并超过疫情前水平。

## 三、全球中长期石油需求走势

2020年以来的新冠肺炎疫情在对全球需求构成重创的同时，也给石油需求带来结构性变化。随着更多人选择居家办公，不必要的商务出行的减少以及绿色清洁能源的加速推广，全球石油需求峰值或将提前到来。

从中长期来看，全球新冠肺炎疫情终将结束。从短期来看，在新冠疫苗大规模上市以及接种后，全球经济将迎来触底回升，从而拉动石油消费稳步增长，到2022年全球石油需求有望回升到疫情前水平。值得关注的是，随着全球可再生能源的快速发展，主要国家出台碳中和及碳达峰目标，将限制以石油为代表的传统能源的消费。BP公司最新发布世界能源展望中提出，全球石油需求或已经达峰，而IEA和OPEC在最新的展望报告中认为，基准情景下全球石油需求将在2030年左右达峰。咨询机构IHS预计，全球原油加工量增速将在2030—2035年放缓，在2037年达到峰值。从2038年开始，除了航煤和石脑油之外，其他油种都将因为替代能源的出现而出现需求萎缩（见图8）。

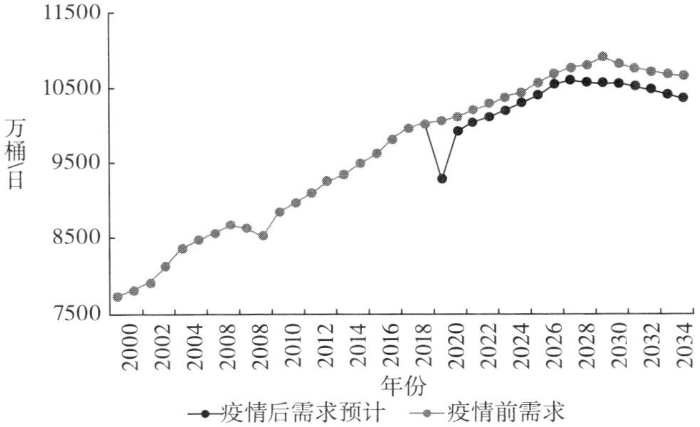


**图8　中长期全球石油需求走势图**

数据来源：FGE，IEA，Unipec Research & Serategy（URS）。

目前，随着全球各主要国家纷纷宣布加大节能减排力度，实现碳排放提前达峰以及碳中和目标，对传统化石能源需求的依赖将逐步减少，提高新能源占比以及加大力度开发绿色可再生能源将成为各国共同努力的目标。荷兰、挪威、意大利、法国、以色列、西班牙等国家纷纷宣布计划在2030—2040年逐渐淘汰燃油车。此外，大众、福特、通用和沃尔沃等传统车企也纷纷宣布将要全面停售燃油车。中国国家主席习近平在2020年9月22日召开的联合国大会上提出，中国将加大国家自主贡献力度，采取更加有力的政策和措施，力争2030年前达到二氧化碳排放峰值，在2060年前实现碳中和。这将显著加大我国能源转型的力度，降低化石能源使用量。

此外，随着能源利用技术进步的加快，能源技术创新也进入高度活跃期，新兴能源技术正以前所未有的速度加快迭代。世界主要国家均把能源技术视为新一轮科技革命和产业革命的突破口，制定各种政策措施抢占发展制高点，增强国家竞争力、保持领先地位。风能、太阳能等可再生能源和智能电网的迅速发展，以及大规模储能技术的开发应用均将带动绿色低碳能源加快发展。这些都将使全球范围内的原油需求进一步下降。

## 四、结语

新冠肺炎疫情在2020年给全球石油需求造成了史无前例的冲击，并使石油需求创下历史最大跌幅，但随着新冠肺炎疫苗在2021年的大规模使用，全球疫情终将得到有效控制，经济复苏将带动石油需求显著回升。但后疫情时代的石油市场将迎来更大挑战，新能源快速崛起并将逐步取代过去近一个世纪石油扮演的重要角色，石油结构性需求的转变将从燃料属性逐步过渡到化工原料为主的材料属性。发达国家石油需求将在更快时间达峰后逐步下降，而发展中国家需求仍在较长时间内有增长空间。

此外，在全球能源变革的关键时期，石油公司将面临较大挑战，石油需求增长逐步达峰将倒逼各大石油公司从单一的石油开发与生产向综合性能源公司加快转型步伐。BP、壳牌、埃克森美孚等公司一方面加快技术创新，降本增效，积极抢占数字化转型机遇，提高传统石油领域的国际竞争力；另一方面，不断加大天然气领域的布局并适时进入新能源领域，如氢能、燃料电池以及新材料等。

## 参考文献

[1] 中华人民共和国海关总署. www. customs. gov. cn.

[2] International Monetary Fund. World Economic Outlook [R]. Washing-

ton DC: IMF, 2020.

[3] International Energy Agency. Oil Market Report [R]. Paris: IEA, 2020.

[4] International Monetary Fund. World Economic Outlook [R]. Washington DC: IMF, 2021.

[5] US Energy Information Administration. Short – Term Energy Outlook [R]. 2021.

[6] Rystad Energy. Oil Market Weekly Report [R]. 2021.

[7] BP. Energy Outlook 2020 edition [R]. London: BP, 2020.

[8] International Energy Agency. World Energy Outlook 2020 [R]. Paris: IEA, 2020.

[9] IHS. Asia and Middle East Refining and Marketing February 2021 [R]. London: IHS, 2021.

# 世界炼油业发展现状与展望

李涵[*]　胡迪[**]

**摘　要**　2020年，在新冠肺炎疫情严重冲击石油需求、全球成品油和原油库存高企的影响下，世界炼油业遭受重创，全球范围内炼厂掀起金融危机以来最大规模的关停潮。初步估算，疫情已经导致全球大约产能200万桶/日的炼厂永久关闭。全球三大炼油中心炼厂加工收益和主要油品裂解价差也创下历史新低。2021年，随着石油需求回暖，全球炼油毛利逐渐复苏。但受疫情影响，部分新建项目推迟至今年投产，预计2021年全球新增炼能为223万桶/日，增量较2020年大幅扩张。大量新炼力集中投产也将对炼油毛利，尤其是新加坡地区的炼油毛利构成一定压力。考虑到2021年全球石油需求难以完全恢复至疫情前水平，加之炼油业行业内竞争进一步加剧，产业升级和转型也踏上快车道，预计全球炼油毛利仍难完全恢复至疫情前水平。从中长期来看，全球石油需求峰值渐行渐近，炼油业低碳转型迫在眉睫。

**关键词**　炼油能力；炼厂关闭；加工收益

* 李涵，学士，中国国际石油化工联合有限责任公司市场战略部业务经理，主要研究方向为石油市场供需基本面及国际油价走势。

** 胡迪，硕士，中国国际石油化工联合有限责任公司市场战略部分析员，主要研究方向为国际宏观市场及国际油价走势。

## 一、2020 年全球炼油业遭受重创，炼油能力三十年以来首次下降

### （一）新冠肺炎疫情令部分新项目推迟投产，并导致全球多个炼厂关闭

2020 年，席卷全球的新冠肺炎疫情令炼油业遭受重创，炼厂加工收益和主要油品裂解价差创历史最低水平，导致美欧多个炼厂关闭，部分新炼油项目也推迟投产，全球炼油能力同比下降 58 万桶/日至 1 亿桶/日。此次炼能下降为 1993 年以来首次出现（见图 1）。

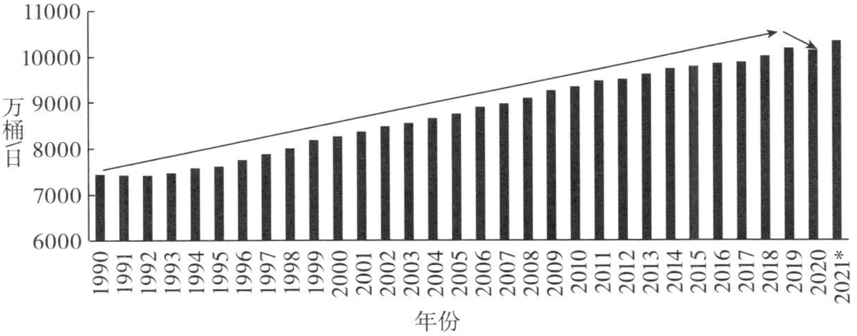


**图 1　1990—2021 年全球炼油能力**

数据来源：BP 统计年鉴，Unipec Research & Strategy（URS）。（＊为预计量）

#### 1. 部分新项目推迟投产，新增炼能低于预期

2020 年，全球新建和扩建项目总计贡献炼能 82 万桶/日，全部来自中国、科威特和伊朗，而原计划投产的沙特新建 Jazan 炼厂、伊拉克 Baiji 炼

厂扩能计划和阿联酋 Jebel Ali Pilot Phase Project 凝析油分离装置扩能计划，均推迟至2021年投产，令全球炼能增长达不到预期。2020年全球新增和扩能的具体炼油项目情况见表1。

**表1　2020年全球主要新增和扩能炼油项目**

| 国家 | 公司 | 炼厂/项目 | 炼油能力 |
|---|---|---|---|
| 中国 | 浙江石化 | 一期项目 | 新增40万桶/日 |
| | 中国石化 | 中科一体化项目 | 新增20万桶/日 |
| | 中化 | 泉州炼油改扩建项目 | 扩能6万桶/日 |
| | 中国石化 | 洛阳石化 | 扩能4万桶/日 |
| 科威特 | KNPC | Clean Fuels Project（CFP） | 扩能6万桶/日 |
| 伊朗 | NIOC | 波斯湾之星 | 扩能5.6万桶/日 |

数据来源：Unipec Research & Strategy（URS），FGE，路透社，普氏，IHS。

**浙江石化一期项目**炼油能力为40万桶/日。该项目原计划于2018年第四季度投产，实际工程建设和设备安装调试工作于2019年5月完成。2019年12月31日，浙江石化一期项目完成投料试车，2020年第一季度实现全面投产。

**中国石化中科一体化项目**炼油能力为20万桶/日。该项目是我国目前最大的合资炼化项目、“十三五”期间广东重点建设工程。2019年12月28日，20万桶/日常减压等10套装置及相关配套工程建成中交，于2020年第二季度投入运行。

**中化泉州炼油改扩建项目**炼油能力由24万桶/日增至30万桶/日，于2020年6月投入运行。

**科威特清洁能源项目**（CFP）是对科威特现有 Mina Al – Ahmadi（MAA）和 Mina Abdullah（MAB）两座炼厂进行升级整合的优化项目，项目完成后炼油能力将由74万桶/日增至80万桶/日。FGE（Facts Global Energy）报告称，CFP项目已于2020年6月启动试车，当前MAA炼厂所有新装置已完成试运行；MAB炼厂于2021年一季度完成试车。

**伊朗波斯湾之星改扩建项目**是将炼厂由目前的48万桶/日扩能至54万桶/日，该项目已于2020年12月份投产。

### 2. 疫情之下全球炼厂掀起关闭潮

2020年，新冠肺炎疫情导致全球石油需求出现断崖式下跌，炼油毛利持续低迷，对炼油业造成巨大冲击。欧洲、美洲和亚太地区炼厂纷纷减少开工，全球范围内约有140万桶/日左右的炼厂永久关闭。其中，欧洲永久关停CDU（Crude Distillation Unit），产能近50万桶/日，约占欧洲总产能的3.2%；亚洲或将关停约40万桶/日，约为亚洲总产能的1.2%；北美地区关停近50万桶/日，约为总产能的2.2%（见表2）。

**表2　2020年全球炼厂关停情况**

| 国家 | 公司 | 炼厂/项目 | 炼油能力 |
|---|---|---|---|
| 澳大利亚 | BP | Kwinana炼厂 | 14万桶/日 |
| 菲律宾 | 壳牌 | Tabangao炼厂 | 11万桶/日 |
| 日本 | Eneos | Osaka炼厂 | 12万桶/日 |
| 比利时 | 贡沃 | Antwerp炼厂 | 11万桶/日 |
| 芬兰 | Neste Oyj | Naantali炼厂 | 26万桶/日 |
| 英国 | Petroineos | Grangemouth炼厂 | 11万桶/日 |
| 美国 | P66 | Bayway炼厂 | 26万桶/日 |
| 美国 | Holly Frontier | Cheyenne炼厂 | 5万桶/日 |
| 美国 | 马拉松 | Martinez炼厂 | 16万桶/日 |
| 美国 | 马拉松 | Gallup炼厂 | 3万桶/日 |

数据来源：Unipec Research & Strategy（URS），FGE，路透社。

（1）亚太地区炼厂关停情况

疫情期间，亚太地区炼厂开工率均有所下降，中国和印度恢复较快，日韩等国维持相对低位；澳大利亚、菲律宾和日本等国先后有炼厂永久关停。

澳大利亚：2020年11月初，BP称计划关闭其在西澳大利亚的Kwinana炼厂，该炼厂产能为14万桶/日，为澳大利亚国内最大炼厂，也是该地区大型采矿企业的主要燃料供应商。由于经营不善，BP计划将其转换为进口码头。Kwinana炼厂柴油产能为5万桶/日，汽油产能为7万桶/日，航煤产能为2万桶/日。该炼厂关停后，澳大利亚仅剩三家炼厂运营，分别为Vitol旗下Geelong炼厂（11.8万桶/日），Ampol公司旗下Lytton炼厂

(10.5 万桶/日) 和埃克森美孚旗下 Altona 炼厂 (8.8 万桶/日)。10 月初,Ampol 公司曾表示,将考虑永久关闭其在昆士兰州的 Lytton 炼厂,或将其转为进口设施。由于疫情的冲击,石油需求暴跌,该炼厂经营受到了严重影响。在关闭了四个月之后,Ampol 公司于 9 月重启了 Lytton 炼厂,但今年 Lytton 炼厂利润减少了 1.41 亿澳元 (1.01 亿美元)。BP 旗下 Kwinana 炼厂关闭后,预计澳大利亚将增加从新加坡、中国和日韩的成品油进口。当前澳大利亚炼厂普遍设施较老、规模较小,主要加工油种为澳大利亚原油,以及从马来西亚、阿联酋、美国和巴布亚新几内亚进口的偏轻质原油,在亚太区域内不具备竞争优势。此外,新西兰 13.5 万桶/日的 Marsden Point 炼厂也一直在降负荷运行,并停止了再融资业务。疫情使得这些炼厂经营受到严峻挑战。

菲律宾:2020 年 8 月,壳牌宣布将永久关闭其在菲律宾的 Tabangao 炼厂,该炼厂位于菲律宾巴坦加斯省,1962 年开始运营,原油加工能力为 11 万桶/日。由于经济上已不再具有可行性,该炼厂将被改造为一个进口终端。壳牌在菲律宾的另一家炼厂产力 18 万桶/日,自 5 月以来一直处于检修中。

日本:日本最大炼油商 Eneos 于 2020 年 9 月 30 日永久关闭了 Osaka 炼厂,该炼厂产能为 11.5 万桶/日。近年来出于环保和产业升级要求,日本一直在持续削减炼油能力,未来仍有可能继续关闭炼厂。

新加坡:由于炼油毛利持续低迷,加之为实现 2050 年净零排放目标,壳牌公司计划对其新加坡 Pulau Bukom 炼厂进行裁员,并削减该炼厂一半的产能。Pulau Bukom 炼厂炼能为 50 万桶/日,是壳牌在全球最大的独资炼厂。壳牌表示,计划到 2023 年底裁员 500 人,约占当前员工总数的 30%。该炼厂将转而研究生物燃料、沥青和再生化学原料的加工。

(2) 欧洲地区炼厂关停情况

近年来,由于环保政策趋严,且区域内多为老旧炼厂,欧洲地区炼能整体呈现下降态势,共计 1572 万桶/日,较 10 年前减少近 150 万桶/日。疫情期间,欧洲部分炼厂由于加工装置简单,在低毛利背景下抗风险能力较弱，纷纷采取调低开工率的措施，部分炼厂甚至关停。

比利时：贡沃公司 2020 年 10 月 16 日表示，考虑永久关闭其在比利时的 Antwerp 炼厂，该炼厂产能为 11 万桶/日，但会保留其码头设施活动。受疫情影响，Antwerp 炼厂 5 月底已停止运营。

芬兰：2020 年 10 月 22 日，芬兰 Neste Oyj 公司表示，考虑关闭其 Naantali 炼厂，这是对该国炼油厂业务重组的一部分。2017 年，Neste 完成了 Porvoo 和 Naantali 炼油厂的整合，产能共计 26 万桶/日。Neste 可能将 Naantali 炼厂转为码头和港口设施，并将 Porvoo 炼厂改造为可同时处理可再生和循环原料的工厂。关闭炼厂的考虑主要是出于三季度成品油价格过低，炼油利润大幅下降。三季度 Neste 成品油产量为 330 万吨，同比下降 16 万吨。相比传统炼油业务，Neste 生物柴油业务收益较好，三季度生物柴油产量为 76 万吨，同比增加 2 万吨。

英国：2020 年 11 月初，英国 Petroineos 公司宣布，将关闭旗下 Grangemouth 炼厂的一套 CDU 装置，该装置产能为 6.5 万桶/日。同时，该公司还将关闭一座产能为 4.5 万桶/日的 FCC（Fluid Catalytic Cracking）装置。

（3）美国炼厂关停情况

北美地区近年来炼能总体变化不大。由于具有原料优势，且炼厂装置灵活性较强，美国炼厂通常能够维持较高的加工收益。但由于疫情大幅削减石油需求，导致炼厂产能闲置或关闭，炼能降幅为近 10 年来最大。

2020 年上半年，P66 关停了炼能为 26 万桶/日的 Bayway 炼厂。Holly Frontier 公司 2020 年 8 月份将怀俄明州 Cheyenne 炼厂业务转为加工生物柴油，该炼厂产能为 4.8 万桶/日。马拉松石油公司 2020 年 8 月宣布永久性关闭位于加利福尼亚的 Martinez 炼厂（16.1 万桶/日）和新墨西哥的 Gallup 炼厂（2.7 万桶/日），其中 Martinez 炼厂业务计划改为加工生物柴油。由于没有找到买家，壳牌计划在今年 8 月份关闭该公司位于美国路易斯安那州的 Convent 炼厂，该炼厂产能为 26 万桶/日。2020 年 4—8 月，Convent 炼厂的加工量平均仅为 12 万桶/日，其汽油产量为 8 万桶/日，柴油产量为

6 万桶/日，主要销往美湾当地和东北部地区，是 Colonial 汽油管道的主要供应商。Convent 炼厂关闭将抬高美国东北部汽油价格。由于炼油毛利持续低迷，当前美国美湾地区约有 100 万桶/日的炼油能力处于闲置状态。

### （二）全球炼厂原油加工量创十年来最低水平

2020 年初新冠肺炎疫情暴发以来，主要石油消费国家纷纷采取封锁措施，经济活动和交通出行大幅萎缩，导致石油需求出现断崖式下跌，4 月份，全球石油需求一度跌至 7884 万桶/日，同比减少 2022 万桶/日，预计全年全球石油需求为 9181 万桶/日，为 2014 年以来新低，降幅创历史之最。

受此影响，全球范围内炼厂开工率显著下滑，加工量降至历史低位。结合咨询机构 Energy Aspects 数据，过去五年，全球炼厂加工量平均为 8028 万桶/日，2020 年 2 月份新冠肺炎疫情暴发后，加工量开始出现下滑态势，降至低于 8000 万桶/日。4 月份和 5 月份，全球炼厂加工量大幅降至 6875 万桶/日和 6825 万桶/日，创近十年以来新低。此后，随着疫情开始好转，全球炼厂加工量缓慢回升至年底的 7460 万桶/日左右，全年平均水平为 7338 万桶/日。疫情严重时，全球炼厂平均开工率降至 67% 的低位，目前回升至 73%。PIRA 数据显示，当前全球范围内因新冠肺炎疫情导致的炼厂减少的加工量达 1080 万桶/日（见图 2）。

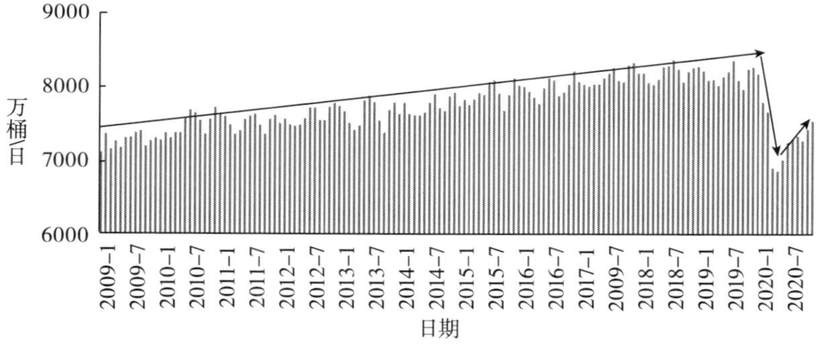


**图 2　2020 年全球炼厂原油加工量**

数据来源：Energy Aspects，Unipec Research & Strategy（URS）。

## （三）全球主要炼油中心加工收益创历史最低水平

2020 年，全球经历了金融危机以来最严重的经济衰退，多国经济遭受历史性重创，全球石油需求断崖式下跌，炼油加工收益也大幅下挫。2020 年三地炼油毛利走势不一。新加坡地区毛利自 2 月份中国新冠肺炎疫情暴发后便开始大幅下挫。3 月份至 9 月份，新加坡炼油加工收益多数时间维持在负值，跌破历史低点。4 月份，受原油价格暴跌推动，美湾和鹿特丹炼油毛利出现短时间飙升，鹿特丹炼油毛利一度被抬高至 10.74 美元/桶，但此后随着疫情在美欧地区蔓延，需求下降导致两地炼油毛利经历悬崖式下跌。5 月份到 9 月份期间，鹿特丹炼油毛利也跌至负值区间。进入下半年，随着各国疫情管控措施逐步放松，三地炼油毛利出现不同程度回升。

具体来看，2020 年美湾平均炼油毛利为 7.20 美元/桶，同比下跌 8.01 美元/桶，降幅高达 53%。其中，5 月 29 日毛利降至 1.74 美元/桶，创 10 年来最低水平，年均毛利率为 18.3%，同比下降 9 个百分点。鹿特丹平均炼油毛利为 2.27 美元/桶，同比下跌 2.93 美元/桶，降幅达 56%。年均利率为 5.25%，同比下降 2.25 个百分点。自 5 月份中旬开始，欧洲炼油毛利跌破 0 线，并一度跌至 -2.51 美元/桶，创历史最低水平。这段“负毛利”的黑暗时期长达 4 个月之久，多家炼厂纷纷被迫降低开工率，甚至面临关停的窘境。2020 年新加坡地区炼油毛利创历史最低水平，年均仅 0.38 美元/桶，同比下降 3.34 美元/桶，降幅高达 90%，年利率仅 0.9%。新冠肺炎疫情暴发后，亚太地区炼油毛利骤降至 0 以下，并创下了 -5.07 美元/桶的历史低点（见图 3、图 4）。造成炼厂加工收益下行的原因主要有以下几点。

### 1. 新冠肺炎疫情席卷全球，石油需求遭受重创

2020 年，受到新冠肺炎疫情的影响，世界多国纷纷采取封锁措施，全球交通和运输受到严重打击，全球石油需求也遭受重创。据国际能源

机构（IEA）数据显示，4 月份全球石油需求同比大幅下降 1200 万桶/日以上，创历史最高月度降幅。2020 年全年，全球石油需求同比暴跌 860 万桶/日。

**2. 运费大幅飙升，挤压炼厂加工收益**

2020 年，在新冠肺炎疫情叠加沙特价格战的影响下，WTI 油价从年初的 60 美元/桶的水平骤降至 20 美元/桶以下，并创下了史无前例的负结算价，Brent 油价也创下了 18 年来的最低点，价格结构呈现极深的前高后低的 Backwardation 结构，首次行价差一度拉宽至近 4 美元/桶。在低油价和宽结构的催动下，大量石油贸易商借机买油囤货，陆上库存和海上浮舱量均攀升至历史最高水平，进而推动运费价格飙升。西非到中国的单桶运费一度逼近 10 美元，是正常水平的 3 倍，中东至中国的单桶运费也升至 6 美元以上，而正常水平在 1 美元左右。高昂的运费严重抬高了原油进口成本，同时也挤占了炼厂的利润空间（见图 3、图 4）。

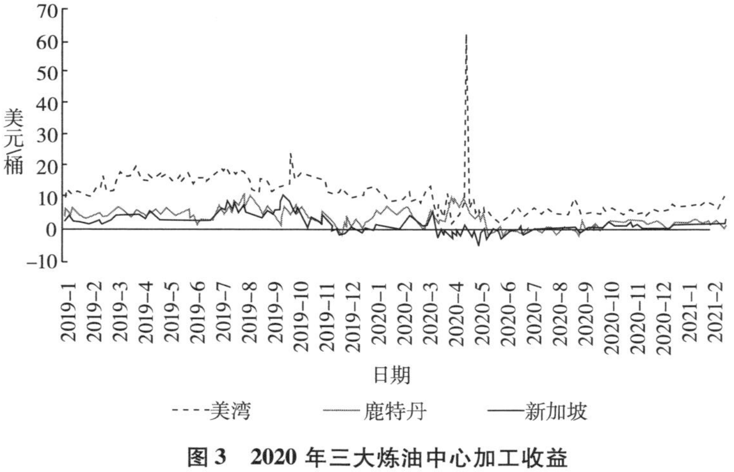


**图 3　2020 年三大炼油中心加工收益**

数据来源：路透社，Unipec Research & Strategy（URS）。

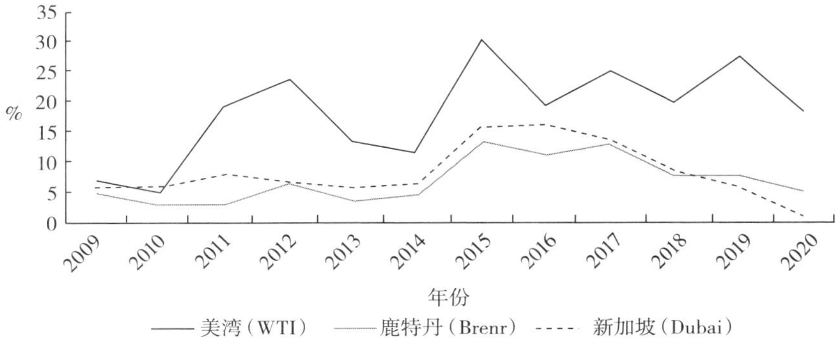


**图 4　2009—2020 年三大炼油中心炼油毛利率**

数据来源：路透社，Uunipec Research & Strategy（URS）。

## （四）主要油品裂解价跌至历史低谷，低硫燃料油异军突起

2020 年，在全球需求暴跌的背景下，全球主要裂解价差呈现宽幅震荡态势。世界多国实行封锁措施，令油品需求遭受重创。具体来看，2020 年上半年，受新冠肺炎疫情的严重影响，加之新能源汽车及共享单车等替代品加速抢占市场份额，全球汽油需求急剧下降，导致新加坡和鹿特丹两地汽油裂解价差一度跌至负值。2020 年，新加坡裂解价差同比下降 3.2 美元/桶至 2.8 美元/桶，鹿特丹同比下降了 71% 跌至 2.7 美元/桶，鹿特丹汽油裂解价差一度创下 -11.8 美元/桶的历史最低水平。值得一提的是，美湾地区裂解价差在 WTI 原油价格暴跌至负值的影响下，创下了 65.7 美元/桶的历史最高水平。此后，随着各国封锁政策逐步放宽，汽油需求恢复带动裂解价差向正常水平回升（见图 5）。

柴油方面，在中美基建领域保持合作的支撑下，加之中美两地冬季取暖油需求回升，全年柴油受疫情打击的影响相对较小。2020 年新加坡裂解价差同比下降 7.5 美元/桶至 7.2 美元/桶，美湾地区裂解价差同比下降 11.1 美元/桶至 13.4 美元/桶。相比之下，鹿特丹地区柴油裂解价差降幅较大，同比下降了 65% 跌至 4.7 美元/桶。值得一提的是，新冠肺炎疫情暴发后，全球超 90% 航班停运拖累航煤裂解价差大幅下降，2020 年新加坡

航煤平均裂解价差为 2.5 美元/桶，同比大跌 11.2 美元/桶，创历史新低（见图 6）。

此外，燃料油依旧备受市场关注。受 IMO（International Maritime Organization）新规影响，2020 年初，低硫燃料油裂解价差攀升至 33.3 美元/桶的历史高点，此后，需求暴跌导致低硫油裂解价差快速下降，但仍保持在相对正常的水平内波动，2020 年平均裂解价差为 11.2 美元/桶，仅同比小幅下降 1.1 美元/桶。而高硫燃料油裂解价差则呈反向变动趋势（见图 7），全年平均裂解价差为 -4.07 美元/桶，同比上升 1.8 美元/桶，受到油价暴跌的推动，高硫油裂解价差成为唯一同比正增长的油品。

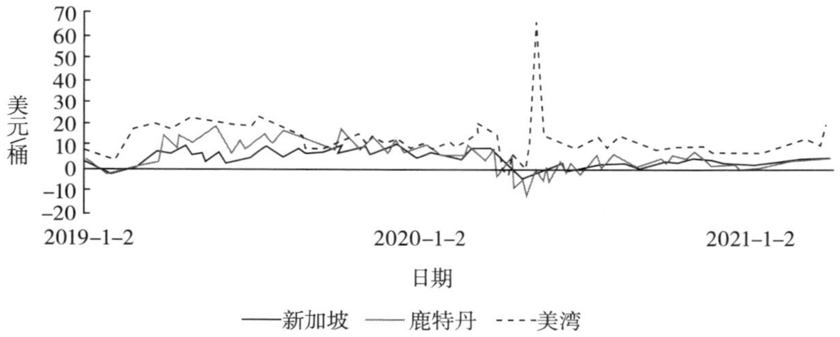


**图 5　2019—2020 年新加坡、鹿特丹、美湾汽油裂解价差**

数据来源：路透社，Unipec Research & Strategy（URS）。

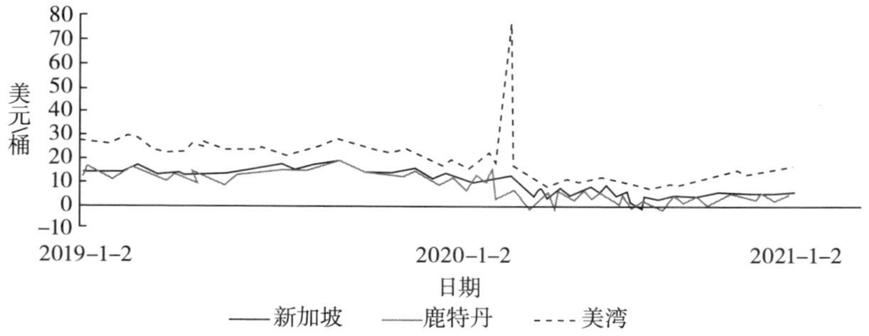


**图 6　2019—2020 年新加坡、鹿特丹、美湾柴油裂解价差**

数据来源：路透社，Unipec Research & Strategy（URS）。

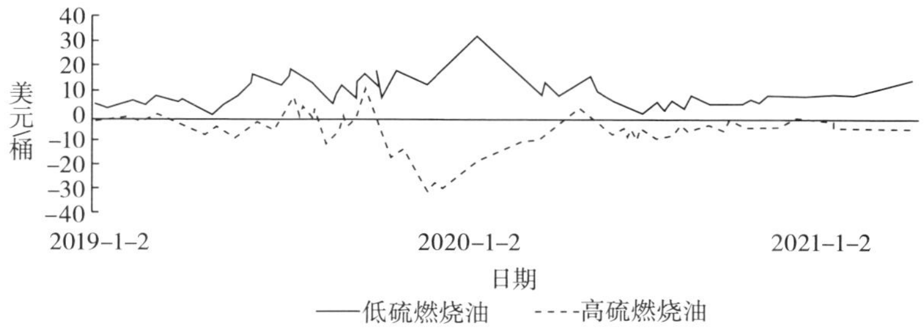


**图 7　2019—2020 年新加坡高、低硫燃料油裂解价差**

数据来源：路透社，Unipec Research & Strategy（URS）。

## 二、“后疫情时代”全球炼油业将逐步走出低谷

### （一）全球炼油能力快速增长

结合咨询机构普氏、FGE 和 IHS 数据测算，2021 年全球新增炼油能力为 223 万桶/日，增量较 2020 年大幅扩张，新增炼能全部来自亚太和中东地区。其中，亚太地区新增炼能 100 万桶/日，占全球新增炼能的 45%，2 个新增项目和 2 个扩建项目全部为中国贡献。其中，大型炼化项目有 2 个，分别为浙江石化二期（40 万桶/日）和盛虹炼化一体化项目（32 万桶/日）。中东地区新增炼能 123 万桶/日，占全球新增炼能的 55%，新建和扩能项目分别来自沙特阿拉伯、科威特、伊拉克和阿联酋。其中，最受市场关注的大型项目为沙特的 Jazan 炼厂（40 万桶/日）和科威特的 Al - Zour 炼厂（见表 2）。

**表 2　2021 年全球新增和扩能炼油项目**

| 国家 | 炼厂/项目 | 新建/扩能 | 投产时间 |
|---|---|---|---|
| 中国 | 浙江石化二期项目 | 新建 40 万桶/日 | 2021 年 |
| | 盛虹炼化一体化项目 | 新建 32 万桶/日 | 2021 年底 |
| | 盘锦浩业 | 扩能 16 万桶/日 | 2021 年下半年 |
| | 鑫海石化 | 扩能 12 万桶/日 | 2021 年下半年 |

续表

| 国家 | 炼厂/项目 | 新建/扩能 | 投产时间 |
|---|---|---|---|
| 沙特阿拉伯 | Jazan 炼厂 | 新建 40 万桶/日 | 2021 年第二季度 |
| 科威特 | Al - Zour 炼厂 | 新建 61.5 万桶/日 | 2021 年底/2022 年初 |
| 伊拉克 | Baiji 炼厂 | 扩能 6.5 万桶/日 | 2021 年 6 月 |
| | Basrah 炼厂 | 新建 6.5 万桶/日 | 2021 年 8 月 |
| 阿联酋 | Jebel Ali<br>凝析油分离装置 | 扩能 8.8 万桶/日 | 2021 年底 |

数据来源：Unipec Research & Strategy（URS），FGE，路透社，普氏，IHS。

**浙江石化二期项目**炼油能力为 40 万桶/日。该项目第一批装置（含常减压及相关公用工程装置等）已于 2020 年 11 月 1 日投入运行，预计到 2021 年底二期项目将全部建成。因浙石化综合平衡炼油—乙烯—芳烃 3 条产品链，化工品比例高，多产芳烃乙烯原料，而成品油收率相对较低，目前，一期项目成品油总收率为 35%，预计二期投产后成品油收率会进一步降低至 29%，远低于传统炼厂 60% 以上的平均水平。

**盛虹炼化一体化项目**是国内单套规模最大的炼油项目，能力为 32 万桶/日，配套建设一个 30 万吨原油码头及 4 个 5 万吨成品油及液体化工码头和 350 万立方米罐区等储运设施。该项目于 2018 年 12 月开建，原计划于 2020 年底或 2021 年初全面建成投产，但受新冠肺炎疫情影响，工程进度有所延迟。目前，项目核心设备已全部就位，但由于盛虹石化暂未获得进口原油配额及原油码头资质，原定于 2021 年 8 月投产的计划被继续推迟。

**沙特阿拉伯 Jazan 炼厂**（沙特阿拉伯吉赞炼厂）始建于 2015 年，炼油能力为 40 万桶/日，目前已完工。但因 2019 年沙特遭遇油田袭击和 2020 年新冠肺炎疫情影响，项目几度延迟投产。咨询机构 FGE 称，Juzan 炼厂已于 2021 年 4 月份开始运行，预计 2021 年下半年实现满负荷生产。

**科威特 Al - Zour 炼厂**（科威特阿尔祖尔学炼厂）是除 CFP 以外科威特重振炼化行业的另一个重要项目。该炼厂能力为 61.5 万桶/日，原计划于2020年第三季度投产，但受疫情影响，项目有所延迟。据了解，该炼厂已于三季度开启试运行，预计2021年底正式投产，2022年中旬开始商业运行。

**伊拉克** Baiji **炼厂**隶属伊拉克北方炼油公司，计划将炼油能力从6.5万桶/日提高至14万桶/日。该项目已于2021年1月启动。此外，未来两年Baiji炼厂计划将炼能扩大至27万桶/日。

**伊拉克** Basra **炼厂**炼油能力为19.5万桶/日，计划扩能6.5万桶/日至26万桶/日，预计项目将于2021年三季度投产。

## （二）后疫情时代炼油业将逐步复苏，但炼油毛利难以恢复到疫前水平

在经历了2020年的至暗时刻后，今年全球炼油业将随着新冠肺炎疫情的好转和需求回升而逐步走出低谷。不可忽视的是，近年来投产和新建的炼化项目绝大部分为大型炼化一体化项目，炼化企业从大量生产成品油转向多产高附加值的化工产品，化工产品收率可高达70%，对油品市场的冲击有限。如中国政府要求新建炼油项目的同时需要配合淘汰落后炼油产能，也在一定程度上缓解了油品供应过剩的压力。此外，受疫情影响，去年至今全球约有200万桶/日的炼油能力被关闭，同时3月份欧洲暴发第三轮疫情，也使欧洲地区炼厂开工的恢复进程受到影响，这部分供应下降抵消了新增炼力投产带来的压力。从需求来看，预计今年全球石油需求将同比增长600万桶/日左右，其中，汽油和柴油需求分别同比增长165万桶/日和110万桶/日。随着航空业的复苏，航煤需求同比增长136万桶/日，全球航空业的复苏将对航煤裂解价差构成较强支撑，进而带动炼油毛利上升。但2021年又是一个大量新炼能集中投产的年份，尤其是苏伊士以东地区多个大型项目投产，这将进一步挤占油品市场，加大出口压力，尤其是对新加坡地区炼油毛利构成一定压力，新加坡炼油毛利或难以恢复到疫情前的水平（见图8）。

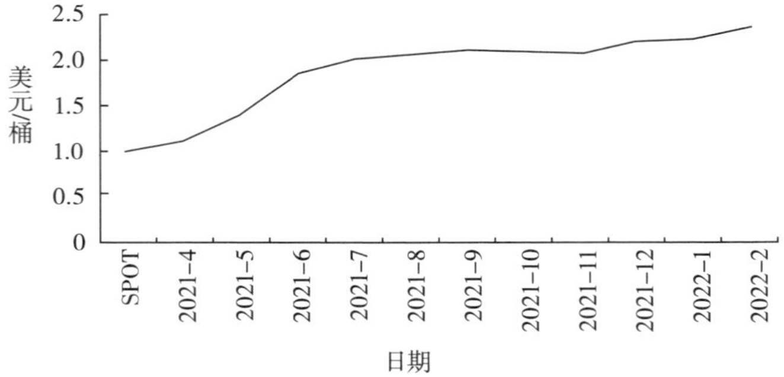


**图 8　新加坡炼油毛利远期曲线**

## 三、中长期炼油业展望

当前，世纪大疫情和百年大变局交织，绿色低碳可持续发展成为全球共识。各国加快了应对气候变化的步伐，主要石油公司正面临越来越大的转型压力，也逐步聚焦“去碳化”，加快能源转型脚步。欧洲石油公司在碳减排和能源转型方面步伐进展较快，BP、壳牌、道达尔等先后宣布了在2050 年前分阶段实现全球业务的碳中和目标，其他能源公司也相应提出了各自的碳减排目标。2021 年 3 月 15 日，习近平总书记在中央财经委员会第九次会议上强调，如期实现 2030 年前碳达峰、2060 年前碳中和的目标。实现双碳目标，对于能源化工行业来说既是重大责任，更是一场深刻革命。

从中长期来看，绿色低碳的推广普及势必加速全球石油需求峰值的提前到来。结合各机构预计，全球石油需求有望在 2030—2035 年达到历史峰值，随后开启稳中趋降的变化趋势。在石油峰值到达前，尽管全球炼油能力仍将保持扩张趋势，但迫于转型升级压力，淘汰落后产能和新建大型炼化一体化项目仍是炼油业未来的主旋律。一方面，炼化一体化能够最大限度提高原料利用率，尽可能将原油“吃干榨净”；另一方面，炼化一体化生产模式能够增强抵御市场风险的能力，使生产经营更贴近市场、贴近客户，进一步向精细化工和高端化工倾斜，有利于实现炼化产业价值最大化。预计到2035年，全球炼油能力将增长至56亿吨左右，这期间亚太炼能增速逐步放缓，北美、中东、非洲、俄罗斯、拉美等地炼能小幅增长。

## 参考文献

[1] FGE. Middle East Refining Outlook: An Update on Projects[R], Singarpore: FGE, 2020.

[2] FGE. Asia Pacific Databook 2: Refinery Configuration & Construction [R], Singarpore: FGE, 2020.

[3] 中国国际石油化工联合有限责任公司. 疫情之下全球炼厂掀起关闭潮[R], 中国: 联合石化, 2020.

# 全球原油贸易新格局剖析

夏潇远* 黄小英**

**摘 要** 2020年以来新冠肺炎疫情的暴发，对全球石油行业产生深远影响。2020年石油需求大幅下挫，炼厂开工率急剧下滑，原油贸易显著萎缩，2020年全球原油贸易总量同比减少7%至4223万桶/日，但亚太地区原油进口仍实现逆势增长。全球原油贸易重心继续东移，中国原油进口量再创新高，维持全球第一大原油进口国地位。美国原油出口仍然维持增势，但增幅放缓，亚太和欧洲地区为美国原油出口地区。“欧佩克+”达成史上最大规模减产协议，中东原油出口量和市场份额呈双双下降态势。随着疫情形势得到有效缓解，2021年全球原油贸易总量有望回升。亚太作为全球新增炼能主要集中区域，其原油进口量将进一步攀升。随着油价回升，美国原油产量有望逐步增加，原油出口仍有增长潜力。“欧佩克+”逐步放松减产配额将是大势所趋，美伊释放积极信号，伊朗原油可能重回市场，这将推动中东原油出口量增加。从中长期来看，中东仍是全球最重要的原油出口地，但市场份额趋降；美洲是新增原油供应的主要来源，在全球原油出口中的重要性逐渐凸显。与此同时，中长期来看，全球原油贸易面临的不确定性增加，部分产油国石油生产不稳定，出口量或有所萎缩；与此同时，全球低碳环保政策趋严，碳中和背景下的全球石油需求峰值或提前到来，也给原油贸易带来更多挑战。

**关键词** 原油贸易；东移；欧佩克；美国出口；碳中和

* 夏潇远，现任中国国际石油化工联合有限责任公司市场战略部分析师，主要研究方向为中美石油市场。

** 黄小英，现任中国国际石油化工联合有限责任公司市场战略部副总经理，主要研究方向为国际原油贸易。

## 一、2020 年全球原油贸易现状

### （一）2020 年全球原油贸易总量下滑，贸易重心继续东移

由于欧洲、日本等发达经济体经济增长乏力，且环保政策趋严，石油消费承压，叠加中美贸易摩擦、美国制裁伊朗和委内瑞拉石油出口等因素，2019 年全球原油贸易在经历近十年的增长后首次出现下滑。2020 年全球原油贸易总量在疫情影响下进一步下滑至 4223 万桶/日（见图 1），同比减少 327 万桶/日，降幅高达 7.2%，为连续两年下降，原油贸易近 10 年的年均增长率由 3% 下滑至 1%。

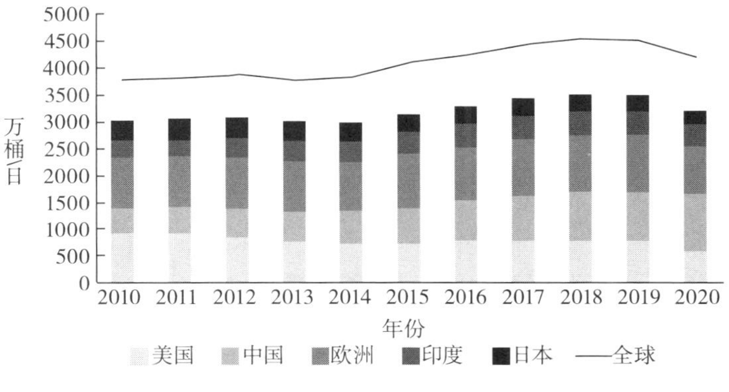


**图 1 全球原油贸易变化趋势（按进口）**

数据来源：BP，中国海关，EIA，PIRA，Unipec Research & Steategy（URS）。

2020 年，新冠肺炎疫情在全球急剧蔓延，石油需求出现断崖式下跌，炼油毛利持续低迷，全球范围内约有 200 万桶/日炼能永久关闭。其中北美

地区关停近100万桶/日，约为北美总产能的4.4%；欧洲永久关停产能近50万桶/日，约占欧洲总产能的3.2%；亚洲或将关停约40万桶/日，约为亚洲总产能的1.2%。炼厂关停使得原油进口规模大减。

具体来看，大西洋盆地石油需求总体呈下降趋势。欧洲地区由于经济增长缓慢，石油需求未有明显增长，且区域内环境保护政策趋严，近年来没有新炼厂投产，叠加疫情影响，部分老旧炼厂关闭，比如芬兰26万桶/日的Naantali炼厂和比利时11万桶/日的Antwerp炼厂关停。欧洲地区原油进口量由2010年的934万桶/日下降至2020年的873万桶/日，年均下降1%，占全球原油贸易比重由2010年的25%降至2020年的21%。

北美地区原油供应快速增长，区内加拿大和墨西哥原油产量不断增加，页岩油革命推动美国原油产量实现跨越式增长，且疫情对供应侧的影响远小于需求侧，加之区域内没有新增炼能上线，北美地区石油供应充裕，美国原油进口量由2010年的975万桶/日下降至2020年的588万桶/日，年均下降4.9%，占全球原油贸易的比重也由26%降至14%。

与此同时，亚太地区原油进口在全球贸易总量萎缩的大背景下仍实现逆势增长。全球原油贸易重心继续东移，更多原油资源流向苏伊士以东地区。自2008年以来，亚太地区已超过北美，成为全球最大的原油进口地。亚太地区原油进口量由2010年的1759万桶/日增加至2020年的2516万桶/日，年均增速达3.6%，占全球原油贸易总量的比重也从2010年的47%相应提高至2020年的60%（见图2）。

从进口来源看，2020年，中东仍是亚太最大的进口来源，亚太进口中东原油数量为1488万桶/日（见图3），占其进口总量的59%，同比增加26万桶/日，进口份额同比基本持平。非洲是亚太地区第二大原油进口来源，国际海事组织（IMO）新规实施以来，适合生产低硫船燃的西非、北非原油受到更多炼厂的青睐。在西非、利比亚等国原油资源供应减少的情况下，2020年亚太地区进口非洲原油数量依然小幅增长至307万桶/日，同比增加10万桶/日，进口份额为12%。同时，随着中美达成第一阶段贸

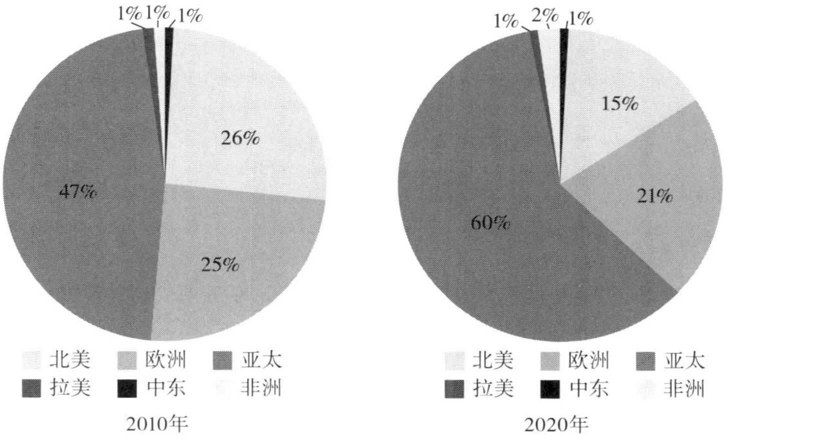


**图 2　2010 年和 2020 年全球不同地区原油进口份额变化**

易协议，更多美国原油流入亚太地区。2020 年，亚太从美国进口原油数量达到 143 万桶/日，同比增加 14 万桶/日，占亚太进口总量的 6%。

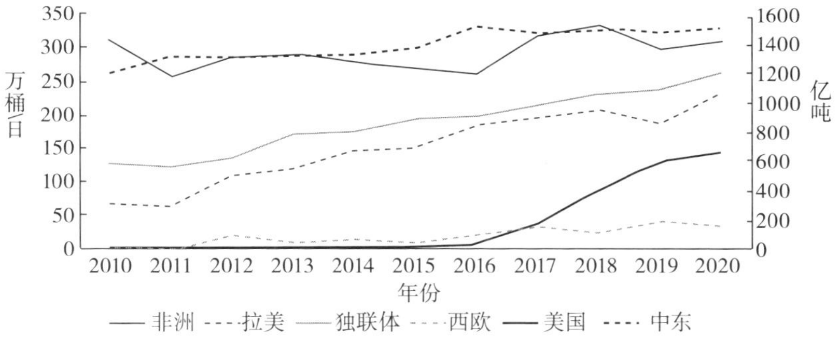


**图 3　亚太地区进口原油来源（地区）**

数据来源：PIRA，BP，Unipec Research & Strategy（URS）。

### （二）中国原油进口再创新高，进口主体和进口来源多元化

中国作为全球第二大石油消费国，2017 年已超越美国成为全球最大的原油进口国，近年来进口原油数量保持增长态势，继续维持第一大原油进口国地位。而自美国页岩油革命以来，原油供应不断增加，原油进口量持续减少，且进口来源主要来自区域内，2020 年美国已成为石油（原油 + 成

品油）净进口国，一定程度上实现了能源独立。

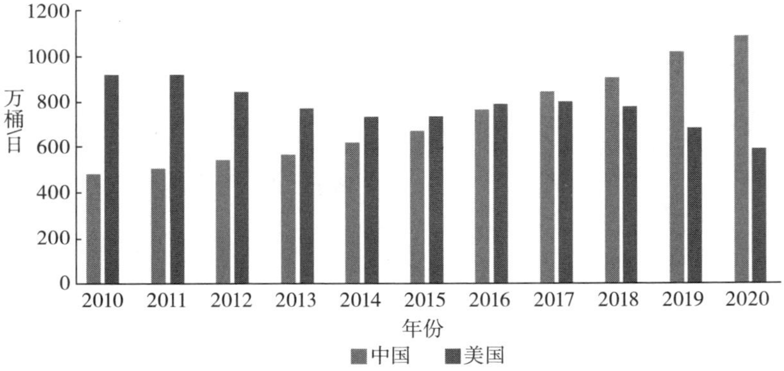


**图 4　中国和美国原油进口量变化趋势**

数据来源：中国海关，EIA，Unipec Research & Strategy（URS）。

2020 年，尽管疫情对石油需求造成严重冲击，但受益于我国疫情防控措施得力，工业生产活动快速恢复，我国成为世界上唯一实现经济正增长的主要经济体，全年表观石油需求实现正增长，同比增速超 4%。从进口来看，受中科石化投产、恒力石化和浙江石化保持高负荷运行等影响，加之第二季度低油价促进地炼集中采购，我国原油进口量继续攀升。根据中国海关统计，2020 年，我国原油进口量为 5.4 亿吨，合 1087 万桶/日（见图 4），再创历史新高，同比增加 71 万桶/日，增速为 7%，增速降至 6 年来最低水平，但仍远高于全球其他主要国家。2020 年，我国原油对外依存度进一步攀升至 73.5%，比 2019 年提高 0.9 个百分点，为历史最高水平。

从进口主体看，自 2015 年我国原油贸易政策加速放开后，进口主体更加多元化，特别是在恒力石化和浙江石化投产后，虽然国有石油公司在我国原油进口中仍占主导地位，但是进口份额逐渐呈下降趋势。数据显示，2020 年国营石油公司原油进口量为 774 万桶/日，占全国原油进口总量的 71%，份额较 2019 年下降约 4 个百分点，较 2015 年下降近 20 个百分点。2020 年，非国营进口原油配额实际发放 1.85 亿吨，同比增加 1855 万吨；恒力石化和浙江石化原油加工量一直维持高位，叠加地炼在上半年采购大量低价原油，推动民营炼厂进口量进一步攀升至 313 万桶/日，同比增加 23%，占原油进口总量的 29%。

从进口来源看，中东地区仍是我国最重要的进口来源。但随着地方炼厂加大在独联体、美洲、非洲等地区的原油采购力度，我国原油进口来源结构也发生较大变化（见图 5）。2020 年，我国从中东进口原油 510 万桶/日，同比增长 14%，占原油进口总量的 47%，中东仍为我国最大进口来源地区，且份额连续第 3 年上升，同比提高 3 个百分点。其中，我国自沙特进口原油 170 万桶/日，同比增长 2%。沙特连续两年超越俄罗斯成为我国第一大进口来源国家。独联体地区超越非洲成为我国第二大原油进口来源地区，我国从该区域进口原油 178 万桶/日，同比增长 6%，占我国进口原油总量的 16%，与 2019 年基本持平。美洲成为我国第三大原油进口来源地区，但受中美贸易摩擦和美国对委内瑞拉石油制裁的影响，近两年我国自美洲进口原油增速有所放缓。2020 年我国从美洲地区进口原油 161 万桶/日，同比增加 6%，占原油进口总量的 15%，份额同比基本持平。非洲由此前的第二大进口来源跌至第四，2020 年进口量为 152 万桶/日，同比减少 18%。此外，值得关注的是，我国从欧洲进口原油数量止跌回升。挪威 Johan Sverdrup 巨型油田（一期产能为 22 万桶/日）投产后，我国自挪威进口原油数量显著增加，2020 年进口挪威原油 25 万桶/日，同比增加 23 万桶/日。

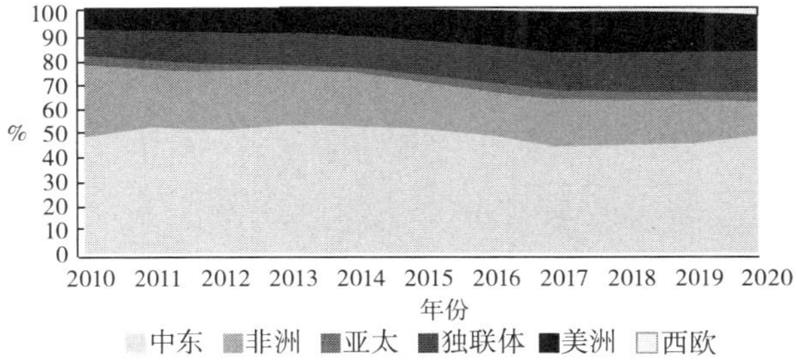


**图 5 2020 年我国原油进口来源地变化**

数据来源：中国海关，EIA，Unipec Research & Strategy（URS）。

### （三）史上最大规模的减产行动导致中东原油出口份额下降

自2016年底欧佩克与非欧佩克主要产油国达成合作减产协议以来，“欧佩克+”减产协议经过多次延长和深化，未曾中断。2020年4月，在油价暴跌的大背景下，“欧佩克+”成员国通力合作，达成新一轮减产协议，减产创历史最大规模（见图6）。新的减产协议总计分为三个阶段，减产规模分别为970、770和580万桶/日。每个月的“欧佩克+”部长级会议对减产规模进行调整，在实际执行过程中，“欧佩克+”减产执行率一般都在100%左右。

2020年，在减产协议的推动下，欧佩克全部13个成员国原油产量总计为2567万桶/日，占全球原油总产量的35%，同比大幅减少366万桶/日。结合PIRA船运数据，2020年，欧佩克原油出口量为1948万桶/日（见图7），同比大幅减少328万桶/日，占全球原油贸易份额同比下降4个百分点至46%。其中，沙特仍然是减产领头羊，全年原油产量平均为919万桶/日，同比减少59万桶/日；全年原油出口量平均为686万桶/日，同比减少24万桶/日。2020年伊拉克原油产量为405万桶/日，同比减少64万桶/日；原油出口量平均为377万桶/日，同比减少85万桶/日。在美国严厉制裁影响下，伊朗原油平均出口量仅为2万桶/日，同比减少39万桶/日，大幅低于制裁前250万桶/日左右的水平。伊朗几乎退出原油贸易舞台，叠加欧佩

**图6 “欧佩克+”分阶段减产配额分布**

数据来源：Reuters，Unipec Research & Strategy（URS）。

克的减产行动，中东原油的市场份额呈下降态势。

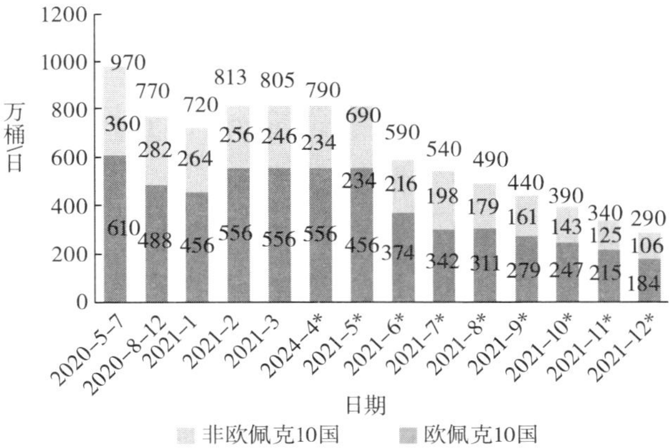


**图 7　欧佩克原油出口量变化**

注：* 为预计量。

数据来源：Reuters，Unipec Research & Strategy（URS）。

## （四）新冠肺炎疫情之下美国原油出口仍然维持增势

自 2015 年底美国解除原油出口禁令以来，随着原油运输瓶颈和出口码头基础设施的不断完善，美国原油出口量持续攀升。受疫情影响，美国页岩油生产商大幅削减开支，原油产量大幅下滑。据美国能源信息署（EIA）统计，2020 年美国原油产量为 1167 万桶/日，同比大幅减少 56 万桶/日，但美国原油出口量不降反增，全年平均出口量为 318 万桶/日，同比增加 20 万桶/日，增幅达 7%；2020 年 2 月份，美国原油出口量一度激增至 371 万桶/日，创历史新高。

从出口目的地来看，2020 年，美国出口至加拿大的原油数量有所下滑，全年平均为 40 万桶/日，同比小幅减少 6 万桶/日（见图 8）。美国对亚太出口原油数量达 143 万桶/日，同比增加 14 万桶/日，出口份额达 45%。我国取代加拿大成为美国第一大原油出口国，全年出口量达 48 万桶/日，同比增加 32 万桶/日，出口份额为 15%。中美第一阶段贸易协议执行以来，中国恢复采购美国原油，尤其是 2020 年 5 月份，美国对中国出口原油数量达127万桶/日，创历史新高，占当月出口总量的60%。全年美国对欧洲出口原油数量达108万桶/日，同比增加13万桶/日，占到美国出口总量的34%。随着流向欧洲的美国原油数量不断增加，咨询机构普氏计划在Brent现货计价体系中纳入WTI Midland，咨询机构阿格斯也推出了反映美国原油出口供求关系的定价机制，意味着美国原油出口在全球原油贸易中的地位不断提升。

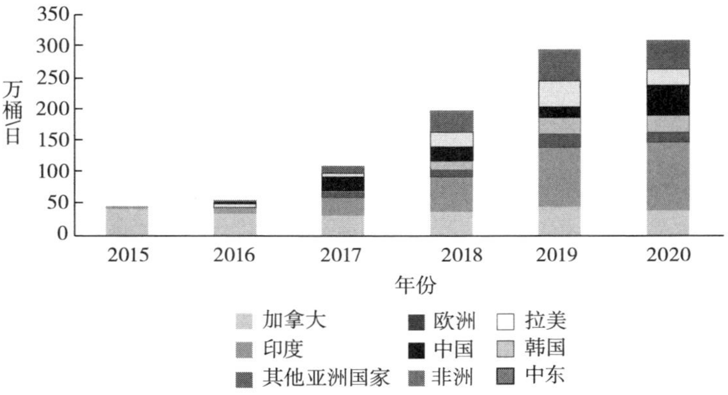


**图8 美国原油出口流向变化**

数据来源：EIA，Unipec Research & Strategy（URS）。

## 二、2021年和中长期全球原油贸易展望

### （一）疫情缓解，原油贸易有望重新实现增长

2021年，随着新冠疫苗接种速度不断加快，全球疫情形势逐渐好转，石油需求稳步复苏，预计全球石油需求同比增加500万~600万桶/日，且2021年亚太和中东地区约有200万桶/日的新增炼能上线（见图9），在此推动下，全球原油贸易有望重新实现增长。预计2021年全球原油贸易总量为4440万桶/日，同比增加220万桶/日左右，增幅为5%。

从中长期来看，新冠肺炎疫情对炼油业的影响深刻而复杂，炼厂寒冬

可能会持续更久，炼油业新一轮的整合重组或将加速，炼油业东移趋势可能更加显著。此外，疫情暴发以来，部分大公司已宣布可以永久性居家办公，这将对一部分石油消费产生永久性负面冲击，叠加环保政策趋严，碳中和目标任务艰巨，全球石油需求峰值或将提前到来，从而对石油贸易构成更大压力。

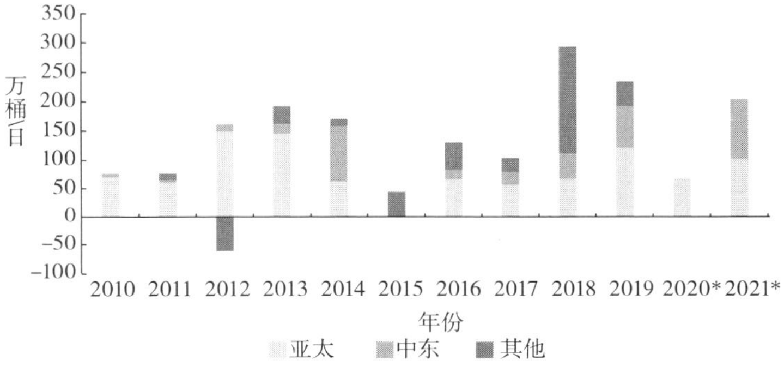


**图 9 全球新增炼能变化（分区域）**

注：* 代表预计值。

数据来源：Reuters，Unipec Research & Strategy（URS）。

## （二）中东仍是全球最大原油出口地

2021 年，“欧佩克 +” 仍在执行史上最大规模的减产协议。目前来看，产油国限产保价的意愿仍然非常强烈，“欧佩克 +” 仍将通过频繁的部长会议调整产量政策。预计欧佩克上半年仍有望维持较高的减产规模，下半年随着油价回升和需求回暖，“欧佩克 +” 逐步放松减产配额，整体产量和出口量或有所增加。此外，拜登政府上台后，美国逐渐释放出伊核谈判的积极信号，美伊双方不断试探对方。目前伊朗局势仍充满变数，但考虑到美国政府的政治意愿，以及伊朗政府石油出口的实际需要，2021 年内双方达成协议的可能性仍然较高，伊朗年内有望重回市场，且部分伊朗原油已经通过部分灰色渠道流入市场。此外，ICE 推出的首批 Murban 原油期货合约于 2021 年 3 月 29 日上市，阿联酋国家石油公司宣布取消 Murban 原油目的港限制，这在一定程度上将增加可贸易的中东资源量。总体而言，2021年，中东地区原油出口数量有望增加80万桶/日左右至2030万桶/日，虽然低于疫情前水平，但中东仍是全球最大的原油出口地。

从中长期看，中东原油出口增速有所放缓，在全球原油出口市场中所占份额比重或呈下降趋势。一方面，中东区域内石油消费不断增加，中东地区的沙特阿拉伯Jazan炼厂（2000万吨/年）和科威特Al－Zour炼厂（3075万吨/年）2021年底有望投产，伊拉克等产油国炼油能力也将有所增长，短期可供出口的原油数量可能减少；另一方面，中东地区局势动荡，以及主要产油国石油政策调整等都将对其石油生产和贸易构成一定影响，预计未来5～10年内，中东原油出口市场份额或逐步下降。

### （三）美洲原油出口份额仍将提升

随着油价回升，美国原油产量2021年有望逐步增加。但美国页岩油生产商仍十分注重现金流和股东回报，大部分中小型生产商资本支出仅小幅增加，且大幅消耗了未完井数量，预计美国页岩油产量难以恢复到疫情前水平，原油出口增幅有限。加拿大方面，阿尔伯塔省取消产量限制，多个油砂项目投产，加之加拿大管道运输能力不断增加，预计2021年加拿大原油产量增加，出口也将上升10万桶/日至345万桶/日。

从中长期看，美国原油产量有望实现突破，出口仍有增长潜力，美国原油资源将更多地流向亚太和欧洲地区，其出口占全球的份额也将逐步增加。页岩油革命、低硫船燃的推广以及石脑油需求强劲，将推动全球可贸易化工原料趋向轻质化，美国低硫原油出口仍有上升空间，届时将对国际石油贸易格局产生深远影响。加拿大油砂产量增长和运输能力提高将推动加拿大增加对中国、印度等区外国家的原油出口力度，出口目标更加多元化。

拉美地区原油一直受到亚太和北美地区的青睐。随着国际油价回升，巴西原油产量将逐步回归到疫情前水平，多个盐下油田有望今年投产，成为拉美地区主要的供应增长潜力。但委内瑞拉国内局势持续动荡，油田、港口和石油管道的正常运作均受到影响，加上受美国制裁影响，其原油产量和出口量降至新低。当前拜登政府不急于取消对委内瑞拉实施的制裁，预计2021年委内瑞拉原油出口量仍将维持低位。总体来看，预计2021年拉美地区原油出口量将同比增加10桶/日至400万桶/日。从中长期来看，由于拉美地区原油供应仍有增长潜力，生产的中重质含硫原油将成为美国和亚太部分炼厂的刚需，未来出口有望继续增加。

### （四）亚太仍是全球原油贸易重心所在

亚太地区仍是全球新增炼能主要区域。中国浙江石化二期（2000万吨/年）常减压装置于2020年11月试车，2021年年中已经正式开工；今年盛虹石化（1600万吨/年）年底有望投产，鑫海、中古等地方炼厂也有扩能计划，预计2021年亚太地区原油进口量将回升至2650万桶/日，同比增加135万桶/日，仍为全球第一大原油进口地区。但是近期中国政府收紧地方炼厂进口原油配额和成品油出口配额，未来原油进口增速或放缓。

分地区来看，虽然欧佩克从5月开始实行大规模减产计划，但亚太地区新建大型炼厂的主要设计油种仍是中东原油，中东仍是亚太地区最重要的进口来源地。预计2021年亚太地区从中东进口原油数量为1560万桶/日，同比增加70万桶/日左右，占亚太地区进口总量的59%。虽然利比亚原油已恢复出口，但该国国内政治形势依然动荡，其石油生产和出口仍面临不确定性。预计2021年亚太地区从非洲进口原油数量为320万桶/日，同比增加13万桶/日，占亚太地区进口总量的12%，是亚太地区第二大进口来源地。ESPO原油仍是中国地炼进口最多的油种，且由于IMO限硫新规实施，欧洲区域内加工乌拉尔原油数量减少，更多的乌拉尔原油流向亚太地区复杂型炼厂，2020年亚太地区进口乌拉尔原油数量几乎是2016年的4倍，2021年有望继续增加。预计2021年亚太地区从独联体地区进口原油290万桶/日，同比增加30万桶/日，占亚太地区进口总量的11%。

巴西中质原油也是中国地炼的主要进口油种之一，但近期进口量出现小幅下滑；美国对委内瑞拉实施制裁，短期内委内瑞拉难以恢复正常出口，预计亚太地区 2021 年从拉美地区进口原油数量同比小幅增加 20 万桶/日至 250 万桶/日，占总进口份额的 9%。美国原油出口仍处于上升趋势，中美紧张局势有所缓和，中国进口美国原油有望继续增加；且亚太区域内石脑油需求强劲，进一步支撑美国轻质油进口。预计 2021 年亚太地区从美国进口原油将同比增加 30 万桶/日左右至 175 万桶/日左右，占亚太总进口量的 7%。此外，挪威巨型油田 Johan Sverdrup 产量稳定在 50 万桶/日左右，预计亚洲进口北海原油数量或将继续增加。从中长期看，2025 年之后，亚太地区新增炼能有所放缓，未来进口原油增速将下降，但亚太仍将是全球原油贸易的重心。

### （五）全球原油贸易不确定性增加，中长期面临压力

基本面来看，近年来委内瑞拉、利比亚、尼日利亚等产油国石油生产不稳定，产量下降，有时油田生产甚至中断；伊朗石油供应回归仍存在较大不确定性；加之中东地缘政治局势紧张，沙特石油设施经常遭受武装袭击，全球原油供应不确定性增加。这些不确定因素均加剧了原油贸易的不确定性，并将在中长期内持续存在。此外，苏伊士以东地区复杂型炼厂炼能增加，欧美简单型炼厂大规模关闭，而新增炼能多是加工中重质原油技术路线，但新增的原油供应以轻质和中质原油为主，这将导致轻重质原油资源的供需格局在某些时刻出现错配，一定程度上也会限制原油贸易的发展。

后疫情时代，宏观环境面临更多的变化与挑战，尤其在全球努力应对气候变化的形势下，主要国家或经济体均制定了碳减排目标。世界经济局势处于新旧动能的转换及探索中，我国作为经济增速第一的经济体，于 2020 年 9 月提出了“力争于 2030 年前二氧化碳排放达到峰值、2060 年前实现碳中和”的目标。拜登上台后，美国重返巴黎协定，总统拜登签署了

“应对气候危机的行政命令”，美国向清洁能源经济过度步伐将会加快。在政策引导下，各行业包括石油公司已纷纷开启转型之路，努力由高碳的传统能源公司转变为低碳综合型能源公司；国际石油公司开始布局可再生能源和电动车领域，抢占低碳业务和清洁能源市场先机。市场普遍预计，全球石油需求峰值或将提前到来，燃料需求将逐步下降，化工需求或将成为石油需求的主要驱动力，石油石化产业格局将加速调整，原油贸易中长期将遭遇更大挑战。

## 参考文献

[1]BP. BP 世界能源统计年鉴[R].2020.

[2]王佩,李涵. 炼油重心东移引发市场争夺日趋激烈[J]. 中国石化报,2016 - 12 -16.

[3]王震,侯萌. 中美经贸摩擦对双边能源合作的影响[J]. 国际石油经济,2018(10).

[4]胡紫阳,朱彤,杨军杰,汪如朗. 世界原油贸易格局和中国现状及对策建议[J]. 中外能源,2018(23).

# 天然气篇

# 中国天然气生产消费情况及展望

陈蕊　孙文宇

（中国石油集团经济技术研究院）

**摘　要**　2020年，受新冠肺炎疫情影响，我国天然气消费增速放缓。城市燃气、工业、发电、化肥化工等主要用气领域增速较上年不同程度放缓，其中工业和发电用气增速相对较快。各地区天然气消费增速也较上年明显下滑。供气商积极落实增储上产“七年行动计划”，国内天然气产量快速增长。受国产气快速增长和需求增速放缓影响，我国天然气进口增速显著回落，其中管道气进口量首次出现负增长。调峰初期储备体系建设稳步推进。全年天然气市场总体呈供需宽松态势。展望2021年，我国天然气消费增速有所回升，国产天然气增长较快，天然气进口增速回升。“十四五”期间，我国天然气将持续快速增长，但增速将趋缓。

**关键词**　天然气消费；国内天然气产量；管道气进口；LNG进口；展望

“十三五”期间，我国天然气产业快速发展，尤其是中后期天然气消费增量创历史新高。2020年作为收官之年，“黑天鹅”事件频发，新冠肺炎疫情全球蔓延、国际油价暴跌等，使中国天然气消费增速显著放缓，国内天然气产量仍持续较快增长，进口天然气增速大幅放缓，对外依存度小幅回落，全国天然气供需宽松。预计“十四五”期间，我国宏观经济持续向好、环保政策持续发力，我国天然气消费将保持快速增长态势。2021年作为开局之年，中国天然气需求量增速回升，国产天然气保持较快增速，天然气进口增速回升。

## 一、中国天然气市场需求现状

### （一）中国天然气消费较快增长，占一次能源消费比重持续增长

2000年以来，我国天然气市场进入快速发展阶段。“十三五”期间，我国天然气市场快速发展，年均消费增量创新高，达274亿立方米，增速11.5%。尤其是“十三五”中后期，受宏观经济向好、环保政策等影响，我国天然气需求高速增长，2018年天然气消费增量达402亿立方米，创历史新高。2020年，受新冠肺炎疫情影响，我国天然气消费增速放缓。“双循环”战略、降税减费、环保政策等成为短期内拉动我国天然气消费增长的主要动力。2020年天然气消费量3262亿立方米（见图1），增量接近220亿立方米，增速放缓至7.1%。随着我国天然气消费量的较快增长，天然气占一次能源消费总量的比重逐年上升，2019年占比8.3%，2020年占比升至8.7%。

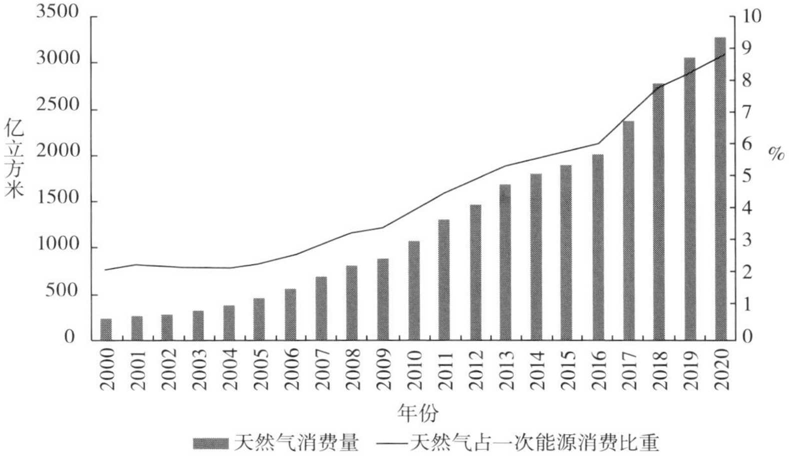


**图 1　我国历年天然气消费量及占一次能源消费比重**

从 2020 年消费走势看，我国天然气消费增速逐季回暖，呈前低后高走势。一季度是我国传统天然气需求旺季，但受疫情影响，天然气消费量出现历史性低速增长，增速 1.8%，增量 15 亿立方米；二季度，我国疫情逐渐得到控制，宏观经济逐步回暖，GDP 增速由一季度的 -6.8% 回升至 3.2%，同时减税降费、“双循环”战略、环保等因素对市场影响显现，我国天然气消费增速升至 6.2%，增量 42 亿立方米。三季度，我国宏观经济持续好转、政策影响持续显现，增速回升至 7.2%，增量 50 亿立方米。四季度，国内天然气市场需求延续较快增长趋势，叠加采暖需求大幅增加，消费增速升至 12.9%，增量 110 亿立方米。

### （二）主要用气领域增速较上年不同程度放缓，工业和发电用气增速相对较快

在天然气利用政策、环保政策的影响下，我国逐渐形成了四大用气领域。其中城市燃气、工业、发电用气是我国主要用气领域，化肥化工用气需求相对较小。受疫情等因素影响，2020 年，主要用气领域增速出现不同程度放缓。全年，城市燃气用气量 1004 亿立方米，增幅 5.1%；工业用气

量 1290 亿立方米，增幅 9.3%；发电用气量 571 亿立方米，增幅 7.7%；化肥化工用气 400 亿立方米，增幅 4.5%。从利用结构看，城市燃气用气量占我国天然气消费总量的 30.8%，工业用气占比 39.5%，发电占比 17.5%，化肥化工占比 12.2%。

**城市燃气用气量总体保持增长态势，但增速显著放缓。**2020 年，天然气基础设施建设持续推进，用气人口已稳定增长，估计城市用气人口已由上年的 3.9 亿人增至近 4.1 亿人。2020 年是《打赢蓝天保卫战三年行动计划》的决胜之年，京津冀及汾渭平原、长三角等重点地区持续推进居民煤改气和村村通工程，带动采暖和民生用气稳定增长。商服、旅游业受疫情冲击较大，商服用气量远低于上年。国内宏观经济形势转好，带动物流需求回升以及国内 LNG 价格保持低位，拉动 LNG 车船等相关产业用气需求增长。

**工业燃料用气稳步增加，增速放缓。**2020 年，国家加大宏观政策调控力度，持续推进减税降费、加强地方基建，拉动钢材、玻璃等产品需求增长，带动工业用气逐步恢复，但总体形势不及 2019 年。2020 年中国玻璃价格指数均值为 1235，同比上涨 7.6%；尤其是 8 月以来，玻璃价格指数迅速攀升，8—12 月指数均值为 1395，同比上涨 17.7%。

**发电用气较快增长。**受天然气价格相对较低、气电装机稳步提升、宏观经济回暖等因素拉动，发电用气较快增长。上网电价政策和电力市场改革在一定程度上抑制了发电用气快速增长。广东、天津、浙江、上海基于燃料成本下降，下调了区域气电上网电价。同时更多的气电参与电力市场交易，电源间的竞争也愈加激烈。

**化肥化工用气稳定增长。**受国家粮食安全战略、鼓励农业项目扶持政策的拉动，化肥需求增长，叠加年内天然气资源供应宽松、气价较低等的影响，化肥用气快速增长。2020 年尿素企业平均开工率为 68.6%，较上年同期上升 6.5 个百分点。化工领域，受甲醇需求不足和价格下跌影响，全年化工用气需求较低迷。全年甲醇优等品平均价格为 1769 元/吨，同比大幅下降17.6%。

### （三）各地区天然气消费增速较上年明显下滑

受经济水平、基础设施完善程度、政策等的影响，我国各地区天然气消费量差别较大。环渤海地区作为我国第一大天然气消费区，2020年消费量750亿立方米，占全国天然气消费量的23%，增速11.6%，主要是受居民和工业煤改气稳步推进、年初延长供暖、工业行业用气需求较旺的拉动。长三角地区消费量570亿立方米，增速-0.2%，占比17%，主要是由于出口型企业生产运行受全球产业链受损严重的影响，抑制了相关行业用气需求。东南沿海地区消费量455亿立方米，增速12.9%，占比14%，主要是由于区内LNG进口量和贸易量较大，促进资源成本下降，区内出口型企业转型较成功、居民和工业煤改气项目稳步推进，带动区内用气量稳步上升。中西部地区消费量快速增长，增速达12.0%，主要是由于宏观经济率先恢复、工业需求较强劲，拉动工业用气显著增长。西南、西北地区受LNG工厂开工率回升、尿素企业用气增长的拉动，均保持中速增长，增速分别为5.6%、5.0%；中南地区受疫情、宏观政策调控等影响，天然气消费量同比增长4.4%。东北地区受宏观经济较弱、煤改气、中俄东线供气量稳定增加等综合影响，增速1.8%。

## 二、中国天然气供应现状

### （一）中国天然气产量较快增长

随着我国天然气需求的快速增长，2000年以来我国天然气产量也一直在保持较快增长。近几年，国家制定增储上产“七年行动计划”，各大天然气生产商扩大国内投资、加大勘探开发力度，促进我国天然气产量增速提升，尤其是页岩气产量增长显著。2020年，我国天然气产量1926亿立方米（见图2），同比增长8.4%，增量149亿立方米，占我国资源供应总量的57.8%，较上年上升2个百分点；其中，煤制气40亿立方米，较去年增加3亿立方米；煤层气产量65亿立方米，同比增长8.3%；页岩气产量超200亿立方米，同比增长33.3%。

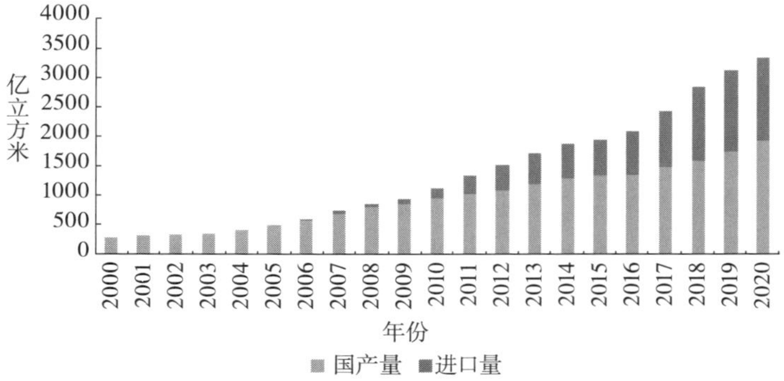


**图2　我国历年天然气产量和进口量**

## （二）天然气进口增速较上年显著回落，对外依存度同比小幅下降

为保证能源供应，我国不断开辟新的天然气进口通道，努力实现进口来源多元化。"十三五"期间，中俄管道投产运营，我国正式建成西北、西南、东北、海上四大天然气进口通道，天然气进口量整体高速增长，年均增量159亿立方米，增速18.0%。2020年，受国内天然气生产持续快速增长和需求增速放缓的影响，我国天然气进口增速显著回落，全年进口量1408亿立方米，增速2.0%，对外依存度43.2%（见图3），较上年下降2.2个百分点。

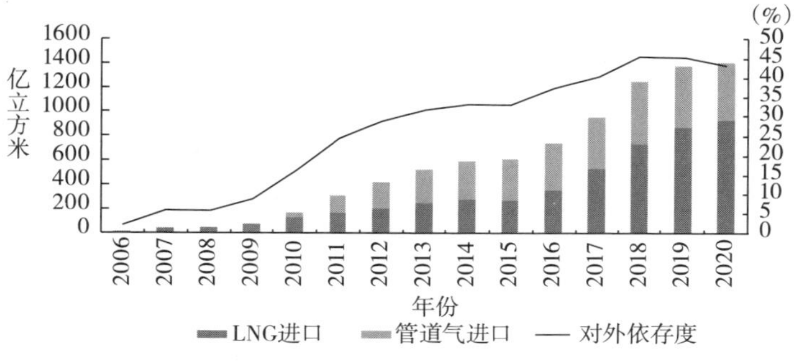


**图3　我国历年天然气进口情况**

**管道天然气进口量首次出现负增长。**2020 年管道天然气进口量 476 亿立方米，同比下降 6.9%；占我国天然气总进口量的 34%。我国管道天然气主要来自土库曼斯坦、乌兹别克斯坦、哈萨克斯坦、缅甸、俄罗斯。其中由土库曼斯坦、乌兹别克斯坦和缅甸的进口量分别下降 14.0%、32.5%、11.2%；中俄东线供气量稳定增加，未来随着俄罗斯进口管道天然气量的增长，其他进口管道天然气的通道占比将出现不同程度下降。

**LNG 进口量较快增长。**2020 年 LNG 进口量 6710 万吨（约 932 亿立方米），同比增长 11.4%；占我国天然气总进口量的 66%，较上年提高 3.2 个百分点。一是我国 LNG 接收能力快速增长，全年共完成 5 座 LNG 接收站的扩建，新增 LNG 接收能力 1085 万吨。二是东北亚 LNG 现货价格处于历史地位，促进供气商积极进口 LNG 现货。全年东北亚 LNG 现货均价为 3.82 美元/mmBtu，最低一度跌至 1.75 美元/mmBtu。现货进口量 2696 万吨，同比增长 26.3%，占我国 LNG 进口量的 40.2%，较上年提升 6 个百分点。从进口来源看，中国进口 LNG 主要来自澳大利亚、卡塔尔、马来西亚等国家，其中来自澳大利亚的进口 LNG 最多。三是 LNG 进口主体多元化。受基础设施第三方开放、LNG 现货价格低位等因素影响，新奥集团、广汇能源、佛燃能源、粤电集团等城市燃气、电力企业积极开展 LNG 进口业务，形成 LNG 进口“第二梯队”，进口量较上年大幅攀升。第二梯队全年 LNG 进口量 738 万吨（约 103 亿立方米），同比增加 74%，占我国 LNG 进口量的 10.7%，较上年提高 3.8 个百分点。

**天然气进口均价大幅下跌。**我国进口天然气与国际油价密切挂钩，由于 2020 国际油价大幅下跌、供气商大量进口低价 LNG 现货，2020 年我国进口天然气价格大幅下降。进口管道天然气到岸均价 1.44 元/立方米（见图 4），同比下降 18.9%，完税价 1.57 元/立方米；进口 LNG 到岸均价 1.65 元/立方米，同比下降 26.6%，完税价 1.79 元/立方米。

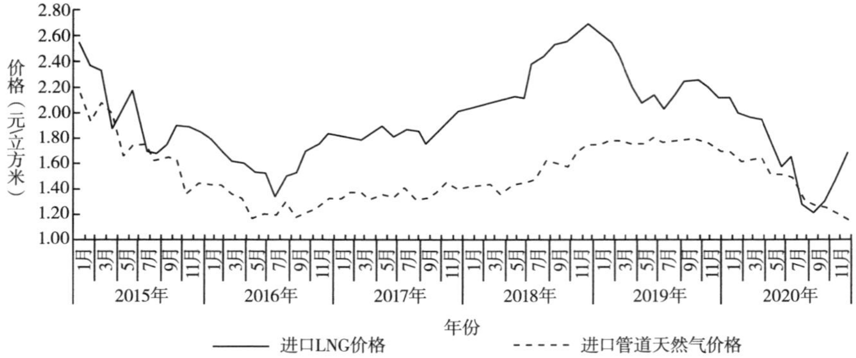


**图 4 中国天然气进口价格**

### (三)天然气市场供需总体宽松

受天然气需求增速大幅放缓、供应量较快增长等影响,2020 年中国天然气资源供应总体宽松。上半年,为确保资源、管网平稳运行,主要供气商压减国产气量、以最低照付不议量进口管道天然气、推迟长贸 LNG 提货。下半年,市场需求总体向好,供应过剩逐步收窄。12 月份,受市场需求超预期增长、中亚资源减供、管网协调等影响,局部时段供需偏紧。全年供应量为 3334 亿立方米,同比增长 6.8%;其中,供中国香港、中国澳门用气 51 亿立方米,同比增长 58.4%。

## 三、中国天然气供需展望

### (一)2021 年中国需求将稳健增长,增速有所回升

2021 年是我国“十四五”开局之年,预计全国天然气消费量 3542 亿立方米,同比增长 8.6%。主要原因包括:①国际疫情有望持续好转,带动全球经济、消费回暖,全球产业链持续恢复;②国家将持续实施扩大内需战略,推动制造业升级,提升国内经济活力;③环保政策持续实施。2021 年是《北方地区冬季清洁取暖规划(2017—2021)》目标年,

“2+26”重点地区仍将继续推进清洁采暖改造。考虑到各地因地制宜采取清洁煤或者电力取暖、燃气补贴受限，北方地区采暖用气增速将有所回落。同时，为提高人民生活质量，长江中下游、华中等地或将推动冬季供暖，带动南方地区居民和采暖用气量增长。

各行业用气需求稳步增长。城市燃气用气需求稳步增长，预计同比增长8.6%至1090亿立方米。随着城镇化建设推进，城镇居民、商服等领域用气需求保持自然增长。“2+26”重点地区持续推进清洁采暖改造工程，武汉、上海、南京等南方地区政府、企业将积极推进居民供暖，带动我国采暖用气需求增长。同时，随着我国疫情得到控制，餐饮、旅游等服务业持续恢复，带动商服用气需求较快提升。受物流持续恢复、国内LNG价格保持较低水平、大力推广新能源车等因素的综合影响，交通用气需求平稳增长。工业用气需求稳健增长，同比增长9.8%至1417亿立方米。为持续改善环境质量，中央和地方政府将持续开展工业煤炉、窑炉治理工作。同时，全球宏观经济和产业链逐渐恢复，拉动出口型企业用气增长；国内“新基建”政策和“双循环”战略将带动钢铁、玻璃、陶瓷等行业用气需求较快增长。发电用气需求较快增长，同比增长8.6%至620亿立方米。预计2021年全国电力需求较快增长，考虑到上年新投产燃气电厂、广东能源规划调增多个天然气发电项目，天然气发电装机仍将保持稳健增长。此外，浙江、广东、江苏等地更多的气电将进入电力市场交易，气价将直接影响气电发电量。综合来看，2021年发电用气需求将保持较快增长。化肥化工用气平稳增长，同比增长4.5%至415亿立方米。2021年，国家将继续实施强农惠农政策，但受上年开工负荷较高影响，预计化肥用气需求将平稳增长，增速较上年显著回落。化工领域，2021年随着经济形势和疫情好转，甲醇需求上升，加之资源相对宽松，预计甲醇用气需求将上升。在天然气消费结构中，城市燃气占30.8%，工业燃料占40.0%，发电用气占17.5%，化工用气占11.7%。

### （二）2021 年中国天然气产量稳步增长，进口量增速回升，天然气供需持续宽松

中国天然气产量将稳步增长。国内生产企业将持续增储上产，但受上年天然气供需宽松、国产气压减和限产、国际油价保持较低水平等影响，供气商缩减上游投资，预计 2021 年全国天然气产量增速将有所回落。预计全国天然气产量为 2040 亿立方米，同比增长 5.9%，较上年同期回落 2.5 个百分点；国产气在天然气资源供应中占比 55.0%，较上年略下降 1.6 个百分点。

天然气进口增速回升。2021 年，中俄东线进口量快速增长，中亚进口量有所回升，带动管道进口量较快增长。江苏如东、天津南港、浙江舟山等 LNG 接收站扩建工程将完工、中天能源广东潮州和江苏江阴、浙能温州项目将投产，新增 LNG 接收能力 2130 万吨，届时我国 LNG 总接收能力将超过 1 亿吨。部分新签署 LNG 合同开始履约，如新奥集团与 BP 签署的 LNG 合同，LNG 进口量将稳步增长。随着进口主体增加、基础设施第三方开放程度扩大，进口管道天然气和 LNG 竞争加剧，将进一步影响我国进口气源结构。综合来看，预计全年天然气进口量 1585 亿立方米，同比增长 12.5%，对外依度 44.8%，较上年略有上升。其中进口管道气 550 亿立方米，同比增长 15.6%；进口 LNG7451 万吨（约 1035 亿立方米），同比增长 11.0%。

### （三）“十四五”期间，我国天然气将持续快速增长，但增速将趋缓

我国将继续出台大气治理相关的环保政策，治理力度可望持续。生态环境部提出“十四五”期间要持续开展大气污染防治，坚持增气减煤同步。我国提出将力争碳排放 2030 年前达到峰值，力争 2060 年前实现碳中和，这将进一步推动能源加速转型。《新时代的中国能源发展》白皮书提出，我国将把清洁低碳作为能源发展的主导方面，推动能源绿色生产和消

费，优化能源生产布局和消费结构，加快提高清洁能源和非化石能源消费比重。总体看，“十四五”期间我国天然气发展机遇与挑战并存，是天然气市场发展的重要“窗口期”。预计 2025 年，我国天然气消费量将增至 4200 亿～4400 亿立方米，年均增量 208 亿立方米，增速 5.7%。其中，工业领域需求潜力较大。国家环保政策大力支持工业领域“煤改气”，部分地区对使用高污染燃料的工业企业实行限产、停产整治办法，推动工业领域燃料升级。我国可估算的散煤消费量超过 6 亿吨，其中工业领域散煤占比较高，天然气替代空间大。城市燃气用气将继续保持稳健增长。其中，居民生活用气将继续平稳增长；采暖用气受环保政策拉动将保持较快增速；交通用气增量主要来自 LNG 重型货车。LNG 船舶在愈加严格的环保政策推动下发展前景较好。发电用气空间广阔，但不确定性较大。天然气发电具有环保、高效、启停灵活、便于为电网调峰等优势，未来可与可再生能源协调运行；在高污染燃料禁燃区，天然气热电联产替代燃煤供暖锅炉、工业供热锅炉具有广阔的前景；天然气分布式能源能效高、清洁环保，近两年项目经济性明显改善。未来我国天然气发电发展空间广阔。化工领域用气增量有限。化工行业产能过剩，整体景气度不高、经济性较差，预计天然气化工发展缓慢。石油化工领域，未来我国环保政策对油品质量要求将不断提高，对油品加氢精制工艺的需求显著增加，油价回升预期下，天然气相对 LPG 仍将具有一定经济优势，预计中长期我国石化行业用气需求保持稳健增长。天然气制烯烃等新型化工领域技术发展较快，或将成为用气增长点。

此外，我国将持续推进天然气产供储销体系建设，预计国产天然气供应将继续保持稳健增长，中俄东线逐渐达产拉动管道气进口量持续增加，LNG 接收站建设快速推进带动 LNG 进口量提升，“十四五”期间我国天然气市场供需将相对宽松。此外，我国市场化改革将持续推进，天然气市场主体将更加多元。

## 参考文献

[1] 中国玻璃价格指数[EB/OL]. Wind 数据库.

[2] 国内尿素开工率[EB/OL]. Wind 数据库.

[3] 全年甲醇优等品价格[EB/OL]. Wind 数据库.

[4] 中华人民共和国国家发展和改革委员会[EB/OL]. https://www.ndrc.gov.cn/fgsj/tjsj/jjyx/mdyqy/.

[5] 中华人民共和国海关总署. 统计快讯[EB/OL]. www.customs.gov.cn/customs/302249/zfxxgk/2799825/302274/302275/3511738/index.html.

[6] 中华人民共和国生态环境部. 生态环境部举行2月例行新闻发布会[EB/OL]. www.mee.gov.cn/xxgk2018/xxgk/xxgk15/202003/t20200310_768300.html.

[7] 中华人民共和国国务院新闻办公室.《新时代的中国能源发展》白皮书(全文)[EB/OL]. www.scio.gov.cn/zfbps/32832/Document/1695117/1695117.htm.

# 天然气行业市场化改革进展及展望

白俊

**摘　要**　天然气行业市场化改革根植于我国社会主义市场经济体制建设的伟大实践，是市场在资源配置中发挥决定作用的必然要求，是解决能源行业现实问题的必要举措。天然气行业市场化改革依据“管住中间，放开两头”的基本思路，从勘查开采、贸易、储运、配售、定价到行业监管都进行了不同程度的探索，取得了不同程度的进展。下一步还需要全方位发力，补齐短板，为形成多主体、多渠道供应创造条件，形成互联互通和公平开放的“全国一张网”，推进配售环节公平竞争改革，以竞争为标尺重构中国天然气价格市场化改革，强化市场公平竞争监管和垄断环节监管，促进形成上游天然气资源多主体多渠道供应、中间统一管网高效集输、下游销售市场充分竞争的天然气市场体系。天然气行业的进一步市场化改革需要突破重重利益藩篱，需要坚定市场在资源配置中发挥决定性作用的信念，需要政府部门勇于自我革新，推进有效市场和有为政府更好结合。在“碳达峰”和“碳中和”目标背景下，能源清洁低碳发展将加速前进，天然气行业要具有时不待我的自觉和自律意识。通过加快推进市场化改革，激励创新，促进竞争，降低成本，提高效率，保障安全，在保障能源系统的稳定性、可靠性、安全性、灵活性和经济性条件下，为清洁低碳发展作出自己的贡献。

**关键词**　天然气；LNG；市场化改革；公平竞争；公平开放；信息公开

## 一、天然气行业市场化改革背景

天然气是重要的能源品种和化工原料，是支撑经济社会运行的有机组成部分。天然气行业改革的目标与方向取决于国家经济社会改革的总体目标和方向。天然气行业市场化改革根植于我国社会主义市场经济体制建设的艰苦探索和伟大实践。

### （一）对市场作用认识的深化是天然气行业改革的基础

1949 年中华人民共和国成立以后，逐步形成把公有制和计划经济当成社会主义本质特征的认识。国民经济建设通过统一计划调控和集中力量办大事的方法虽然取得了不少成就，但体制机制的矛盾也不断积聚，经济社会运行和人民生活最终到了难以为继的地步，倒逼出 20 世纪 70 年代末开始逐向市场化方向的改革开放。1984 年，中共十二届三中全会指出中国经济体制是“公有制基础上有计划的商品经济”，突破了社会主义只能实行单一计划经济的认识。1987 年党的十三大指出，社会主义商品经济是计划与市场的内在统一，国家调节市场，市场引导企业。1992 年，党的十四大进一步提出建立社会主义市场经济体制的目标，要在国家宏观调控下使市场对资源配置起基础性作用，把计划和市场都看成是经济手段，结束了计划和市场的路线之争。1997 年党的十五大沿用了十四大的表述。此后，2002 年党的十六大、2007 年党的十七大和 2012 年党的十八大，除了发挥市场在资源配置中起基础性作用的表述，在前面还分别添加了“更大程度发挥”“从制度上更好发挥”和“更大程度更广泛范围发挥”的修饰词，市场化呈现出逐步清晰和加强的递进趋势。2013 年，中共十八届三中全会更进一步，明确指出要使市场在资源配置中起决定性作用和更好地发挥政府作用，这种表述延续到了 2017 年党的十九大。2020 年十九届五中全会在此基础上，补充了“推动有效市场和有为政府更好结合”的表述。这个变化历程表明，对市场作用的认识是随着实践的发展逐步深化的，市场是配置资源更有效的组织形式。

### （二）天然气市场化改革是经济体制改革进入深水区和攻坚阶段的必然要求

正是由于释放了市场的力量，中国创造了超长期的经济高速增长奇迹，政府财力扩大，人民收入提高，2020 年中国宣布消除绝对贫困。很多新兴产业逐渐发展壮大，竞争性行业效率不断提高，多种所有制经济不断成长，对经济增长、就业、收入、税收、科技创新等方面的贡献也越来越大。国有企业经过多轮改革，逐步向资源、垄断和战略性行业集中。市场化改革采用了先易后难、先试点后推广和先增量后存量等渐进改革思路。商品和服务价格市场化比例不断提高，到 2015 年已经达到 97%，中央定价目录范围进一步收窄，政府对商品和服务价格及数量的管控现在主要集中在少数能源资源领域、垄断业务以及土地、资本和劳动等重要生产要素上，经济体制改革已经进入到深水区和攻坚阶段。油气和电力等能源商品的市场化改革相对于其他商品滞后，一方面是因为能源为经济所有产业和社会所有方面提供基本的动力支撑，涉及面和影响面都很广。天然气行业自 21 世纪初开始进入大规模快速发展阶段后，在能源市场中的份额持续上升，在居民日常生活和供暖等民生领域的重要性持续增加，不时出现的天然气供应紧张情况对改革进程产生了一定干扰。另一方面，能源领域竞争性业务和垄断性业务往往交织不分，企业数量少、规模大、话语权强，改革推进比较复杂，需要更大的决心和魄力。

## （三）天然气市场化改革是解决能源行业现实问题的必要举措

我国能源行业存在的主要现实问题包括能源安全风险增加、清洁低碳发展不足、行业运行效率不高和服务意识不到位等方面。

能源安全风险主要是油气供应安全风险，其中石油是最大的问题，但随着能源转型，天然气供应安全受到的关注越来越大。中国从2006年开始进口天然气，到2018年已成为世界最大天然气进口国，天然气对外依存度快速上升并呈现继续上升的趋势。在经济全球化时代，资源全球配置，各国取长补短、相互依赖，对外依存度高并不等同于不安全，但影响供应安全的风险因素会增加。2016年和2017年两次冬供期间，中国从中亚进口的天然气均出现异常短供事件，在国内引发连锁反应。亚洲天然气溢价和现货价格大起大落等问题也对国内天然气行业平稳运行构成挑战。中国需要通过天然气市场化改革引领亚洲天然气市场化进程，促进区域及全球天然气市场融合，更好地保障国家能源供应安全，推动全球天然气市场发展。

中国能源消费一“煤”独大，煤炭长期持续的大数量、高强度使用已经超出生态环境的承受极限，能源清洁低碳转型诉求日渐强烈。2012年党的十八大报告首次提出推动能源生产和消费革命，2014年中央财经领导小组提出“四个革命一个合作”能源安全新战略，2015年中央“十三五”规划建议提出建立清洁低碳、安全高效的现代能源体系，这一系列顶层设计奠定了控煤压煤、减油增气和大力发展可再生能源的政策思路。近年来能源消费结构持续优化，煤炭占比下降，石油相对稳定，天然气持续上升，非化石能源高速增长。但到2020年煤炭消费占比仍然高达57%，煤电装机规模占比虽然首次降至50%以下，但发电量占比依然超过60%。在全球能源转型和应对气候变化的背景下，中国需要加快低碳能源替代高碳能源进程，同时兼顾能源系统运行的稳定性、可靠性、安全性、灵活性和经济性。在可再生能源还远远不能满足能源系统多重发展目标的情况下，需要进一步发挥天然气清洁低碳、稳定可靠、灵活高效的价值，通过市场化改革促进天然气企业提质增效。

改革开放以来，中国油气工业经历多次调整和重组，政企分开逐步实施，企业自主经营权逐步扩大，建立现代企业制度的探索持续不断。主要石油石化企业都进行股份制改造和上市，市场适应能力逐步增强，“走出去”步伐加快，行业体制逐渐向市场化改革方向演进。但是，油气行业还不是真正市场化的行业，竞争缺乏、价格管制、交叉补贴、历史遗留负担、不当行政干预、考核与激励机制、用人机制等多方面因素导致企业对效率和效益目标重视不够或者无法聚焦。根据《能源企业全球竞争力报告2017》，中国主要油气企业在资产和营业收入规模上已经和 BP、壳牌和埃克森美孚等国际油气大公司旗鼓相当甚至有所超越，但是在资产回报、投资收益和人均贡献等效率指标上还存在不少差距。没有进一步市场化改革，油气企业就难以满足适应并参与全球竞争的需要，难以达到适应国内市场经济体制建设的要求。

党的十九大报告指出，中国社会主要矛盾已经转化为人民日益增长的美好生活需要和不平衡不充分的发展之间的矛盾。人民美好生活需要日益广泛，在基本物质生活得到满足的情况下，人民对物质生活品质的追求提高，对空气质量、水质量及生态环境的期望越来越高，对民主、法治、自由、公平等精神追求越来越关注。油气行业竞争环节竞争不充分、不公平，垄断环节监管不到位，滥用市场支配地位行为屡屡发生，油气消费者缺少选择权，用户服务缺乏或服务体验欠佳，油气商品价格和成本不尽合理，行业法律法规不健全，油气生产、储运、加工、利用等方面也存在不同程度的安全环保风险或隐患，这些和人民群众的期待还有距离，需要进一步通过深化改革，更好地满足人民群众的期望。

## 二、天然气行业市场化改革进展

天然气行业市场化改革的目标是要让天然气回归商品属性，让市场决定天然气价格，让价格引导天然气资源流动，减少政府不当干预。政府根据油气行业运行特点确定了“管住中间，放开两头”的基本改革思路。在可以竞争的上游勘探开发、生产、进出口和下游加工、销售、利用等环节形成有效竞争，在存在一定自然垄断属性的中游储运环节加强监管，保证中间环节对上下游市场主体公平开放。根据市场竞争发育进展程度，有序放开对上下游市场的价格管制，逐步形成由供需双方自主选择交易伙伴、自主决定天然气价格和数量的市场化运行机制。

## （一）上游勘查开采改革有收获

我国上游领域长期以来形成了中石油和中石化从事陆上勘查开采和中海油从事海上勘查开采的基本格局，另外，陕西延长石油也在当地从事油气勘查开采活动。在美国页岩油气发展取得重大突破的鼓舞下，中国也加大非常规油气资源的探索，并尝试采用放宽准入和竞争出让的方法引入市场新主体，油气探矿权获取逐步由“申请在先授予”向“招拍挂”竞争性出让方式转变。2011 年 6 月页岩气探矿权首次进行公开招标，同年 12 月国务院批准页岩气为第 172 种矿产。2012 年页岩气探矿权第二轮招标启动。2015 年常规油气勘查区块首次挂牌出让。2017 年首次举行煤层气勘查区块招标和页岩气勘查区块拍卖。2019 年发布的《外商投资准入特别管理措施（负面清单）》取消了外商在油气勘探开发限于合资、合作的限制。2019 年 12 月 31 日，自然资源部颁布《关于推进矿产资源管理改革若干事项的意见（试行）》，全面推进矿业权竞争性出让，实行油气探采合一制度，统一内外资企业进入勘查开采市场的门槛，简化储量管理办法。

上游勘查开采领域过去十年改革探索是很好的尝试。尽管新主体尚未取得明显成效，市场格局尚未有明显变化，但十年探索增加了改革共识，形成的经验教训也为下一步推出更加有针对性的市场化改革举措提供了启发和参考借鉴。上游勘查开采市场改革开放效果有限的主要原因：一是油气勘查开采是长周期、高技术、高投入、高风险活动，存在很高的进入门槛；二是国内天然气资源富集程度和开采条件相对较差，成本较高；三是具有油气勘查开采潜力的区块已基本被申请登记完毕，能够供市场新主体参与的潜在有利油气资源区块稀少；四是区块退出和市场流转机制不健全；五是政策力度不大，配套措施不够，执行力度不足。

### （二）天然气进口环节改革有起色

自2006年开始进口液化天然气（LNG）以来，形成了以中海油领头、三大石油公司为主的格局。虽然天然气贸易没有类似原油和成品油贸易那样的配额管制，但LNG接收站接收能力不足和公平开放进展缓慢制约了LNG进口贸易。早些时候的进口LNG接收站建设审批以签署长期供应合同作为前置条件之一。在国内天然气市场发展的早期阶段，国内对国际LNG市场了解有限，下游用户市场开发困难，接收站建设和运营门槛较高，只有熟悉国内外油气产业链的三大石油公司有能力布局接收站，其他主体对参与接收站建设望而却步。目前接收站建设审批已有调整，新建每年300万吨以上进口LNG接收站项目仍然由中央政府审批，但已不再将签署长期供应合同作为先决条件，其余进口LNG接收站项目（含原址扩建）已交由省级政府部门核准。

上游项目从勘探、开发到生产的最快周期往往至少需要8～10年，LNG接收站建设顺利可能在3～5年就投入使用，建设LNG接收站成了更快进入国内天然气市场的一个手段。近几年沿海各地纷纷加快进口LNG接收站、储运站或应急调峰站的新建或扩容，增加天然气应急调峰能力，扩大自主可控天然气供应来源。九丰东莞LNG接收站于2012年投产，新奥舟山接收站于2018年投用，外输管道于2020年投运接入浙江省网；2019年深圳燃气也建成LNG调峰站；广汇能源启东LNG转运站、申能集团五号沟LNG站扩容；北京燃气天津南港LNG应急储备站和潮州华瀛LNG接收站开建。虽然市场新主体的LNG进口规模仍然很小，但已经在沿海天然气市场产生了促进竞争的积极作用。与此同时，新成立的国家石油天然气管网集团公司（以下简称国家管网）正在探索将下属 LNG 接收站剩余能力向第三方公平开放，为更多新主体进入天然气贸易领域创造了机遇，沿海地区天然气供应的竞争性将逐步增加。

管道天然气贸易格局保持不变，基本上维持中石油的独家经营局面，除此之外，仅有中海油供应港澳地区出口和新疆广汇从哈萨克斯坦有少量点对点进口。

### （三）中游储运环节改革有突破

2013 年十八届三中全会后管道独立改革逐步推进。2017 年中共中央和国务院在《关于深化石油天然气体制改革的若干意见》中明确提出要分步推进国有大型油气企业干线管道独立，实现管输和销售分开。2019 年 3 月中央全面深化改革委员会通过了《石油天然气管网运营机制改革实施意见》，明确要求组建国有资本控股、投资主体多元化的石油天然气管网公司，推动形成上游油气资源多主体多渠道供应、中间统一管网高效集输、下游销售市场充分竞争的油气市场体系。国家管网 2019 年 12 月 9 日成立，2020 年 10 月 1 日正式接管了三大石油公司的主干油气管道、部分储气库和 LNG 接收站资产，开启实质性运营，实现了储运和销售的分离，是我国油气体制改革的关键性突破，为落实“管住中间，放开两头”的改革思路创造了重要基础条件。

国家管网开启实质性运营的同时，也开启了新型运作方式的探索。国家管网先后启动托运商服务申请和 2021 年 LNG 接收站窗口期使用申请的集中受理，并对部分信息进行了公开。国家管网同时按照现有设施开放和信息公开的相关要求，探索改进油气管网基础信息、剩余能力、服务价格和数量等相关基础信息的披露。国家管网已经就省级管网投资建设和经营先后与广东、海南、湖南、福建、甘肃签署合作协议，与其他省份的合作正在协商过程中。

国家管网主动开发油气储运需求，积极推进基础设施建设和开放，促进油气资源在更大范围内自由流动，带来了前所未有的市场形势变化，助力一些地方天然气市场实现“双气源”或“多气源”供应，促进了竞争，提高了供应安全可靠性。借助国家管网基础设施，中海油进口 LNG 资源首次实现以管道气形式供应到贵州、湖南、湖北、山东和安徽等十多个省份，中石化实现“南气北上”“海气南下”，弥补中北部市场缺口，缓解华东保供压力，并把四川页岩气打入贵州管道气市场。广汇能源启东 LNG 接收站实现与国家管网互联互通、双向供气，实现通过国家管网管道代输供应苏北市场。港华集团依托国家管网实现储气库资源外输至下游企业。新疆庆华能源集团首批管输煤制天然气通过国家管网输送到新疆、山东、河南等地，实现了首批煤制天然气市场化自由销售。虽然这些变化的影响力还非常有限，不足以改变既有市场格局，但对建立竞争性的天然气供应市场格局是一个良好的开端。

## （四）下游配售环节改革有探索

我国天然气消费中超过 60% 的供应由上游供应企业直接销售给发电、工业、化工和化肥等大用户，由城镇燃气配送并销售给终端用户的天然气不到 40%。配售环节主要是指城镇燃气配送和销售环节，一般采用政府授权特许垄断经营的形式。全国城镇燃气配售主体超过 3000 家，国有、民营、外资和混合所有制并存，甚至同一个城市存在多家燃气供应企业。企业规模大小不一，经营和服务能力参差不齐。2019 年发布的《外商投资准入特别管理措施（负面清单）》取消了 50 万人口以上城市燃气须由中方控股的限制，城市燃气企业兼并、收购和重组加剧，再加上上游供应企业积极进入配售领域，城镇燃气配售经营权的竞争更加激烈。

为了减少管网输配环节和层级，降低天然气终端用户使用成本，2017 年国务院发布的《加快推进天然气利用的意见》和 2018 年发布的《关于促进天然气协调稳定发展的若干意见》都鼓励和支持天然气用户自主选择资源方、供气路径及形式。近年来全国多地都在探索如何扩大直供大用户的范围，降低直供大用户标准和门槛。2019 年山东确定直供大用户标准为年用气量 5000 万立方米以上，2020 年浙江和广东的标准分别确定为 2000 万立方米和 1000 万立方米以上。从城镇燃气企业已有服务对象中分离出新的直供大用户，往往和政府与城镇燃气企业签署的特许经营协议冲突，对城镇燃气企业经营规模和效益产生冲击，由此引发了不少争议。相关政府部门一直在探索加强城镇燃气经营行为的监管措施，防范企业滥用垄断经营地位侵害消费者利益。2019 年 6 月国家发展改革委发布的《关于规范城镇燃气工程安装收费的指导意见》要求创造条件加快建立完善燃气工程安装竞争性的市场体系。

### （五）价格市场化改革有成效

与电力和石油价格市场化改革相比，我国天然气价格市场化改革起步晚，但步伐快。天然气价格市场化改革采取整体设计分步推进、先试点后推广、先增量后存量、先非居民后居民的渐进方式，价格管制逐步放松，市场化定价范围逐步扩大，价格弹性逐步增强。

2011 年之前主要采用分别制定天然气出厂价格和管输价格的办法，价格管理比较复杂僵化，一个气源分用户类型制定不同出厂价，每条管线制定一个管输价格。2011 年底在两广地区试点和替代能源挂钩的非居民天然气门站价格，不再区分出厂价和管输价，同时开始放开市场占比规模很小的页岩气、煤层气、煤制气、液化天然气的气源价格。2013 年 6 月提出区分存量气和增量气分别定价，力争三年内完成全国非居民门站价格和可替代能源价格挂钩的统一定价方式，2015 年 4 月将存量气和增量气门站价格并轨，同时放开除化肥企业外的直供用户用气价格。2015 年 11 月规定一年以后将非居民用气由最高门站价格管理方式改为“基准价 + 浮动幅度”管理方式。2016 年放开化肥用气价格和储气设施相关价格，由市场决定，并在福建省开展门站价格市场化改革试点。2017 年明确所有进入交易平台公开交易的气量价格由市场交易形成，天然气价格放宽放开的力度进一步扩大。2018 年 6 月又实现居民用气门站价格和非居民门站价格机制衔接。2020 年 5 月，天然气价格从《中央定价目录》中移出，但由于完全由市场定价的条件并不具备，《中央定价目录》附注中保留了现行门站价格部分放开部分管制政策。海上气、页岩气、煤层气、煤制气、液化天然气、直供用户用气、储气设施购销气、交易平台公开交易气，2015 年以后投产的进口管道天然气门站价格，由市场形成，新增了具备竞争条件省份天然气门站价格由市场形成的规定；其他国产陆上管道天然气和 2014 年底前投产的进口管道天然气门站价格，暂按现行价格机制管理，视天然气市场化改革进程适时放开由市场形成。

天然气门站以下销售价格由地方政府制定和管理，各地的执行情况存在较大差异。总体而言地方政府对城市终端天然气销售价格管制普遍较强，居民用气价格尤其僵化，天然气价格联动机制存在联动不及时、疏导不到位等各种情况。地方政府在制定和调整终端销售价格时，一方面依据上游供应门站价格和市场化采购成本的变动，另一方面依据配气成本、居民承受能力、燃气企业经营状况和当地财政经济状况等。近年来各地在完善价格听证程序、简化用气价格分类、建立动态调整机制和季节性差价制度等方面进行了不同程度的探索，总的来看与价格市场化还有比较大的距离。

### （六）天然气行业监管有改进

竞争政策是市场经济的基础性政策。完善公平竞争审查制度是政府部门开展监管工作的第一步，即首先对自身行为是否符合公平竞争要求进行审视。2016 年国务院颁布《关于在市场体系建设中建立公平竞争审查制度的意见》，防止政策制定机关滥用行政权力排除和限制竞争。该意见为与天然气监管工作相关的部门开展公平竞争审查提供了基础支撑和要求。

天然气行业监管涉及监管内容和监管制度两个方面。在监管内容上，既包括管输和配气环节的价格和成本监管，公平开放服务监管，也包括竞争环节的公平竞争监管，这些监管目前分散在不同的部门；在监管制度上，主要是监管队伍和监管能力建设。

围绕“管住中间，放开两头”的市场化改革思路，天然气行业监管也在探索改进。在天然气基础设施公平开放、服务价格和成本监审方面已经迈出了坚定步伐。管输和配气环节的价格和成本监管已经建立了完整的制度框架，确立了“准许成本加合理收益”的基本原则。国家发展改革委2016年10月颁布了《天然气管道运输定价成本监审办法（试行）》和《天然气管道运输价格管理办法（试行）》，2017年6月制定了《关于加强配气价格监管的指导意见》，2019年6制定了《关于规范城镇燃气工程安装收费的指导意见》，形成了中间环节价格和成本监管的制度全覆盖，一些地方也出台了相应的实施办法。鉴于国家管网已经成立并投入运行，管输市场结构和运营模式出现了新变化，2021年3月，国家发展改革委就修改后的《天然气管道运输价格管理办法（暂行）》和《天然气管道运输定价成本监审办法（暂行）》向社会公开征求意见，考虑在保证8%收益率不变的同时，将现有企业统一运价率调整为区域统一运价率，并延长折旧和摊销年限，细化固定资产折旧标准。这两个暂行办法将从2022年起实施。天然气基础设施公平开放监管从2014年2月《油气管网设施公平开放监管办法》的试行实施到2019年5月修订后的正式实施，监管工作的针对性、指导性和可操作性得到了提高。国家能源监管机构组建了油气行业监管队伍，培养和锻炼了一批监管人员，在油气管网基础设施公平开放和信息公开等领域进行了有益探索。

市场公平竞争监管主要依托于国家市场监督管理组织体系。2018年国务院机构改革组建了国家市场监督管理总局，把原来分散在发改委、商务部和原国家工商总局的价格监督、反不正当竞争和反垄断职能进行了归并整合，市场监管组织体制进一步理顺，建章立制工作逐步开展，为市场公平竞争监管奠定了基础性上层组织保障，但目前天然气领域的公平竞争监管力量仍然不足。城镇燃气服务是地方市场监管部门重点关注的领域之一，城镇燃气企业滥用垄断地位的经营行为屡遭曝光和处罚。

## 三、天然气行业市场化改革展望

天然气市场化改革已经在多个层面取得了不同程度的进展，价格信号对天然气资源流动的引导作用逐渐增加，市场决定天然气资源配置的力度逐步扩大，但价格扭曲、竞争缺失、干预不当和监管乏力等问题依然存在。按照中央提出的“管住中间，放开两头”的既定改革思路，天然气行业市场化改革还需要更进一步，加快构建竞争性市场结构，努力消除体制机制障碍，加大政策制定透明度和信息公开力度，营造公平开放和公平竞争的市场环境，不断扩大市场对天然气资源配置的决定性作用。

### （一）进一步创造形成天然气多主体多渠道供应的条件

《关于深化石油天然气体制改革的若干意见》提出实行勘查区块竞争出让制度和更加严格的区块退出机制，加强安全、环保等资质管理，在保护性开发的前提下，允许符合准入要求并获得资质的市场主体参与常规油气勘查开采，逐步形成以大型国有油气公司为主导、多种经济成分共同参与的勘查开采体系。《石油天然气管网运营机制改革实施意见》也要求推动形成上游油气资源多主体多渠道供应。

为了充分利用国内天然气资源，提高上游勘查开采环节效率，需要吸取近年来的改革经验教训，消除民营和外资企业进入上游的隐性障碍，降低准入门槛，通过勘探风险分摊、税费减免、减少资金占压等多种手段重点支持市场新主体参与勘探活动。进一步完善常规天然气、页岩气和煤层气区块退出机制，对已出让但尚未达到规定勘探投入和工作量标准的一律收回，重新组织向社会招标出让，原有企业不再参与；逐步提高天然气探矿权的投入标准和要求；对勘探期税费实施减免或推迟缴纳，确定要转入开发阶段后再补缴，对首次参与国内勘探开发的企业予以特别支持；进一步清理外资和民企参与国内勘探开发的隐性约束；完善地质资料汇缴工作，区块退出时相关地质资料要同时汇缴并免费提供给新勘探主体使用；建立探矿权采矿权流转交易市场，完善转让、储量及价值评估等规则；推进国有油气企业专业化重组整合，支持工程技术、工程建设和装备制造等业务进行专业化重组，作为独立的市场主体参与竞争，推动油气田服务市场公平开放。完善生物质气的鼓励政策，支持可再生氢气的探索。

实现供应主体多元化，短期来看要靠加大进口环节的开放力度，重点支持新的市场主体自担风险、自主建设和运营 LNG 接收站，扩大储罐规模，保证所有接收站剩余能力公平开放。新建 LNG 接收站岸线资源优先向新市场主体开放，确保接收站项目和国家管网系统互联互通；鼓励现有 LNG 接收站在扩容时引进新的投资主体，共享基础设施能力；支持各类资本参与海外天然气气田开发和天然气液化项目投资，鼓励以多种合作形式将境外天然气资源引进回国；在必要时对 LNG 国际采购进行窗口指导和协调，避免恶性竞争；为了促进 LNG 资源调剂灵活性和天然气价格发现中心的形成，还应对 LNG 出口保持开放态度。在保障国家石油公司已有管道天然气进口利益的前提下，支持其他市场主体开展与周边国家的管道天然气合作项目，拓宽合作渠道和合作方式。

### （二）建立互联互通和公平开放的“全国一张网”

国家管网汇集了中石油、中石化和中海油主要长输管道、部分储气库和 LNG 接收站资产，企业规模庞大，财务基础良好。国家管网基本具备在全国范围内统筹调配、输送和存储油气的核心能力，可以满足国家全局性油气战略调配需要。国家管网通过发挥管理规范、运作高效、保障有力、服务到位的示范效应，按照市场化方式合并或控股省级长输管网企业，可进一步扩大资产经营规模和直接控制能力；通过参股其他省级长输管网企业或与其开展业务合作，可以扩大管输服务覆盖面和影响力。省级长输管网无论是否参与国家管网，都只能从事运输和储存服务，不参与天然气商品购销活动，按照“准许成本加合理收益”模式接受监管，公平开放管输服务能力，与国家管网保持互联互通，保障天然气商品可以在不同管网之间根据需求实现无障碍流动，应急情况下政府有权对各级管网运行进行统一调度和协调，形成“全国一张网”。

国家管网的运行处于起步探索阶段，还存在不少需要改进的地方。作为一家垄断性很强的国有企业，国家管网要接受政府监管和社会公众监督，保障基础设施安全稳定运行，合理控制投资和生产运行成本，提高生产经营管理效率，严格执行政府认可的托运商准入、容量分配、调度和平衡、应急协调等运行管理制度，做好全流程信息公开，向所有用户公平公正地提供及时快捷的运输和储存服务，成为推动上游供应企业和下游用户高效合作的黏合剂和助推器。

鉴于国内天然气管网和储气设施严重不足，在发挥国家管网建设主力军作用的同时，不排斥和限制其他市场主体参与管网设施的投资、建设与运营。其他市场主体可以参股国家管网新建项目，在满足国家统一规划、互联互通和不参与天然气购销等原则要求的前提下，也可根据市场需求独立投资、建设和运营储运设施，政府部门在项目申请及审批等所有环节应无歧视、公平对待。

### （三）推动形成配售环节公平竞争的格局

城镇燃气企业与发电、工业和化肥等用气企业都被视为大用户，但城镇燃气企业汇集了居民、工商业、学校、医院和政府机构等多种终端用户在内的用气需求，主要向后者配售天然气，是天然气零售商。城镇燃气供应属于市政公用事业，主要按照《市政公用事业特许经营管理办法》及《基础设施和公用事业特许经营管理办法》的规定开展特许经营，对约定服务区域内所有用户提供普遍、无歧视公共服务，服务品质要满足约定数量、质量和标准，城镇燃气服务已经成为各地营商环境考核的重要参考指标之一。推进配售环节改革要结合城镇燃气企业经营模式特点。

在城镇燃气特许经营区域增加大用户直供时，一是要尊重特许经营协议，政府和企业都要严格履行特许经营协议约定条款，不得擅自变更或违背协议内容，破坏政府或企业信誉；在完全自愿和平等协商的前提下，双方可探讨大用户直供和特许经营协议的调整。二是妥善处理交叉补贴，厘清各类用户交叉补贴规模和结构，将剥离出去的直供大用户承担的补贴部分合理分摊给其他用户，按照服务成本和收费相匹配的原则，逐步减少并最终消除各类用户之间的交叉补贴。

在天然气供应主体多元化和充分竞争格局尚未形成的情况下，配售分离和放开销售竞争将使得供需双方谈判地位不对等的情况更加突出，因此要积极推进供应主体多元化改革和充分竞争格局的形成，为配售分离和放开销售竞争创造条件。配售分离体制改革要因地制宜地进行探索，对涉及地域范围广、用户数量多和用气规模大的县（市）级及以上新签特许经营协议，只授予配气管网特许垄断经营，实行配气“准许成本加合理收益”监管，配气管网经营企业公平开放配气服务，不从事天然气销售。天然气销售放开竞争，明确天然气供应的兜底服务保障机制，对涉及地域范围广、用户数量多和用气规模大的既有县（市）级及以上特许经营协议到期后，续约合同只授予配气管网特许经营，天然气销售放开竞争；对涉及地域范围广、用户数量多和用气规模大且尚未到期的县（市）级及以上特许经营协议维持现有格局，鼓励特许经营企业开展业务分离，成立配气管输服务公司和天然气销售公司，分别进行财务核算，提前为特许经营协议到期做准备；对涉及地域范围窄、用户数量少和用气规模小的乡镇特许经营安排，可由区域内用户、政府部门和供气企业自主协商选择配售捆绑或配售分离模式。

### （四）以市场竞争为标尺深化价格市场化改革

目前由市场形成的天然气批发价格同时从气源、用途、用户、时间、交易形式和竞争条件等多个维度进行划分，存在重叠交叉和冲突，模糊了非管制价格（市场化价格）与管制价格（门站指导价格）政策的适用界限，导致门站指导价格政策失去应有效果，引发价格不规范行为，个别主要供应商的定价策略成了市场价格风向标。下一步需要优化天然气门站指导价格制度设计，理顺既有价格市场化政策，避免交叉重叠引发的市场失序，加快竞争性市场结构建设，为未来向价格全面市场化平稳有序过渡做好准备。

可以考虑取消按多个维度划分市场化价格适用范围的做法，定期开展省级或区域天然气市场竞争条件的分类和分级评估，按照供应商数量、市场份额、管网设施条件和开放情况等因素综合评价各个省份或区域市场是否具备基本市场竞争条件，从而确定市场化价格和门站指导价格各自适用对象和范围，按市场供应份额约定必要的民生用气保供责任，竞争性条件具备时取消门站指导价格。通过省级或区域价格市场化带动局部性价格发现中心的形成，为全国性价格发现中心的形成奠定基础。这样的设计可以更快推动各个区域市场供应结构优化发展，更快形成天然气价格全面市场化的条件，对已放开价格的气源没有实质影响，可以保证既有主要供应商的基本利益，又可以为直供用户提供更多选择。

逐步减少政府对城镇燃气销售价格的直接控制，建立和完善城镇燃气销售价格和采购及服务成本及时联动的正常调整机制。避免人为压低居民用户用气价格，按照服务成本和收费相匹配的原则，分类调整销售价格，逐步消除交叉补贴。对少数低收入群体和社会福利机构等用气予以基本保障，提供直接补助支持，履行维护社会公正的职责。有序扩大以盈利为目的的经营类用户的天然气销售价格弹性。在城镇燃气进行配售分离改革后适时放开天然气销售价格。

## （五）强化市场公平竞争监管和垄断环节监管

涉及天然气监管的政府相关部门首先要提高认识，深刻领会竞争政策在我国市场经济体制中的基础性地位和作用，自觉遵守和贯彻公平竞争审查制度要求，对妨碍竞争的部门文件和规章进行清理，另外也要积极推动打破竞争领域的行政垄断，禁止行业协会和企业的串谋和限制竞争行为，禁止政府部门对价格和数量的不当行政干预。

对于垄断性较强的天然气管输和储存设施，要以信息公开为抓手，保证用户及时了解管网系统运行状况，确保经营企业向所有用户提供无歧视容量分配和储存输送服务，严格控制管输服务成本和价格。借助独立的第三方力量加强成本监审和收益核定，逐步加大服务质量和效率的考核。鼓励不同管输企业有序对标和竞争，尽可能通过竞争形成倒逼式监管。充分借助市场的力量，发挥管输服务用户、行业组织、媒体和社会公众等多方面的监督作用。

竞争环节要强化市场公平竞争监管。要按照中央价格机制改革意见要求，建立公平、开放、透明的市场价格监管规则。监管机构要维护供气方之间、用气方之间及供气方和用气方之间的价格公平竞争秩序，保障用户从竞争中获得合理经济利益。对竞争环节的市场竞争不充分、交易双方地位不对等、市场信息不对称等问题，要研究制定相应议价规则、价格行为规范和指南，对涉嫌垄断行为要及时启动反垄断调查，着力查处达成实施垄断协议、滥用市场支配地位和滥用行政权力排除限制竞争等垄断行为，依法公布处理决定，维护公平竞争的市场环境。

要提高天然气及能源行业监管能力，增加天然气全产业链公平竞争监管力度，推动市场公平竞争监管、基础设施公平开放监管、价格和成本监管、安全与环保监管等不同监管职能部门之间的协同，加强信息共享，减少信息重复报送，简化监管流程，为被监管对象减少负担。适时推进政府监管部门自身的改革，在管理体制、组织架构、部门分工与协调等方面进行调整，更好地适应天然气行业市场化改革需要。

## 四、结束语

天然气市场化改革根植于我国社会主义市场经济体制建设的伟大实

践，是市场在资源配置中发挥决定作用的必然要求，是解决能源行业现实问题的必要举措。天然气市场化依据“管住中间，放开两头”的基本改革思路，从勘查开采、贸易、储运、配售、价格到行业监管都进行了不同程度的探索，取得了不同程度的进展。上游勘查开采市场多元化竞争格局尚不明显，天然气贸易主体多元化改革有一定起色，中间管输储运环节改革取得关键性突破，下游配售环节和行业监管改革仍在探索之中，天然气价格弹性逐步扩大。下一步还需要继续从天然气全产业链共同发力，补齐短板，为形成天然气多主体多渠道供应创造条件，建立互联互通和公平开放的“全国一张网”，推动形成配售环节的公平竞争，以竞争为标尺深化天然气价格市场化改革，强化市场公平竞争监管和垄断环节监管，从而最终形成上游天然气资源多主体多渠道供应、中间统一管网高效集输、下游销售市场充分竞争的天然气市场体系，提高天然气资源配置效率，保障天然气安全稳定供应，更好满足经济社会发展和人民生活需要。

天然气行业的进一步市场化改革需要突破重重利益藩篱，需要各方坚定市场在资源配置中发挥决定性作用的信念，需要政府部门勇于自我革新，凡是能由市场解决的问题就交给市场解决，完善公开透明的决策和监管机制，维护好公平竞争的市场环境，建立有效市场，打造有为政府，推进有效市场和有为政府的更好结合。

为了应对气候变化和全球可持续发展的要求，2020 年 9 月以来我国连续向国际社会发声，争取实现 2030 年前碳达峰、2060 年前碳中和，明确要求要把碳达峰、碳中和目标纳入生态文明建设整体布局，把能源绿色低碳发展作为关键抓手。中国能源消费规模和结构、经济社会发展水平和条件与其他国家有很大不同，各种能源技术的创新进展也会存在不平衡性和不确定性，通往碳达峰和碳中和的路径不会千篇一律，但能源清洁低碳发展将加速前进，天然气行业要具有时不待我的自觉和自律意识，通过加快推进市场化改革，激励创新，促进竞争，降低成本，提高效率，保障安全，扩大在化石能源中的竞争优势，增强与可再生能源发展的协同效应，为保障能源系统稳定性、可靠性、安全性、灵活性和经济性条件下的清洁低碳发展作出自己的贡献。

## 参考文献

[1]白俊,天然气市场争议需要深化改革来化解[OL]. 人民网, 2017-11-29.

[2]王进,白俊. 能源管理体制怎么改进[J]. 能源研究参考,2017-8-25(26).

[3]白俊, 油气管网改革理论与实践[EB/OL]. 2018-01-27,https://mpweixin. qq. com/s/x2wBRYYBU4Kec2h7s4col3Q.

[4]中国人民大学国际能源战略研究中心,国家发改委国际合作中心国际能源研究所. 能源企业全球竞争力报告2017[R]. 2018-1.

[5]国际能源署. 天然气市场化改革:国际经验要点及对中国的启示[M]. 北京:石油工业出版社, 2019(5).

[6]白俊,张雄君. 对于组建国家油气管网公司的思考及建议[J]. 天然气工业, 2019-7,39(7).

[7]白俊. 完整准确地理解油气体制改革[J]. 中国改革, 2019(6).

[8]白俊. 城市燃气企业应在扩大天然气消费上做足文章[J]. 中国石化, 2019(10).

[9]吕森. 发达国家天然气零售市场改革经验及启示[J]. 国际石油经济,2019(11).

[10]Bai Jun, China energy strategy and natural gas development[J]. International Gas Union Magazine, April-September 2019.

[11]白俊,张雄君. 中国天然气供应安全形势及建议[J]. 天然气技术与经济,2020-1,14(1).

[12]杨雷. 国外天然气托运商制度及对中国的启示[J]. 国际石油经济,

2020(3).

[13]白俊. 以竞争为标尺重构中国天然气价格市场化改革[J]. 天然气工业,2020－5,40(5).

[14]白俊. 国家管网公司的资产分析与组建思考[J]. 能源,2020－9－5(140).

[15]白俊. 国家管网运营开新局,2021 年 LNG 接收站剩余能力如期公布[EB/OL]. 2020－12－06, https://mp. weixin. qq. com/s/12ofj8Jeoc502xpACsE&A.

[16]叶素锦. 欧盟天然气输送管网信息公开要求[EB/OL]. 2020－12－22, https://mp. weixin. qq. com/s/s－5tctlrNdkY8x0zDhzGACQ.

[17]叶素锦. 美国天然气输送管网信息公开要求[EB/OL]. 2021－10－06, hppts://mp. weixin. qq. com/s/gmp30BNdpONl1－tIGbpGg.

[18]叶素锦. LNG 接收站信息公开“大检阅”[EB/OL]. 2021－01. https://pnp. weixin. qq. com/s/EcJIY－9KBXuO95TVvAIGFco.

[19]叶素锦. 英国国家天然气输送管网信息公开都有什么[EB/OL]. 2021－02－05, https://mp. weixin. qq. com/s/D－xqNgoRv－ZVSUZgiudRRQ.

[20]张雄君,白俊. 天然气管道运输定价新办法影响分析与建议[J]. 国际石油经济,2021－7,29(7).

[21]白俊,张雄君. 对完善《天然气管网设施运行调度与应急保供管理办法(试行)(征求意见稿)》的建议[J]. 天然气工业,2021－7,41(7).

# 天然气发电在能源转型中的定位和展望

朱兴珊* 陈蕊** 樊慧*** 朱博骐****

**摘　要**　发展天然气发电，提升电力系统灵活性，对于促进可再生能源大规模发展、改善我国大气环境质量、积极应对气候变化、促进天然气工业发展具有重要意义，尤其是实现“双碳”目标的过程需要气电支撑。当前，我国正面临加快发展气电的有利形势，包括充足的全球资源和灵活的贸易方式、进口天然气采购成本有望大幅降低、天然气供应保障能力不断增强、燃机国产化初见曙光等。基于气电的多维综合优势，在政策推动到位的情况下，我国气电仍有较大发展空间。为推动我国气电产业高质量发展，提出以下建议：①明确“积极发展”气电的定位；②建立反应灵活、清洁、低碳电源价值的市场运行机制；③建立气电产业上下游合作机制；④推动大型燃气电厂直供；⑤提升燃机国产化水平；⑥多途径降低用气价格；⑦提高天然气调峰和应急能力。

**关键词**　天然气发电；能源转型；定位；展望

* 朱兴珊，教授、博士，北京大学能源研究院特聘研究员。

** 陈蕊，中国石油经济技术研究院天然气市场研究所所长、高级工程师。

*** 樊慧，中国石油经济技术研究院高级工程师。

**** 朱博骐，中国石油经济技术研究院工程师。

世界能源向低碳、无碳转型的趋势势不可挡，非化石能源，尤其是可再生能源将逐渐成为能源主体。但风、光等可再生能源具有较强的不稳定性，不可能独立完成能源转型的重任。世界天然气资源极为丰富，并具有经济、稳定、灵活、清洁、低碳的特征，其本身不仅是可负担的清洁低碳能源，还可以弥补可再生能源在稳定性方面的不足，支撑可再生能源大规模发展。国家关于“四个革命、一个合作”能源安全新战略提出，要形成煤、油、气、核、新能源、可再生能源多轮驱动的能源供应体系，将天然气放在重要位置。《能源生产和消费革命战略（2016—2030）》等多个文件指出：2030 年前非化石能源占比要达到 20%，天然气占比要达到 15%，新增能源需求主要依靠清洁能源满足，二氧化碳排放达峰并力争提前达峰。《加快推进天然气利用的意见》提出：逐步将天然气培育成为我国现代清洁能源体系的主体能源之一，明确了天然气的定位。党的十九大报告在“加快生态文明体制改革，建设美丽中国”篇章中将“推进能源生产和消费革命，构建清洁低碳、安全高效的能源体系”作为推进绿色发展的重要任务，将“积极参与全球环境治理，落实减排承诺”作为着力解决突出环境问题的重要措施；在“坚持和平发展道路，推动构建人类命运共同体”篇章中，提出要“合作应对气候变化，保护好人类赖以生存的地球家园”。习近平主席在第 75 届联合国大会宣布，我国“二氧化碳排放力争于 2030 年前达到峰值，努力争取 2060 年前实现碳中和”，并在气候雄心峰会上进一步宣布“到 2030 年，中国单位国内生产总值二氧化碳排放将比 2005 年下降 65% 以上，非化石能源占一次能源消费比重将达到 25% 左右，森林蓄积量将比 2005 年增加 60 亿立方米，风电、太阳能发电总装机容量将达到12亿千瓦以上”，高比例可再生能源需要大量调峰电源支撑。气电将在中国的能源转型中发挥关键作用。

## 一、中国天然气发电发展现状

### (一) 气电装机容量稳步提升，在我国电源结构中占比较低

21世纪以来，我国天然气发电装机稳步提升。截至2020年底，我国天然气发电装机容量达到9800万千瓦，约占全国电力总装机的4.5%（见图1）。随着气电装机增加，燃气发电量逐年提升，2010—2020年由777亿千瓦·时增至2566亿千瓦·时，但占我国总发电量的比例仍然较低，2010—2020年，发电量占比仅由1.9%小幅升至3.4%。近几年，受全国电力供需整体宽松、气电成本相对较高等因素影响，气电装机利用小时数基本在2700小时以下，而同期煤电利用小时数保持在4000小时以上。

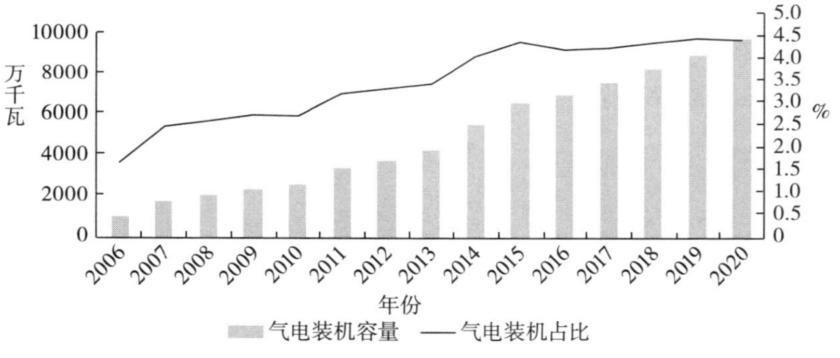


图1 中国历年气电装机容量及占比

### (二) 气电装机地域分布不均衡，主要集中在环渤海及东南沿海

受资源、天然气管线建设及经济发展水平的限制，我国气电发展很不均衡，主要集中在长三角、珠三角和京津地区。广东、江苏、浙江、上海是我国燃气电厂最为密集的地区，装机容量全国占比约60%，装机类型包

括燃气调峰发电机组和供工业热负荷的燃气热电联产。随着北方地区清洁取暖、煤改气的推进，京津地区燃气发电装机呈快速上升趋势，形成了北京四大热电中心等一批冬季供暖的燃气热电联产机组，装机容量全国占比约 15% 。

### （三）气电投资主体众多且多为国企

我国燃气电厂投资主体主要包括国有大型发电企业、地方国有能源企业、国有油气企业等。为便于借助各自的优势，实现优势互补，燃气电厂大多为合资建设。民营企业在我国气电产业中参与相对较少。华电集团的气电装机容量为全国之首，2019 年达到 1509 万千瓦，还有 400 万千瓦在建，主要集中在长三角地区，近期也加大了在广东的发展力度。华能也是气电布局较多的电力企业之一，2019 年装机容量为 1042 千瓦，主要分布在长三角和北方省域。这两个公司气电装机分别占全国气电装机的 16. 7% 和 11. 5% 。此外，中海油是最早介入气电业务的天然气供应商，主要利用海上天然气资源和进口 LNG 在沿海地区发展气电。目前已在广东、福建、海南建成运营 6 个电厂，发电总装机规模达 846 万千瓦，在建 138 万千瓦。此外，京能、深能源、浙能和粤电等地方发电企业的气电装机也分别达到了 506 万千瓦、225 万千瓦、403 万千瓦和 465 万千瓦。

## 二、天然气发电在我国能源转型中的定位

### （一）作为最佳的灵活性电源，支撑高比例可再生能源发展

可再生能源发电具有间歇性、随机性、反调峰特性，现有电网的灵活性尚不能支撑其大规模并网。目前，我国灵活性电源装机比例只有 6% ，而可再生能源比例较高的国家灵活性电源比例均在 20% 以上，美国高达 47% ，中国灵活性电源发展严重滞后于风电、光伏发电的发展。截至 2020 年底，中国风电装机 2. 8 亿千瓦，并网太阳能发电装机 2. 5 亿千瓦，分别

占总发电装机的12.7%和11.4%。根据中国石油集团发布的《世界与中国能源展望》（2020版），在中国2060年实现碳中和的情景下，2035年和2050年中国风力、太阳能发电装机占比将分别达47%和65%，需要更大的灵活性支撑，对“源—网—荷—储”等灵活性资源协调发展提出了更高要求。目前储能技术尚不成熟，抽水蓄能资源又十分有限，二者均难以承担灵活调节的重要责任。有人认为在役燃煤机组灵活性改造和气电均可承担主要调峰责任，实际上，燃煤机组灵活性改造的调峰能力和性能远不及燃气机组，而且深度调峰会大大降低机组运行安全性、环保性和经济性（例如效率降低、污染物和碳排放增加）。燃气机组调峰能力强、调峰速度快、清洁低碳，是理想的灵活性电源（见表1）。因此，气电应是支撑可再生能源的规模化发展的首选灵活性电源。

**表1　灵活性电力资源的优缺点比较（据袁家海等）**

| 项目 | 煤电深度调峰改造 | 气电 | 抽水蓄能 | 电源侧储能 |
|---|---|---|---|---|
| 优点 | 技术手段成熟、普遍适用。改造后的机组最小出力可达到额定出力的20%～30% | 1. 起停快，全负荷启动需9～10分钟。<br>2. 占地少，用水量少。<br>3. 适合在可再生能源富集区对系统进行调节。<br>4. 适合在负荷中心建设 | 全负荷启动需2～3分钟 | 1. 响应速度快，充放电时间为毫秒级。<br>2. 可多次调节 |
| 缺点 | 1. 响应调节速度慢，冷启动需5小时。<br>2. 改造后的机组煤耗增加，寿命缩短，污染增加 | 1. 建设投资成本高。<br>2. 燃料成本高 | 受选址条件约束和经济性限制，建设规模有限 | 1. 受技术条件限制，目前尚不具备大规模建设条件。<br>2. 建设投资成本高 |

## （二）作为清洁低碳的火电电源，助力大气污染防治和低碳发展

与煤炭相比，天然气净化后几乎不含硫和粉尘，其完全燃烧后不产生固废，仅有少量$NO_x$排放，而且$CO_2$排放也要低40%。天然气替代散煤的

环保效果已得到公认，然而，目前在超低排放煤电和气电的环保效果比较方面，还存在一些模糊认识，有必要澄清。

众多学者的研究结果显示，在中国，目前气电的环保效果仍大大高于超低排放煤电（见表 2 和表 3）。首先，超低排放煤电烟尘、$SO_2$的实际排放量仍显著高于气电，排放浓度是气电的 7～19 倍。气电采用新型低氮燃烧器和脱硝后，$NO_x$排放浓度可以稳定在 15 毫克/立方米以下，较超低排放煤电低约 50%。发达国家气电 $NO_x$排放浓度已基本达到 10 毫克/立方米甚至 5 毫克/立方米，中国个别先进电厂也已达到 10 毫克/立方米以下。因此，所谓超低排放煤电达到气电排放水平的说法并不准确，只能说超低排放煤电达到了规定的气电排放标准，同时也说明气电排放标准定得过于宽松。如果标准从严制定或修订，气电的优势将更加明显。其次，超低排放煤电还存在 $SO_3$等可凝结颗粒物的排放，目前既没有标准，也不受监控，在这方面有专家认为其可能与雾霾形成有关。最后，超低排放煤电还存在汞等重金属污染、粉煤灰的处置与利用、脱硫过程产生的大量石膏的处置与利用、脱硫废水排放、放射性污染等问题，对生态环境甚至人的健康带来严重危害。2020 年我国新冠肺炎疫情最为严重的时期，在工业、交通等生产和社会活动处于较低水平情况下，京津冀及周边地区仍持续出现大范围重雾霾天气，说明我国大气污染物排放量仍显著高于环境容量，仅靠燃煤超低排放措施还不能解决煤炭燃烧造成的环境污染问题，必须加大限煤力度。

**表 2　燃气发电与超低排放燃煤发电污染物实际排放对比**

| 电厂类型 | 机组台数（台） | | 常规污染物指标 | 浓度范围（毫克/立方米） | 均值（毫克/立方米） |
|---|---|---|---|---|---|
| 超低排放燃煤电厂 | 99 | 江苏（43）<br>广东（27）<br>山东（29） | 烟尘 | 1～5 | 2 |
| | | | $SO_2$ | 8～24 | 16 |
| | | | $NO_x$ | 22～44 | 33 |

续表

| 电厂类型 | | 机组台数（台） | | 常规污染物指标 | 浓度范围（毫克/立方米） | 均值（毫克/立方米） |
|---|---|---|---|---|---|---|
| 燃气电厂 | E 级 | 17 | 8 | 烟尘 | 0.11～1.87 | 0.85 |
| | | | | $SO_2$ | 1.0～3.1 | 2.2 |
| | | | | $NO_x$ | 23～40 | 30 |
| | F 级 | | 9 | 烟尘 | 0.46～1.97 | 1.11 |
| | | | | $SO_2$ | 0.48～1.84 | 0.84 |
| | | | | $NO_x$ | 40.0～43.3 | 42 |
| | | | 北京（加装脱硝装置） | 烟尘 | ＜3 | |
| | | | | $SO_2$ | ＜5 | |
| | | | | $NO_x$ | ＜15 | |
| | | | 长三角、珠三角（未加装脱硝装置） | 烟尘 | ＜3 | |
| | | | | $SO_2$ | ＜5 | |
| | | | | $NO_x$ | ＜50 | |
| | | | 深圳（加装脱硝装置） | $NO_x$ | ＜15 | |

**表 3　实际运行下的燃气发电与超低排放燃煤发电单位发电量排放的污染物当量对比**

| 电厂类型 | | 标准干烟气排放量（立方米/千瓦·时） | 常规污染物排放量（毫克/立方米） | | | 非常规污染物排放量（毫克/立方米） | | 单位发电量（1千瓦·时）污染物排放当量/立方米 |
|---|---|---|---|---|---|---|---|---|
| | | | 烟尘 | $SO_2$ | $NO_x$ | Hg | $SO_3$ | |
| 超低排放燃煤电厂 | | 2.97 | 2 | 16 | 33 | 0.0015 | 5.44 | 0.227 |
| 燃气电厂 | E 级 | 5.2 | 0.85 | 2.2 | 15 | 0 | 0 | 0.096 |
| | F 级 | 5.2 | 1.11 | 0.84 | 15 | 0 | 0 | 0.089 |

此外，气电也是碳排放水平最低的火电源，发展气电有助于我国实现“双碳”目标。2019 年我国电力行业耗煤量约 22.9 亿吨，占煤炭消费总量的约 58%，电力行业碳排放量约占我国碳排放总量的 40%。典型燃煤电厂、燃气电厂度电 $CO_2$ 排放量分别为 798 克/（千瓦·时）、411 克/（千瓦·时），燃气电厂较燃煤电厂减排约 50%。因此，提升气电在我国火电中的占比可有效降低火电碳排放总量，有助于我国实现“双碳”目标。

### （三）作为天然气消费大户，促进我国天然气工业发展，优化能源结构

2020 年，天然气在我国一次能源消费结构中占比约 8.9%，远低于全球 2019 年平均水平（24%）。从发达国家天然气产业发展规律看，随着城镇化进程基本结束以及天然气市场进入成熟期，天然气利用主要靠发电推动。目前，美国、英国、日本的发电用气量在其天然气消费结构中占比分别为 36%、31%、69%，全球平均约为 39%，而我国 2020 年约为 18%。中长期看，要实现《能源生产和消费革命战略（2016—2030）》提出到 2030 年天然气占一次能源消费比重 15% 的目标，气电规模化发展至关重要。

同时，天然气作为可中断用户和非居民用户，还可以减轻天然气保供压力。

## 三、加快推动我国气电发展的有利条件

### （一）充足的全球资源和灵活的贸易方式

全球天然气探明储量 197 万亿立方米，按目前的产量可开采 50 年以上，其中“一带一路”沿线国家探明储量占全球天然气探明储量比例达 76%。全球天然气可采资源量达 3800 万亿立方米，按目前的消费量可用数百年。发达国家天然气消费已进入平台期或开始下降，天然气消费增长主要来自中国、印度等发展中国家，而印度天然气消费量和价格承受能力较低，在进口天然气竞争中我国具有较大的优势。

随着天然气液化和储运技术的进步，近些年全球 LNG 贸易量迅速增长，天然气逐渐成为全球性的贸易商品。同时，LNG 贸易灵活性也日益增加，天然气进口来源越来越多，进口天然气的风险大大降低。经过十几年的验证，出口商对中国客户的信誉非常认可，与中国企业签署 LNG

贸易协议的意愿较强。加上中国是天然气需求大国，也是最主要的天然气需求增长国，很多项目都瞄准中国市场。我国利用国际资源的形势非常有利。

### （二）新增进口天然气采购成本相对较低

“十二五”高油价时期，有关企业签订了一批与油价挂钩的高价长贸协议，成为我国天然气产业发展的痛点。“十三五”期间全球 LNG 市场供需趋于宽松，与油价挂钩的 LNG 长贸合同挂钩斜率已由此前的 14% ~ 15% 降至 10% ~11% 。“十四五”期间，预计国际油价运行区间 60 ~70 美元/桶，中长期或将进一步走低，新增与油价挂钩的进口 LNG 长贸到岸价格有望保持在 7 美元/百万英热单位以下。

### （三）天然气产供储销体系的基础保障能力增强

近几年来，我国加快了油气市场化改革步伐，成立了国家管网公司。同时加大了油气勘探开发和天然气产供储销体系建设力度。主要油气生产企业制订了油气勘探开发七年行动计划，计划 2025 年天然气产量达到 2200 亿立方米。《关于加快储气设施建设和完善储气调峰辅助服务市场机制的意见》指出，按照总调峰能力达到消费量的 15% 分别对供气企业、地方政府和燃气企业设定了储气能力的考核指标，并强调要加强互联互通建设。

天然气产供储销体系保障能力的增强表现如下。

一是天然气勘探成效显著，产量较快增长。截至 2020 年 5 月，“十三五”累计探明 8 个千亿立方米级气田（区），获得了 37 个新发现。二是储气调峰能力持续提升。截至 2020 年底，我国累计建成 27 座地下储气库，调峰能力达到 147 亿立方米，LNG 接卸能力达 8700 万吨/年，另外还有大量在建和规划建设的 LNG 接收站。三是基础设施互联互通程度显著增强。初步形成了全国一张网，实现了南气北调，海气西进，未来地区间管输瓶颈将彻底打通，互补互济的能力显著提升。四是“X + 1 + X”市场化模式即将形成，即供气主体多元、销售市场充分竞争，储运设施公平准入，形成“管住中间，放开两头”的格局。五是进口多元化程度显著提升。2019年底，中俄东线正式运营，标志着我国西北、西南、东北、海上四大油气战略通道全部建成，还有多条进口天然气管道在规划和论证之中，将有助于降低供应风险。

## （四）燃机国产化初见曙光

燃气机组国产化经过十多年的努力，已取得了显著的进展。“十三五”期间我国全面启动实施了航空发动机和燃气轮机（简称两机）重大专项，其中燃气轮机工程目标是突破重型燃气轮机研制，初步建立燃气轮机自主创新的基础研究、技术与产品研发和产业体系，2020年实现F级300MW燃机自主研制，2030年实现H级400MW燃机自主研制。为此专门于2014年9月28日在上海成立了由国家电力投资集团有限公司控股，哈尔滨电气股份有限公司、东方电气股份有限公司、上海电气（集团）总公司参股的中国联合重型燃气轮机技术有限公司（以下简称中国重燃），中国重燃担任理事长单位的“中国燃气轮机产业创新联盟”也于2020年6月30日正式成立，共有66家燃气轮机产业相关的企业、高校院所、社会团体自愿结成全国性、开放性的非营利性联合体。目前虽然进度有些滞后，但依然取得了显著进展，2019年已经完成F级300MW燃机第一级动叶、静叶和燃烧室的研制，控制与保护系统首台工程样机也已完成设计、制造与集成。2019年9月，国家能源局印发《关于将华能南通电厂燃气轮机发电项目等24个项目列入第一批燃气轮机创新发展示范项目的复函》，就22个燃气轮机型号和2个运维服务项目开展示范，涵盖哈电集团、东方电气、上海电气、中国航发、中国船舶等国内主要燃气轮机研制单位的重型燃气轮机系列和中小微型燃气轮机，力争在2022年前完成技术装备攻关和项目建设。依托该批示范项目，我国燃气轮机产业长期以来依赖进口的关键核心技术将逐步实现国产化。同时，重型燃气轮机透平、燃烧室等高温部件制造技术将取得突破，F 级燃气轮机国产化率预期可望达到 90%，首次引进技术的 H 级燃气轮机国产化率预期可望达到 50%；中小型燃气轮机将基本实现自主化制造。2020 年 11 月，东方电气自主研发的国内首台 F 级 50 兆瓦重型燃气轮机全负荷试验圆满成功，标志着东方电气完全掌握了燃气轮机自主设计、制造和试验的全过程能力，推动了我国自主燃气轮机行业的跨越式发展。2020 年 12 月，中国航发燃气轮机有限公司 AGT－110 重型燃气轮机完成总装下线，标志着我国燃气轮机自主创新又迈出了坚实一步。

## 四、中国中长期天然气发电前景展望

考虑到气电的清洁、低碳、灵活等多维综合优势，未来气电主要有以下几种应用场景：一是在严格限煤控煤地区满足增量电力、热力需求；二是在缺乏调节电源的东部地区作为调峰电源；三是作为灵活调节电源支撑大型可再生能源基地建设和外送；四是在用能侧参与多能互补分布式能源建设。经济发达、环保要求严格、调峰需求大、气源成本相对较低的地区是气电发展的主要地区。我国西南、西北地区国产气资源相对丰富，价格相对较低；东北地区作为中俄东线入境地区，价格相对其他地区更有优势；川渝地区中长期存在电力供需缺口；西北、东北地区有大量可再生能源需要外输，这些地区既有需求，又有成本优势，气电发展潜力较大。另外长三角和珠三角、海南等地区经济发达、环保要求高，也具有较大潜力（见表 4）。

**表 4　中国气电发展条件有利的地区**

| 地区 | 发展机遇 |
|---|---|
| 长三角 | 1. “十四五”期间电力供需缺口较大。<br>2. 环保治理力度大，煤炭消费约束紧。<br>3. 浙江省对省管网进行运销分离改革，气电成为直供用户，用气成本降低。<br>4. 外来电占比较高且波动性较大，需本地燃机配合调峰。<br>5. 国家“第一批燃气轮机创新发展示范项目”有 4 个大型燃机及 5 个分布式项目落户江苏。<br>6. 规划了多个 LNG 接收站，气源有保障，气源成本走低 |
| 珠三角和海南 | 1. 粤港澳大湾区建设推动地区能源加速向清洁能源转型。<br>2. 广东省《能源发展“十三五”规划》于 2019 年 5 月增调了 40 个天然气发电项目。<br>3. 广东省对省管网进行运销分离改革，气电成为直供用户，用气成本降低。<br>4. 海南自贸港建设要求新增能源供应必须是清洁能源。<br>5. 规划了多个 LNG 接收站，气源有保障，气源成本走低 |
| 川渝 | 1. “十四五”期间存在显著的电力供需缺口，水电发展需要配套调峰电源，电网已提出燃机建设需求，发电企业也有积极性。<br>2. 气源成本相对较低 |
| 环渤海 | 1. “十四五”期间电力供需缺口较大。<br>2. 环保治理压力大，山东、河北等地煤炭消费基数大。<br>3. LNG 接收站建设、中俄东线等提升了天然气保供能力 |
| 东北 | 1. “十四五”期间有电力供需缺口，特别是配合可再生能源调峰需求较高。<br>2. 中俄东线入境气源成本相对较低 |
| 西北 | 1. 气源成本相对较低。<br>2. 可再生能源富集区域，为形成平稳外输电源，需配置一定规模调峰电源 |

预计到 2025 年，气电装机容量可以达到 1.5 亿千瓦，占全国装机容量达到 6% 左右；到 2030 年，气电装机容量可以达到 2.5 亿千瓦左右，占比 8% 左右；2035 年天然气发电装机扩大至 3 亿千瓦，在电源结构中占比保持在 8% 左右。天然气发电将成为中长期天然气需求增量最大的行业。上述预期的实现需要政府为实现“双碳”目标，进一步加快推动清洁、灵活性电源发展，严控新增煤电，通过合理的市场机制设计鼓励灵活性电源建设。如果要实现 2030 年天然气在我国一次能源消费结构占比升至约 15% 的目标，还需要更加积极的政策并需要 CCS/CCUS 技术的支撑。

## 五、推动我国气电产业发展的相关建议

受成本相对较高、灵活性电源的投资回报机制尚不完善、发电企业对气源供应稳定性存在担忧等因素制约，我国气电发展仍存在不确定性，为促进产业健康发展，提出以下建议。

### （一）统一认识，在中长期能源和电力规划中明确积极发展气电定位

首先，“十四五”能源和电力发展规划应明确“积极发展”气电的总基调，从持续改善大气质量、提升电力系统调节能力、促进可再生能源消纳、促进清洁燃料替代、控制碳排放等方面，明确积极发展气电定位，提升天然气发电在电源结构中的占比，强调气电作为调峰电源的优先地位。从保护生态环境角度加大减煤增气力度，制定煤电装机总量控制目标，“十四五”规划不再新增煤电机组，谨慎进行煤机组灵活性改造。其次，国内天然气行业正在迎来供应宽松局面，建议尽快取消所有对发展气电的限制，给投资者以积极的信号。

### （二）建立反应灵活、清洁、低碳电源价值的市场机制

首先，结合我国电力体制改革，通过容量市场建设、优化辅助服务市场设计、完善电力现货交易机制等，形成能够体现多种调峰电源价值及调峰性能差异的市场体系，加快促进灵活调节电源的投资建设。其次，将气电纳入中央环保专项资金补贴范围，给予国家层面的政策支持。再次，制定统一的（不区分燃料类型）、更加严格的火电污染物排放国家标准，并将 $SO_3$、重金属、砷、放射性污染、固体废弃物、污水等纳入排放控制范围，提高排污收费标准，同时从严实行污染物总量控制。最后，对碳排放实行总量控制，加快构建和完善全国碳市场，并设定“地板价”。

### （三）建立产业上下游合作机制，共同促进行业发展

气电产业涉及面广，产业链相关企业应秉持做大气电市场的共同目标，建立长期合作机制，增强彼此信任，共同促进产业可持续发展。供气商与发电企业应探索建立供应稳定、价格合理（包括为天然气调峰的气价优惠）、长期可靠的供气机制，保障电厂用气需求及上下游企业的基本利益。随着未来气电对电网调峰的作用增强，对气源供应稳定性、及时性的要求会更高，需要供气商、管输企业、发电企业建立更为稳健、灵活的供气模式和商务模式，充分发挥气电的调峰优势。此外，设备供应商也应适当让利，降低燃气机组及配件价格，探索最优的机组运行方案，共同改善燃气电厂的经济效益，促进产业可持续健康发展。

### （四）推动大型燃气电厂直供天然气

为避免省网、市网等中间环节层层加价，降低发电用气价格，建议国家层面明确上游供气企业对燃气电厂和燃气分布式能源进行直供的合法性和不可剥夺性，地方政府也应出台相应文件给予支持和保护。燃气电厂承担着调峰供电、冬季供暖等责任，对用气稳定性要求较高，实施直供也有利于上游企业及时掌握下游电厂用户的用气需求，确保稳定的电力和热力供应。

### （五）加大科技创新力度，提升燃机国产化水平

要把燃机作为大国重器，把重型燃机制造作为提升我国装备制造水平的重要载体，制定中长期发展规划并加快实施。要通过加强技术指导和支持、加强组织衔接、争取相关支持政策等，多措并举推动示范项目落实。依托“十四五”燃气调峰发电、燃气热电联产等能源项目，在国内已有的产业基础上，彻底突破发电用重型燃气轮机关键技术，形成完整的重型燃气轮机产业体系，有效支撑我国能源、航运等领域建设需求。

### （六）多途径降低用气价格

一是通过政策和价格复议等解决历史高价长贸合同问题，并对产量进行弹性考核，让上游企业有运作进口低价资源的空间。二是加快 LNG 接收站建设，鼓励 LNG 接收站富余能力对第三方公平开放。三是按照风险和收益关系理顺产业链各环节价格关系，参照电网准许收益率标准，适当降低输配管网的管输价格。四是抓住机遇，尽快锁定一批低价长贸资源，建议到岸价控制在 7 美元/MMBtu 以下，或者与国内煤炭价格或电价挂钩。

### （七）提高天然气调峰和应急能力

积极落实已出台的鼓励储气设施建设的有关措施，尽快解决储气设施的商业性问题（最终要靠放开价格管制解决），调动多方参与储气设施建设积极性。油气企业要把储气库资源作为宝贵的稀缺资源，进行全面勘查和建设，允许有偿转让。延续天然气商业储备政策，并参照出台支持企业将气田直接转为储气库的政策，在产能考核时予以剔除，同时将其所有费用纳入抵扣项或给予其他财税方面的支持。建立以资源和产能储备为主的国家天然气战略（应急）储备体系。自然资源部要负责油气田以外储气库资源（如含水层、盐矿等）的调查和勘查，并提供专门渠道供查阅勘查成果。可考虑综合盐矿开采、卤水利用、储气和储能综合发展，以解决卤水利用困难和储气的经济性问题。

加强应急法规体系建设，加快制定出台《油气储备法》《天然气调度条例》等法规，规定天然气储备的责任和义务及在紧急情况下的断供次序。鼓励油气企业的气田和进口通道留有富余能力以备应急之用，并给予财政支持。

## 参考文献

[1] 袁家海等. 中国电力系统灵活性的多元提升路径研究[R]. 北京:绿色和平(GREENPEACE),2020.

[2] 陈蕊,朱博骐,段天宇. 天然气发电在我国能源转型中的作用及发展建议[J]. 天然气工业,2020(7):121－125.

[3] LECOMTE THIERRY, et al. Best available techniques (BAT) reference document for large combustion plants: Industrial emissions directive 2010/75/EU (Integrated pollution prevention and control)[M]. Luxembourg: Publications Office of the European Union, 2017.

[4] 张原. 忽视 $SO_3$ 的减排脱硫对治理雾霾的贡献将打折[J]. 节能与环保, 2014(3):68－69.

[5] 樊慧, 段天宇, 朱博骐, 陈双营. 燃气电厂与超低排放燃煤电厂环境及生态效应对比[J]. 天然气工业, 2020(7):147－150.

[6] 徐静馨, 朱法华, 王圣. 超低排放燃煤电厂和燃气电厂综合对比[J]. 中国电力, 2020, 53(2): 164－172.

[7] 刘志坦, 王文飞. 我国燃气发电发展现状及趋势[J]. 国际石油经济, 2018, 26(12): 43－50.

[8] 王志轩,潘荔,刘志强,等. 中国煤电清洁发展现状及展望[J]. 电力科技与环保, 2018, 34(1): 1－8.

[9] BP. BP Statistical review of world energy 2019[R]. London: BP,2019.

[10] 莫非. 我国燃气轮机核心技术逐步实现国产化[N]. 中国电力报,2020－03－10.

# 新 | 能 | 源 | 篇

# 以碳价机制促进我国低碳转型

刘兴红　王紫星

**摘　要**　当前世纪疫情和百年大变局交织，绿色低碳可持续发展进一步成为全球共识。2020 年 9 月，习近平主席宣告我国力争 2030 年前碳排放达峰和 2060 年碳中和目标，彰显我国积极参与全球气候治理的大国担当。实现碳达峰和碳中和目标，对于能源化工行业既是重大责任，也是深刻革命。自 1997 年《京都议定书》将碳交易作为降低碳排放的有效工具提出以来，各国开始对碳市场进行积极探索。目前，欧盟碳市场已经发展成为全球交易规模最大、机制最成熟、产品最丰富、交易最活跃、碳价格最高的碳市场；我国碳市场也从区域试点阶段走向全国碳市场建立的新阶段，发展潜力巨大；国内外能源企业也纷纷加大碳市场参与力度，大力推动能源转型。建议我国政府大力推动国内、国际碳市场相互融合，能源企业重视并统筹碳资产管理，积极开拓“碳中和”油气贸易。

**关键词**　碳交易；低碳转型；能源企业

2020年，新冠肺炎疫情促使人类更加深刻地思考人与生态的平衡关系，也加速了全球能源行业转型。中国提出了2030年前碳达峰和2060年碳中和的目标，碳减排和碳交易提上日程。作为实现碳减排有效的市场化工具，2013年我国先后启动8个碳交易地区试点；2021年初，生态环境部印发《碳排放权交易管理规则（试行）》，7月16日，全国碳市场正式启动线上交易，标志着我国碳交易市场已实现从试点先行到建立全国统一市场的新阶段。在此背景下，联合石化认真研究全球碳交易市场有关情况，分析梳理全球能源企业在减碳转型的有关实践，结合行业特点、我国碳减排相关政策和中石化的具体实际，提出相关工作建议。

## 一、全球碳交易市场及主要交易机制

### （一）全球碳市场总体情况

碳交易是温室气体排放权交易及与之相关的金融交易活动的总称，是应对气候变化的重要手段。碳交易的概念最早出现于1997年12月在日本东京签订的《京都议定书》。

2005年，欧盟启动了碳排放权交易体系（EU－ETS），包含31个主权国家，标志着碳交易开启快速发展阶段。随后新西兰、美国、日本、哈萨克斯坦、韩国等相继启动碳交易市场。截至2020年底，全球已经有21个碳市场在运行，碳交易总量超过100亿吨，是2005年建设初期碳交易量的4倍，交易额达2290亿欧元，覆盖全球约1/8的人口，占全球GDP的37%（见图1）。其中，欧盟碳市场占全球总交易量的74%，是最重要、最活跃的碳市场。

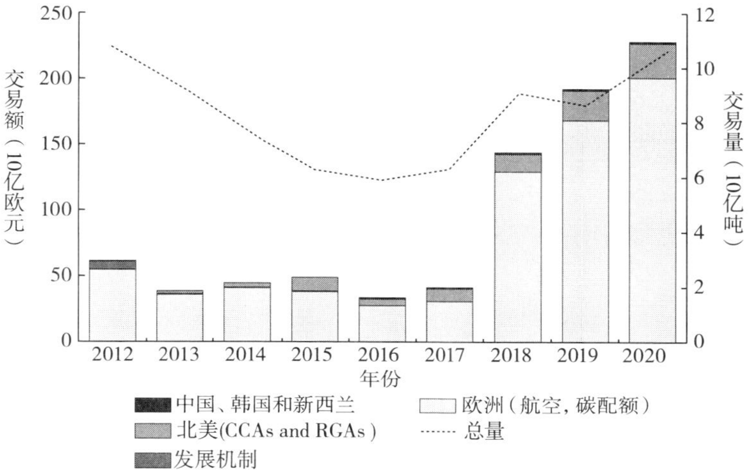


**图 1　2012—2019 年全球碳市场交易额和交易量**

数据来源：路透社。

## （二）全球主要碳市场情况

目前，全球最主要的几个碳市场包括欧盟、新西兰、北美和韩国（见表 1），这几大碳市场占全球总交易量超过 90%。

**表 1　2020 年全球主要碳市场情况**

| 碳市场 | 碳交易量（亿吨） | 碳交易额（亿欧元） |
|---|---|---|
| 欧盟 | 81 | 2014 |
| 新西兰 | 0. 3 | 5. 16 |
| 北美 | 20. 1 | 260 |
| 韩国 | 0. 17 | 8. 7 |
| 中国地方试点 | 1. 3 | 2. 6 |

数据来源：路透社、Unipec Research& Strategy（URS）。

**欧盟碳市场：**成立于 2005 年，是全球范围内建立最早、交易规模最大的碳交易市场，涵盖了 28 个欧盟成员国以及挪威、列支敦士登和冰岛，共 31 个国家，覆盖 12000 家排放实体。2020 年，欧盟碳交易量达到 81. 0 亿吨，交易额达到2014亿欧元。

**新西兰碳市场：**成立于2008年，是继欧盟之后第二个国家层面的碳市场，覆盖新西兰温室气体排放量51%，纳入化石燃料、工业、废弃物等多个行业，包括6种温室气体，强制履约单位约220余家。2020年，新西兰碳市场交易量达到3000万吨，交易额达5.16亿欧元。

**北美碳市场：**成立于2013年，于2014年和2018年分别与加拿大魁北克省和安大略省的碳市场实行了连接，成为覆盖范围广、影响大的北美地区碳市场。加州碳市场覆盖了该州约80%的温室气体排放和500个工厂设施，采用免费碳配额与拍卖相结合的方式。2020年，北美碳市场交易量达到20.10亿吨，交易额达260.28亿欧元。

**韩国碳市场：**成立于2015年，包含6种温室气体，覆盖电力和热力、工业、交通、建筑业等六大行业的64个子行业，纳入企业达610家，配额由免费分配逐渐过渡到免费分配与有偿拍卖的方式相结合，配额拍卖的比例为总量的3%。2020年，韩国碳市场交易量4400万吨，交易额8.7亿欧元。

### （三）中国碳市场情况

#### 1. 我国碳市场发展阶段

中国早在2005年通过开发联合国清洁发展机制项目（CDM）的方式参与欧洲碳市场。2011年，中国启动了地方性碳交易市场，先后批准北京、上海、天津、重庆、湖北、广东、深圳和福建8个省（市）开展碳交易试点工作。截至2020年底，8个试点碳市场配额现货累计成交量4.45亿吨，累计成交金额104亿元，共覆盖钢铁、电力、水泥等20多个行业、3000多家企业。但是，由于不同区域、不同试点之间碳配额无法流通，造成区域间价格分歧较大。2020年，碳市场试点区域交易均价最高的是北京，碳价约51元/吨，而重庆仅为14元/吨（见表2）。

**表 2　2020 年我国试点碳市场情况**

| 碳市场 | 碳交易量（万吨） | 碳交易额（万元） | 平均成交价（元/吨） |
|---|---|---|---|
| 广州 | 3 194 | 83 548 | 26 |
| 湖北 | 1 767 | 48 082 | 27 |
| 天津 | 753 | 19 130 | 18 |
| 北京 | 532 | 27 026 | 51 |
| 上海 | 391 | 14 783 | 38 |
| 重庆 | 192 | 2 624 | 14 |
| 深圳 | 135 | 2 624 | 19 |
| 福建 | 99 | 1 693 | 17 |
| 总计 | 7 063 | 199 519 | 28 |

数据来源：路透社、Unipec Research& Strategy（URS）。

2021 年初，生态环境部下发《碳排放权交易管理规则（试行）》，标志着我国进入全国统一碳交易市场建立的新阶段。该规则明确了全国碳市场的各项定义，对重点排放单位纳入标准、配额总量设定与分配、交易主体、核查方式、报告与信息披露、监管和违约惩罚等方面进行了全面规定。除发电行业之外，钢铁、水泥、化工、电解铝、造纸等行业也有望较快纳入碳配额交易阶段。同年 7 月 16 日全国碳市场正式启动上线交易，引起社会各界高度关注。首日开盘价为 48 元/吨，收盘价 51.23 元/吨，超过八大试点平均收盘价 37 元/吨，但大幅低于欧洲碳配额期货价格 52.89 欧元/吨。业内人士预计，2021 年我国碳市场成交量或达到 2.5 亿吨，为 2020 年交易量的 3 倍左右，成交金额或达到 60 亿元。

2. CCER **交易情况**

我国地方性碳市场交易品种主要以配额交易为主，国家核证减排量（China Certified Emission Reduction，CCER）和试点市场推出的一些其他创新性交易品种为辅。CCER 主要源于《京都议定书》中提出的一种市场化减排手段——清洁发展机制（Clean Development Mechanism，CDM），即由发达国家借助自身优势技术或资金，在发展中国家开展清洁项目，如建筑节能、森林碳汇、风电水电等项目，项目所实现的减排量在获得世界 CDM

理事会认可后，可获得核证减排量（Certified Emission Reduction，CER），核证减排量在中国则被称为 CCER。CCER 既可以作为碳交易标的在市场内挂牌交易，也可以根据各省的碳抵消机制抵消企业碳排放量。截至 2020 年末，CCER 当年共成交减排量 6170 万吨，同比大增 43%，累计成交减排量达到 2.68 亿吨。

### 3. 我国碳市场展望

截至 2020 年底，我国碳强度较 2005 年降低 50% 左右，非化石能源占一次能源消费比重达 15.8%，提前完成了控制温室气体排放目标，也为实现 2030 年前达峰目标、2060 年前碳中和愿景奠定了基础。根据我国碳达峰的承诺，到 2030 年，非化石能源占一次能源消费比重将达到 25% 左右，这意味着后期能源增量 70% 以上为非化石能源，电力、钢铁、水泥、能源等行业面临巨大的转型压力。

此外，目前我国未来若干年的碳排放总量还未确定，这些配额总量确定、如何计算等，决定了配额的稀缺性程度，也会直接影响到碳市场的配额价格。中国碳论坛等机构编写的《2020 年中国碳价调查报告》预测，到 2030 年碳价有望达到 93 元/吨，并于 21 世纪中叶超过 167 元/吨。

综合来看，当前我国碳市场尚处在初步发展阶段，尚存在交易活跃度不高、政策制度不健全、配额总量偏宽松等问题，但考虑到我国巨大的碳排放量，我国碳市场仍具备较大的发展潜力。“十四五”期间，预计碳排放成交量有望较“十三五”期间增加 3 ~4 倍。根据国际能源署（IEA）预测，未来我国有望成为全球规模最大的碳市场。

## （四）碳交易机制

鉴于欧盟碳市场（ETS）是全球碳交易机制最完善、品种最齐全、规模最大的碳市场，我们以欧盟为代表介绍有关碳交易机制。欧盟碳交易主要依托洲际交易所（ICE）、欧洲气候交易所（ECX）、欧洲能源交易所（EEX）、巴黎 Bluenext 碳交易市场等 8 个碳交易中心开展，其中洲际交易所占据主导地位。

1. **主要交易品种**

欧盟碳交易标的主要包括碳配额（European Union Allowance，EUA）和核证减排量两大类。碳配额通过无偿发放或有偿拍卖方式发放；核证减排量分发达国家对发展中国家的减排项目获取（CER）及发达国家间的减排项目获取（Emission Reduction Units，ERUs）两类。

欧盟航空业于2012年才纳入碳交易体系，其减排目标和配额分配/拍卖比例单独设立，排放目标略宽松，称为欧盟航空碳配额（European Union Aviation Allowance，EUAA），价格略低于EUA；航空业可通过买入EUA履约，反之则不可以。

2. **交易机制**

与其他的期货品种类似，欧盟碳交易也分为场内交易和场外交易（OTC）。场内交易主要为碳配额交易，包括期货和期权；场外交易主要有配额拍卖、配额OTC和CER/ERUs等交易。场内交易可以在洲际交易所、欧洲能源交易所内完成交易，场外交易往往由普氏和伦敦能源经纪协会（LEBA）进行报价，通过经纪商完成和交易。目前，欧盟碳期货交易约占总交易量的86%左右。从主要合约来看，当前12月碳期货合约最为活跃，持仓量也最大（见表3）。

**表3 欧盟碳期货不同月份合约未平仓量**

| 合约日期 | 未平仓量（手） |
|---|---|
| 3月 | 132 036 |
| 4月 | 2 088 |
| 6月 | 6 980 |
| 12月 | 437 583 |

数据来源：路透、Unipec Research & Strategy（URS） 截止日期2021年3月12日。

欧盟碳期货2006年上市价格较高，但之后CER大量涌入增加了碳配额供给，推动价格逐渐回落并呈现平稳走势。2017年以来，随着欧盟对 CER 市场进行规范且逐渐收紧碳配额数量，碳期货价格呈现快速攀升走势，价格已从前期低点约 3 欧元/吨，攀升至 40 欧元/吨附近的历史新高，日均成交量在 2020 年 11 月一度超过 5 万手，近日在 3.5 万手左右(见图 2)。近期碳价格的快速上涨一方面由于去年欧盟将 2030 年减排目标提高至 55%，助推了碳价格。同时，基金是另一个助推碳价格上涨的重要力量。自 2020 年 11 月以来，基金在 EUA 期货市场的多头仓位几乎增长了 1 倍，仅在 2 月第一周就增加了 41% 的净多头仓位，助推了碳价格的上涨。

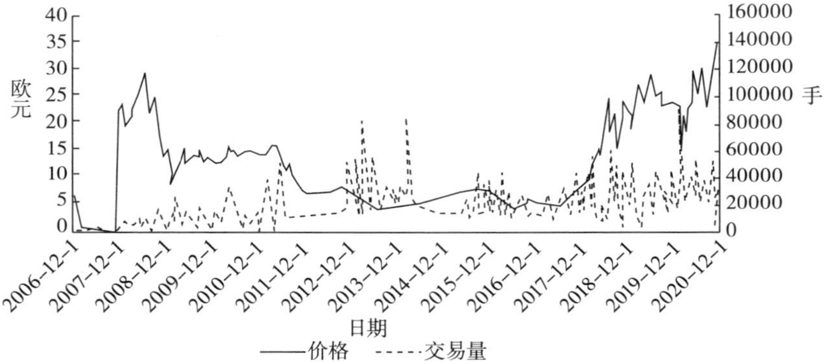


**图 2　欧盟碳配额期货 12 月合约价格和成交量**

数据来源：路透、Unipec Research& Strategy（URS）。

### 3. 市场特点

从总体来看，欧盟碳交易市场具有如下特点：一是市场机制和配套法律法规体系较为完善；二是行业覆盖范围广，配额分配精准，具体到排放设施；三是建立了较严格的排放数据管理制度，使碳交易标的具透明度和科学性，为碳交易夯实了基础；四是排放标准严格，配额总量逐年降低，且配额拍卖比例不断提高，碳资源价值呈上升趋势。

欧盟碳市场这些特点，使欧盟碳交易市场不断发展，成为全球机制最活跃的碳交易市场，为欧盟碳减排战略目标的实现提供了关键的市场手段，也为全球碳交易市场的发展起到积极的示范作用。

## 二、主要石油公司参与碳交易情况

2020 年，新冠肺炎疫情引发了人与自然关系的深刻反思，各国加快了应对气候变化的步伐，主要石油公司正面临越来越大的转型压力，也逐步聚焦“去碳化”，加快能源转型脚步。

### （一）国际石油公司碳减排目标

2001 年，世界资源研究所和世界可持续发展商业理事会提出了企业减排责任的三个“范畴”（SCOPE），作为公司会计和报告标准。确定减排范畴的目标是为企业创造一种通用的方法，用于测量和报告与其业务相关的温室气体排放量。范畴 1 覆盖的排放是最直接的，主要为企业生产中的排放；范畴 2 是指购买产品中相关的碳排放量；范畴 3 是指与企业生产经营活动相关的所有排放量，包括商务旅行等。当前，绝大部分企业承诺减排责任为范畴 1 和范畴 2，从生产端、销售端和贸易端等限制碳排放量。

欧洲石油公司在碳减排和能源转型方面步伐进展较快，BP、壳牌、道达尔等先后宣布了在 2050 年前分阶段实现全球业务的碳中和目标，其他能源公司也相应提出了各自的碳减排目标（见表 4）。意大利埃尼公司提出，到 2030 年实现上游板块零碳排放，2040 年实现公司净零排放；挪威国家石油公司也提出，到 2040 年减排 70% 以上，到 2050 年实现零碳排放。

**表 4　各石油公司制定的减排目标**

| 石油公司 | 减排目标 |
|---|---|
| 英国石油公司（BP） | 到 2023 年，安装甲烷检测系统，甲烷逸散浓度降低 50%；增加对非油气项目的投资比例；到 2050 年之前，净零排放，所有销售产品的碳强度减少 50% |
| 壳牌（Shell） | 2021 年碳排放量与 2016 年减少 3%，2035 年减少 30%，2050 年实现零碳排放 |
| 道达尔（Total） | 2050 年前实现零碳排放，碳强度降低至少 60%，欧洲产品去碳化 |
| 雷普索尔（Repsol） | 到 2025 年，在 2016 年的基准水平降低 10% 碳排放，到 2030 年降低 20%，到 2040 年降低 40%，到 2050 年实现碳中和 |

续表

| 石油公司 | 减排目标 |
| --- | --- |
| 埃尼（Eni） | 到2030年实现上游板块零碳排放，2040年实现公司净零排放 |
| 挪威石油公司（Equinor） | 到2030年上游油气勘探、生产领域减排二氧化碳约40%，减排总量约占目前挪威全国碳排放量的10%左右；到2040年减排目标为70%以上，而到2050年则将实现零碳排放 |
| 埃克森美孚 | 到2025年，上游排放强度下降15%～20%，甲烷排放强度下降40%～50%，燃除强度下降35%～45%；到2030年，消除常规燃除 |
| 雪佛龙 | 总平均碳强度降低至20kg二氧化碳当量/桶油当量 |
| 中海油 | 到2025年，推动实现清洁低碳能源占比提升至60%以上，主要包括国内的天然气、进口LNG以及配套新能源三个方面；到2035年将天然气产量在总产量中等比例提升至50% |

数据来源：根据现有数据材料整理。

### （二）国际石油公司能源转型战略

国际大型石油公司应对碳减排目标实现方式不尽相同，欧洲多数石油公司主要采取能源转型来实现碳减排战略。壳牌和BP旨在从根本上改变业务性质，转型升级成为新型能源公司，从“大石油”过渡到“大能源”；雪佛龙、埃克森美孚和西方石油公司坚持以上游勘探开发业务为核心，主要设立甲烷排放目标。

整体来看，依照现有的业务模式和技术水平，不同企业、不同技术路线二氧化碳减排成本差异较大，其中约有一半的减排成本在100美元/吨以内，也有近25%的成本高达1000美元/吨（见图3）。简言之，短期内实现净零碳排放仍面临巨大的技术难题和较高的资金投入。在这一压力之下，主要石油公司采取了多种组合方案达成碳中和目标（见表5）。

一是长远布局新能源领域，优化产业结构。对于较为明确的业务方向，多数石油公司选择直接投资或并购加速低碳转型，道达尔过去5年共投入65亿美元进行太阳能业务垂直领域的投资，中海油也早在2012年就布局太阳能电池生产和光伏电站；对于前景不明确的业务方向，以建立风险投资基金为主，在资本市场上实施股权投资，参股具有较强发展潜力的

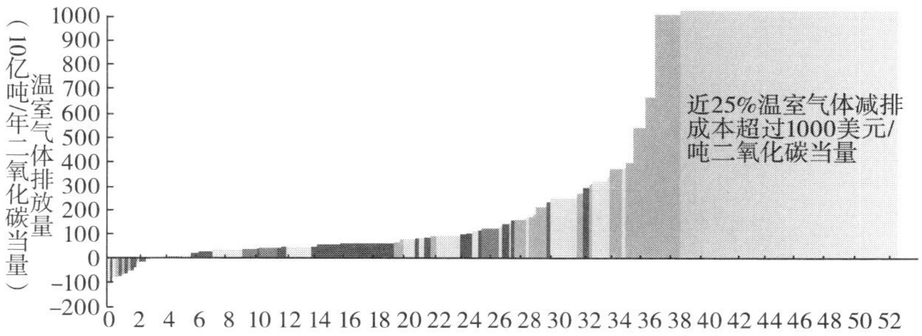


**图3　现有技术碳减排成本结构情况**

数据来源：高盛官网。

项目。壳牌公司早在1998年就成立了面向可再生能源的风险投资基金，2019年向该基金可再生能源项目增资50亿美元，投资方向包括风力发电和氢气制取等；对于前沿性技术，几乎所有的石油公司都在加强研发储备，部分石油公司与国际领先的能源研发机构开展合作投资，攻关低碳能源技术，埃尼公司先后与麻省理工学院的太阳能前沿中心等研究机构进行了多项技术研发合作。

二是推动天然气业务转型。未来10~20年，天然气是替代煤炭发电的主要资源，成为各油气公司应对气候变化、实现能源转型的战略重心。2019年，BP提出天然气是业务转型发展的第一重点，2017—2021年，BP公司70%以上的投资项目为天然气项目，到2025年，天然气将占其油气业务总量的60%以上。2015年，壳牌斥资470亿英镑收购英国天然气集团（BG），成为全球最大的LNG供应商，预计2035年，天然气占其油气总产量的75%。

三是参与碳交易市场，采取多种减碳组合方案。石油石化属于资本密集型行业，项目技术升级成本较高，往往会大幅增加管理和运营成本。当前多数公司采取参与碳交易或购买碳补偿额度的方式来降低减排成本，详见下文。

表5 各石油公司应对气候变化的举措

| 公司 | 减少直接碳排放 | | 优化产业结构 | | | | | | | | | 碳捕集与封存 | 碳交易 | 森林碳汇 |
|---|---|---|---|---|---|---|---|---|---|---|---|---|---|---|
| | 提高能效 | 控制甲烷排放 | 提高天然气占比 | 重碳资产撤资 | 太阳能 | 风能 | 生物燃料 | 氢能 | 地热 | 水力发电 | 电力 | | | |
| 壳牌 | √ | √ | √ | √ | √ | √ | √ | □ | | | √ | √ | √ | √ |
| 道达尔 | √ | √ | √ | √ | √ | √ | √ | □ | | √ | √ | □ | √ | □ |
| BP | √ | √ | √ | √ | √ | √ | √ | □ | | √ | √ | □ | √ | √ |
| 挪威石油 | √ | √ | √ | √ | √ | √ | | □ | | | | □ | √ | □ |
| 埃尼 | √ | √ | √ | √ | □ | □ | √ | □ | | □ | □ | □ | √ | □ |
| 埃克森美孚 | √ | √ | √ | √ | | | □ | | | | | □ | √ | |
| 雪佛龙 | √ | √ | √ | √ | □ | □ | □ | | □ | | | √ | √ | |
| 西方石油 | √ | √ | √ | √ | □ | | | √ | | | | □ | | |
| 康菲 | √ | √ | | √ | | | | | | | | √ | | |

数据来源:根据现有资料整理,√表示已投入资本的领域,□表示计划涉及的领域。

### （三）国际石油公司参与碳交易实践

一是直接开展碳排放配额的期现货交易。BP、壳牌、埃克森美孚等公司在欧美拥有炼厂或电厂等 EU－ETS 控排范围的资产，通过交易所或银行等经纪机构直接参与 EUA 的期货和现货市场。

二是购买碳补偿配额。按照《东京议定书》规定，发达国家在中国、印度等发展中国家开展的 CDM 项目，通过国际机构认定为 CER，可以抵消企业实际排放配额（见图 4）。贸易公司摩科瑞（Mercuria）自 2012 年起，从国内购买经过认证的 CER，再出售给欧洲控排企业，溢价超过 50% ~70% 。但受政府政策管控，CDM 签发速度下降，碳补偿市场规模仍然较小，2019 年市场规模约 2 亿吨二氧化碳当量，不足碳排放市场的 1/10。2019 年，BP 购买了 117 万吨二氧化碳当量的碳补偿额，较 2018 年增加 37% 。

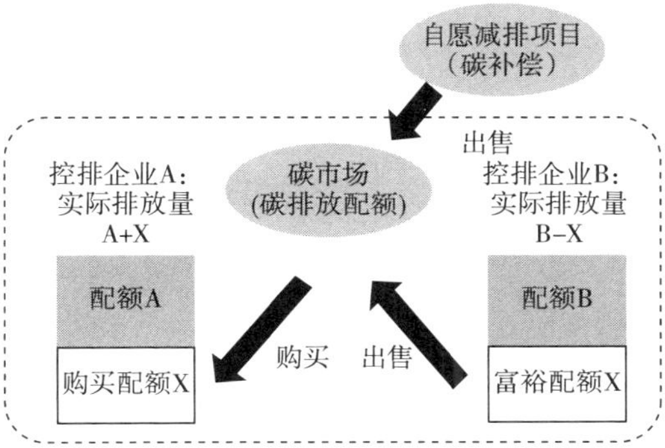


**图 4　企业碳配额交易图示**

三是交易低碳以及碳中和货物。近年来，BP、壳牌逐步引领石化行业交易低碳产品，生物燃料、碳中和 LNG 成为关注度较高的产品。生物燃料可以作为碳中和项目，替代航煤等常规产品，从而减少碳排放，但目前规模小、数量少，减排经济性有待提升。碳中和 LNG 是将“碳中和”“净零排放”理念纳入天然气行业的创新尝试。2019 年 4 月，壳牌启动耗资 3 亿美元的碳汇计划，以完成三年内“净碳足迹”减少 2% ~3% 的目标，目前在全球完成了四批碳中和 LNG 船货的交易。2020 年，中海油分别从 BP、壳牌购买了 5 船碳中和 LNG，并将其中一批通过上海石油天然气交易中心拍卖竞价。

开发碳中和 LNG 过程较为复杂①，不同项目的碳补偿成本范围相差较大（见图 5），一般来说，1 吨 LNG 会产生 3.42 吨碳排放，但数值存在很大不确定性，并将随着 LNG 产业链全过程技术和设备选择的不同而发生较大变化。按照一船 LNG 的碳排放总量为 25 万吨，当前投资于林业项目抵消成本约 10 美元/吨二氧化碳当量，一船 LNG 碳中和溢价将达 0.6 美元/百万英热单位，进口成本有所提升。

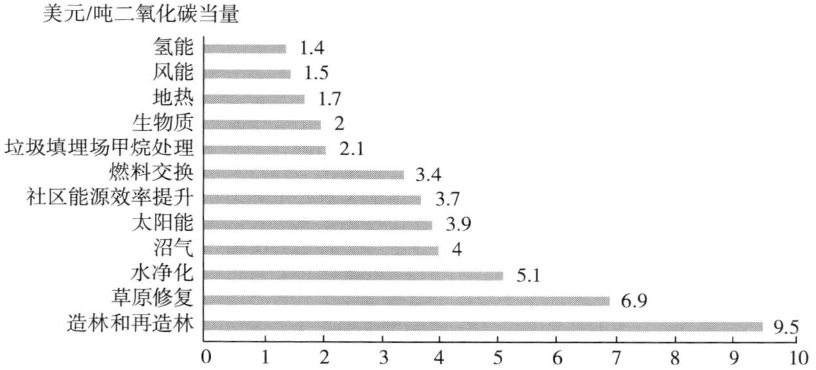


**图 5　不同项目的碳补偿成本**

数据来源：高盛官网。

四是开展碳资产融资业务。碳资产天然具有质押融资的功能，欧洲银行此类业务已经成熟，国内一些金融机构也尝试了此类质押业务，深圳和北京的交易所和参与者也提出了较高的抵押折扣率，不仅增加了新的融资渠道，也为运营这类资产形成了新的盈利模式。

① 碳中和 LNG 开发过程：首先要依据具有公信力的核算标准和指南对 LNG 全生命周期碳排放进行核算及报告，然后要自主开发或购买等量的碳补偿额，最后要将碳补偿额在相应的登记处进行撤销声明，防止重复计算。LNG 全生命周期产生的碳排放：范畴 1 为直接排放，范畴 2 来自 LNG 全产业链自用的外购电力、蒸汽等产生的间接排放，范畴 3 包括终端用户利用产生的其他间接排放。粗略估计，1 吨 LNG 会产生 3.42 吨的碳排放，包括 0.88 吨的范畴 1 和范畴 2 排放，以及 2.54 吨的范畴 3 排放。

五是参与碳市场基础设施建设。碳交易平台是碳市场架构的重要组成部分，对平台机构进行股权投资也是行业内企业进行战略布局的重要举措，洲际交易所（ICE）以数十亿美元收购芝加哥气候交易所、汤森路透集团10亿美元收购点碳（Point Carbon）集团，国家电网也投资参股上海环境能源交易所。

## 三、有关的思考和建议

一是推动中国碳市场与国际碳交易市场的融合。中国应在《巴黎协定》的基础之上，结合“一带一路”的合作契机，加强我国碳交易市场与国际碳交易市场在政策制定、保障机制建立、激励机制建立和市场运行机制方面的深度交流合作，学习欧盟、美国等发达国家的先进理论，为应对全球气候变化，提出切实可行的“中国方案”。

二是我国能源企业应统筹碳资产管理。从国际能源公司应对碳排放和管理碳资产的经验来看，集中统一的管理模式更有利于碳减排目标实现。建议我国能源公司明确中长期温室气体减排目标，在内部明确二氧化碳排放总量、排放来源，以及实现减排目标的方式、路径和成本方案等，挖掘企业在各板块碳资产管理、节能减排项目、资金与技术等方面的协同效益，建立内部碳减排集中管理模式，充分发挥一体化优势，打造低碳竞争力。

三是拓展全球碳中和油气贸易。随着越来越多的能源企业参与并加大全球范围内碳减排力度，传统的油气贸易不断被赋予新的内涵，成为连接全球碳减排目标实现的重要载体。近一两年来，致力于净零排放的碳中和LNG贸易和石油贸易（即从开采、生产到运输过程中的碳排放已被抵消）逐渐受到业内关注，特别是碳中和LNG贸易日渐活跃，定价机制也相对透明。美国西方石油公司1月29日宣布，已交付全球第一批碳中和石油，开启了石油贸易新模式。建议我国能源企业积极尝试参与全球碳中和油气贸易，为低碳可持续发展提供更多的渠道。

# 海上风电：传统油气行业实现低碳化转型的重要机遇

王恰*

**摘　要**　近期，壳牌石油、道达尔、英国石油、中石油、中石化、中海油等一批油气行业巨头纷纷布局风电、光伏、氢能等新能源产业。因业务契合度较高、投资收益稳定可期，海上风电成为这些油气企业开拓新能源业务的重要领域。油气企业和油服企业参与开发海上风电，可能涉及以下五类具体业务：①安装船的研制与运营；②海上风电项目设计与施工；③海上风电开发与资产运营；④海上风电制氢；⑤能源岛建设。对于油气企业来说，上述业务可能带来新的利润增长点，从而分散单一从事油气业务的投资风险。然而，海上风电产业属于新兴产业，存在着成本偏高、技术不成熟、法律法规不完善等问题。因而，这种低碳化转型既是机遇、也是挑战。

**关键词**　海上风电；风电制氢；油气企业转型

* 王恰，中国社会科学院数量经济与技术经济研究所副研究员。

## 一、传统油气企业加快布局新能源产业、助力实现“碳中和”目标

在刚刚过去的一年中，低油价叠加新冠肺炎疫情，对传统油气公司的生产经营造成了前所未有的冲击和挑战。从大环境看，全球能源行业正在发生着深刻的变革：①越来越多的国家加入到实现“碳中和”（或净零排放）的行动。中国作为世界最大的碳排放国家，于 2020 年 9 月宣布“碳达峰、碳中和”目标，这将带动更多的国家、采取更加强有效的措施加入这一减碳行动，全球能源转型的步伐也将随之加快。②根据“碳追踪计划”（Carbon Tracker Initiative）、国际能源署、麦肯锡公司等机构的研究，全球石油需求将可能在 2020—2030 年达峰，天然气需求可能在 2030—2040 年达峰。在化石燃料达峰后，油气产业或将面临进入结构性衰退期。③全球范围内，新能源行业蓬勃兴起，风电、光伏的边际成本已经能够与化石能源竞争。在一些国家和地区，超过一半的电力供给已实现完全来自可再生能源。

在上述背景下，2020 年全球能源巨头，包括 5 家油气公司、4 家电力公司、2 家风电公司、1 家煤炭公司、1 家电信公司、1 家铁矿石公司，不约而同地涌入新能源领域，并投入数以万亿的资金，详见表 1。

**表 1　2020 年能源巨头加码布局新能源业务**

| 行业 | 企业名称 | 计划目标 | 新布局方向 | 计划完成时间 | 计划投资 |
| --- | --- | --- | --- | --- | --- |
| 油气 | 雷普索尔（Repsol） | 15 吉瓦 | 风电、太阳能 | 2050 年 | 57 亿美元 |
| | 道达尔（Total） | 35 吉瓦 | 风电、太阳能 | 2025 年 | 30 亿美元/年 |
| | 英国石油（BP） | 50 吉瓦 | 风电、太阳能、氢能 | 2030 年底 | 50 亿美元 |
| | 波兰国营石油公司（PKN Orlen） | 2.5 吉瓦 | 风电、太阳能、生物燃料、氢燃料 | 2030 年 | 374 亿美元 |
| | 高浦能源（Galp Energia） | 10 吉瓦 | | 2030 年 | |
| 电力 | 杜克能源（Duke Energy） | 40 吉瓦 | 风电、太阳能和生物质 | 2050 年 | 560 亿美元 |
| | 意大利国家电力公司（Enel） | 2.4 吉瓦 | 太阳能、风电 | 2025 年 | |
| | 苏格兰电力公司（Scottish Power） | 120 吉瓦 | 太阳能、风电 | 2021—2030 年 | |
| | 西班牙国家电力公司（Endesa） | 11.5 吉瓦 | | 2021—2023 年 | |
| 煤炭 | 印度煤炭公司（CIL） | 开发 4 个太阳能项目 | 光伏 | 2024 年 3 月前 | 7.63 亿美元 |
| 风电 | 西班牙伊维尔德罗拉公司（Iberdrola） | 60 吉瓦 | 太阳能、陆上风电 | 2025 年 | 750 亿欧元 |
| | 丹麦阿斯泰兹公司（Ørsted） | | 光伏、氢能 | | |
| 电信 | 日本电报电话公司（NTT） | 7.5 吉瓦 | 太阳能、海上风电 | 2030 年 | 9.28 亿美元 |
| 金属 | 澳大利亚福斯特公司（Fortescue Metals Group） | 236 吉瓦 | 风电、太阳能、氢气和氨水 | 2023 年 | 7.33 亿美元 |

注：1 吉瓦 = 1000 兆瓦 = 100 万千瓦。

数据来源：http://guangfu.bjx.com.cn/news/20201221/1123745.shtml.

国内情况亦是如此。在国家提出“碳达峰、碳中和”目标之后，“三桶油”等大型石油央企均已启动碳中和规划，加快布局新能源领域。2021年1月15日，17家石油和化工企业、化工园区，以及中国石油和化学工业联合会在京联合签署并共同发布《中国石油和化学工业碳达峰与碳中和宣言》，以此作为新时代中国石油和化工行业践行绿色发展理念、建设生态文明和美丽地球的新起点。

中国石油的转型方向主要包括光伏、海上风电、地热等领域。据不完全统计，2018年吉林油田15兆瓦分布式光伏电站成功并网运行，这是中石油第一座大型分布式光伏电站。2019年4月，山东电建四川公司全球能源转型背景下中标中石油海洋工程（青岛）海上风电项目A、B段电气设备安装施工项目，标志着中国石油正式进入海上风电领域。同年11月，河北省任丘市石油新城（一期）正式实施地热供暖，供热面积63万平方米，涉及居民及商铺4000余户，这是华北油田首个规模化地热供暖项目。

中国石化以氢能作为公司实现低碳化转型的重点方向，此外还涉及光伏和风电等领域。2017年，新星公司陕西渭南白水20兆瓦农光互补光伏发电项目正式并网发电，这是中国石化首个集中式光伏项目。2019年7月，中国石化建成国内首座集油、氢、电能源供给及连锁便利服务于一体的油氢合建站。2020年3月，中国石化提出构建“一基两翼三新”产业格局，计划用3~5年时间成为中国第一大氢能公司。同年8月，中国石化资本公司入股亚玛顿集团全资子公司凤阳硅谷智能，布局超薄光伏玻璃产业链。10月，中国石化新星公司宣布将参与开发陕西大荔分散式风电项目，总装机容量20兆瓦，这将成为中国石化首个风电项目。11月，中国石化上海物探分公司承担的山东牟平新能源海上风电勘察项目顺利完成全部外业数据采集。12月，中国石化资本入股常州百佳年代薄膜科技股份有限公司，布局光伏胶膜产业。2021年1月，中国石化邀请协鑫集团、天合光能、隆基集团、中环电子等4家新能源企业，共同召开新能源产业发展视频对话会，就新能源产业发展现状及未来趋势展开深入探讨。

中国海油将海上风电作为公司在新能源领域布局的重点方向，此外还涉及分布式能源、地热能、氢能等领域。自2004年起，中国海油就开始涉足新能源产业，2006年6月成立新能源办公室，2007年成立新能源投资有限责任公司。2007年11月，中国海油在其渤海湾钻井平台上安装了一台金风科技的1.5兆瓦风电机组，为油田设施提供生产所需电力。这台试验机组的成功并网运行，标志着我国海上风电发展正式开始。2009—2012年，中国海油新能源公司同时开工建设的新能源项目包括：内蒙古化德49.5兆瓦风电场项目、海南6万吨/年生物柴油示范项目、海南东方48兆瓦风电场项目、南通27万吨/年生物质能项目、甘肃玉门昌马201兆瓦风电场项目等。2019年7月，中国海油融风能源有限公司（简称融风公司）成立，标志着中国海油重返新能源市场。2020年8月，中国海油发布海上制氢工艺技术研究招标公告，旨在研究设计和优化海上风电制氢的工艺流程，提出技术和经济可行性的边界条件。2020年9月15日，江苏竹根沙（H2#）300兆瓦海上风电项目实现并网发电，这是中国海油2014年以来首次进入的海上风电项目。2021年1月，海油发展清洁能源公司成立，公司将致力于培育以海上风电为核心的新能源产业，落实“碳达峰、碳中和”目标。同年2月，中国海油广东汕头1吉瓦海上风电项目启动前期准备工作。

## 二、因业务契合度较高，海上风电已成为油气公司开拓新能源业务的重要领域

### （一）海上风电产业发展概况

海上风电是一种把海上风能资源转化为电能的能源利用形式。海上风电清洁低碳，具有可利用小时数高、不占用土地资源、靠近沿海电力负荷中心等诸多优势。1991年，丹麦东能源公司（现为Ørsted集团）建成全球第一个真正意义上的海上风电场——丹麦Vineby海上风场。在随后的三十年间，海上风电技术不断成熟、成本持续下降，越来越多的国家将海上风电作为电

力供给的一种新选择，用其替代传统的燃煤和燃气发电。据全球风能协会（GWEC）的统计，2020年全球海上风电累计装机规模达到35.2吉瓦，位列全球前五位的国家分别是：英国（29.00%）、中国（28.12%）[①]、德国（21.96%）、荷兰（7.42%）和比利时（6.42%）。

我国海上风电起步较晚，但近五年的发展势头十分强劲。2010年6月，我国首个海上风电场——上海东大桥海上风电示范项目一期工程（100兆瓦）实现并网发电。“十二五”期间，由于技术不成熟，投资成本高昂，缺乏专业开发和维护团队，海上风电开发进度缓慢。“十三五”以来，海上风电项目建设开始提速，海上风电开发也由过去的潮间带开发转为近海开发。截至2020年底，全国海上风电累计装机约9吉瓦，主要集中在江苏、上海和福建三地。展望“十四五”，我国有望成为全球海上风电装机规模最大的国家。广东省提出2025年海上风电装机规模达到15吉瓦的目标（2020年底累计装机约1.1吉瓦）；江苏省提出2025年海上风电规模达到14吉瓦的目标（2020年底约5.7吉瓦），力争突破15吉瓦；浙江省提出2025年海上风电规模力争达到5吉瓦的目标。

近些年来，海上风电在机组设计、安装、设备制造等方面均得到了创新发展，海上风电的发电成本实现大幅下降。当前，全球海上风机的平均单机容量5.5兆瓦，平均风轮直径148米；到2050年，海上风机平均单机容量有望超过20兆瓦，平均风轮直径达到250米。目前，全球海上风电度电成本平均7.8美分/（千瓦·时），欧洲已有一些海上风电项目率先实现“零补贴”平价上网；预计到2050年全球海上风电平均度电成本有望降至5美分/（千瓦·时）左右，在欧洲北海甚至低至4美分/（千瓦·时）左右。目前，我国近海风电项目的度电成本为0.8～0.85元/（千瓦·时），2025年前后近海海上风电将可能具备大规模平价上网的条件，2030年平均度电成本将可能降至0.4元/（千瓦·时）左右。

① 不含中国台湾地区。

海上风电的未开发潜力巨大，前景十分光明。据全球风能协会（GWEC）的《2020全球海上风电报告》预测，到2030年全球海上风电规模将达到234吉瓦。另据海洋可再生能源行动联盟（OREAC）的预测，到2050年全球海上风电规模可能达到1400吉瓦，将满足全球电力需求的1/10，每年可节省30亿吨以上的二氧化碳，并创造约2400万年的就业机会。

## （二）油气企业进军海上风电产业的具体实践

2020年爆发的新冠肺炎疫情对油气产业造成了严重冲击，但海上风电行业受其影响有限并仍保持了强劲增长。根据Clarksons Research的研究报告显示，2020年全球海上风电的资本支出为510亿美元，而海上油气支出仅为410亿美元。资本正不断从海上油气转向海上风电，包括建设施工船舶等海上风电相关产业链。

海上油气产业与海上风电产业不仅有着非常高的业务契合度，而且这两个行业拥有相似的供应链和技术要求。国际能源署（IEA）调查显示，约有40%的海上风电项目建设作业与海上油气项目相重合，其中包括风机基础施工、设备维护和监管等方面。越来越多的油气企业涌入海上风电产业，这并非传统行业的被动转型，而是结合所在领域的专业经验主动谋求新的利润增长点。对于双方而言，这将形成一种合作共赢的局面：一方面，海上油气开发企业可以开拓新的业务领域、寻找到新的商机，从而分散单一进行油气业务的投资风险；另一方面，海上风电开发企业可以获得大量的设计、施工和运维经验。

当前，越来越多的国际油气企业和油服企业①正在参与海上风电具体业务领域，主要涉及海上风电机组的运输和安装、海上风机基础和换流站施工、海上风电开发等方面（见表2）。长期来看，随着海上风电开发走向深远海，上述两个行业还有可能在海上风电制氢和能源岛建设等方面开展

① 油服企业指海上油气开采设备与服务的提供商。

更深层次的协同作业。

**表 2　油气公司转型海上风电工程领域**

| 公司 | 原行业 | 转型领域 |
|---|---|---|
| JDN | 港口疏浚 | 海上风机安装 |
| DEME | 港口疏浚、水下设施 | 海上风机安装 |
| Boskalise | 半潜运输、疏浚 | 海上风机运输和安装 |
| OHT | 半潜运输 | 海上风机运输和安装 |
| MH Wirth | 钻机设备 | 海上风电工程设计 |
| Lamprell | 海工装备建造 | 海上风电结构建造 |
| 振华重工 | 海工装备建造 | 海上风电结构建造 |
| 吉宝岸外与海事 | 海工装备建造 | 换流站 |
| 胜科海事 | 海工装备建造 | 换流站 |
| 大宇造船海洋 | 海工装备建造 | 风电安装平台 |
| 乌斯坦 | 船舶设计 | 风电船设计 |
| Vard | 船舶设计 | 风电船设计 |
| 宏华海洋 | 海工船舶建造 | 海上风电结构建造 |
| Scorpio Bulkers | 干散货运输 | 风电安装平台 |
| Aker Solutions | 油气田开发设计 | 浮式风机设计 |
| Aibel | 油气项目 EPC | 风电海工项目 EPC |
| SBM Offshore | FPSO EPC 和运营 | 浮式风机设计 |
| 道达尔 | 油气开发 | 风电开发 |
| 壳牌 | 油气开发 | 风电开发 |
| BP | 油气开发 | 风电开发 |

数据来源：SinorigOffshore，http：//news. bjx. com. cn/html/20200825/1099 456. shtml.

### 1. 安装船的研制与运营

海上风电安装船是指用来进行海上风机、基础运输及安装施工的海上风电施工平台。铺缆船、水下作业船和半潜运输船等装备可以同时用于海洋油气开发和海上风电开发。目前，全球现有的海上风电施工船很大一部分来自油气行业，此前从事海上油气平台的安装与拆卸。然而，这些船舶对于重型设备的海上吊装较为有利，在灵活性方面却显不足，难以满足海上安装风机连续快速移动的需求。

近年来，OHT、Boskalis、DEME、JDN 等半潜运输公司已开始从风电市场中寻找更多的机会，风电安装船订单大幅增长。据 GWEC 的统计，全球投入使用的风电安装船共 137 艘，其中 82 艘是自升式船，55 艘是重型起重船。在这些船只中，61% 在欧洲，其余 39% 在中国。此外，有 16 艘定制的自升式船舶和 5 艘定制的海上风电起重船正在建造中。

从全球范围看，市场上的施工船经常供不应求，往往需要提前数月预定。考虑到海上风力发电机的尺寸还将持续增加（包括机舱、塔架和基础的重量，轮毂的高度），产业对适用于大型风电机组安装的施工船需求已经十分迫切。

2018 年 7 月 OHT 公司与招商局重工（CMHI）签订了 1 艘 48 000 吨半潜式基础安装船建造合同。这艘安装船被命名为“Alfa Lift”，它将成为全球最大的基础安装船。Alfa Lift 由 Ulstein 船厂设计，设计长 216 米，配有 3000 吨起重吊机和智能甲板工作系统，能运输 10 个 2000 吨的单桩基础和配套过渡段。Alfa Lift 将服务于北海 Dogger Bank 风电场①一期。2020 年 8 月，OHT 公司再次与招商局重工（CMHI）签订了一份 2 +2 风机安装船委托建造协议，委托 CMHI 建造两艘电池混合动力风机安装船，并备选建造两艘氢动力燃料电池安装船。这些安装船将使用 GustoMSC 自升式风电平台设计，伸缩式吊机最大起重能力 2500 吨、最大起重高度 165 米。按照设计，安装船能够在最深 65 米水深的海域工作。首艘安装船计划 2023 年初交付，第二艘船交付时间待定。

2020 年 8 月，摩纳哥散货船船东 Scorpio Bulkers 宣布计划退出干散货海运业务，并开始陆续出售其所持有散货船。与此同时，Scorpio Bulkers 与大宇造船签署了 1 +3 艘风机安装船建造协议，首制船交付时间定于 2023 年第三季度。2021 年 1 月，Scorpio Bulkers 正式更名为 Eneti Inc，表示公司

---

① Dogger Bank 项目是目前全球最大的海上风电项目，总装机容量 3.6 吉瓦，离岸距离 130 千米，水深 35 米，采用单桩基础，项目由英国和爱尔兰能源公司 SSE Renewables 和挪威能源公司 Equinor 联合开发。

未来将专注于近海风电市场。

2. **海上风电项目设计与施工**

目前，越来越多的全球海上工程市场也在从油气业务转向海上风电业务。传统海上油气开发企业凭借开发海上石油的经验，积累了大量的海洋勘探、海洋施工、海上平台运营经验，具有开发海上风电的先天优势。他们的经验和设备大多可直接指导和应用于海上风电。例如，海上石油平台设计可以为海上风机基础设计提供参考，那些为海上油气开采提供服务的公司可以很方便地转向风机基础/风电安装平台建设、海上换流站/海上升压站建设、海缆铺设、风电海工项目 EPC，等等。

随着海上风电向深远海发展，浮式基础有可能成为一种“改写规则”的技术，甚至是未来的技术主流。海上油气开采可能选择在几百甚至上千米水深的海域。但是，对于海上风电来说，水深超过 30 米就算深水了。在离海岸较远的远洋深海区域，相对于传统的单桩基础固定结构，浮式结构的经济性更好。壳牌、挪威石油等一些拥有丰富海工经验的油气企业已瞄准这一契机，将浮式基础技术作为公司转型的主攻方向。目前，浮式基础结构主要有三种基本形式：单立柱式、半潜式、张力腿式。

2018 年 4 月，振华重工下属龙源振华中标广东粤电湛江外罗海上风电项目，以设计、采购、施工等全过程（EPC）总承包风机基础与海上升压站基础工程。这是国内首个以 EPC 总承包方式建设的海上风电工程。仅 2020 年，龙源振华一家就先后中标了广东粤电湛江外罗海上风电项目二期 PC 标段项目（12.7 亿元）、广东粤电湛江新寮海上风电项目 PC 标段项目（12.3 亿元）、国电投湛江徐闻海上风电项目 EPC 总承包 I 标段项目、如东 H2#海上风电场风机基础建造、施工及风机安装等工程（7.7792 亿元）。

2017 年，挪威国家石油公司 Statoil 建成世界首个完全投入运营的漂浮式海上风电场——Hywind Scotland，该项目采用 5 台 6 兆瓦机组，总装机容量 30 兆瓦，可以为 3.6 万户家庭供电。2018 年 5 月，Statoil 正式更名为 Equinor，转型海上风电开发领域。

3. **海上风电开发与资产运营**

海上风电项目尽管投资较大，但通常拥有长期、稳定的收益，因而成为壳牌石油、道达尔、英国石油、雷普索尔、Equinor（前身是挪威国家石油）等油气巨头实现其零碳目标的首选转型领域。海上风电不仅可以丰富油气企业的资产配置、减少投资风险，还可以向油气平台提供生产所需的电力。此外，油气企业同时经营海上油气项目和海上风电项目，项目之间可以共同分享海上运维人员和相关设备，从而节省运维成本。

2020 年 10 月，Equinor 正式开始建造 Hywind Tampen 漂浮式风电项目，这将成为全球首个直接向海上石气平台供电的风电场。该项目总装机容量 88 兆瓦，离岸 140 公里，水深 260～300 米，总投资近 5 亿美元，预计于 2022 年第三季度投产。项目采用 11 台 8 兆瓦 Siemens Gamesa 风电机组（转子直径 167 米，叶片长 81.5 米），所发电力可满足位于北海的 Snorre A 和 B，以及 Gullfaks A、B 和 C 五座石油平台每年约 35% 的电力需求。

2019 年 1 月，壳牌石油与 Coens Hexicon 公司签署了一项联合开发协议，计划在韩国蔚山离岸距离 40 公里的海域共同开发、建造和运营一座漂浮式海上风电场。同年 2 月，壳牌石油联合 Innogy、Stiesdal 海上技术公司在挪威投资 1800 万欧元建立漂浮式海上示范项目。同年，壳牌石油还全资收购了主营海上漂浮式风电业务的法国风电企业 Eolfi。2020 年 8 月，壳牌石油和 CrossWind 公司（荷兰电力公司 Eneco 的合资企业）中标了荷兰 759 兆瓦海上风电项目 Hollandse Kust North，该项目由于计划结合浮式光伏、风电制氢等多种低碳新兴技术，被称为“超级混合体”。

2020 年 3 月，道达尔与英国 Simply Blue Energy 公司签订协议，将在威尔士共同开发 96 兆瓦浮式海上风电项目。9 月，道达尔和 Macquarie 公司宣布将在韩国共同开发 2 吉瓦浮式风电，这是全球规划中最大的浮式海上风电项目。

4. **海上风电制氢**

风电制氢是降低远海风电送出成本、充分利用“电网弃风”这部分电力的有效途径之一。油气公司在炼油化工领域多年来积累了丰富的氢气制备和储运的技术，近年来也被广泛应用于风电制氢。

2019 年 11 月，壳牌与氢基础设施开发商 Everfuel Denmark A/S 和 A/S Dansk Shell 就风电制氢项目达成合作协议，计划在弗雷德里希希亚（Fredericia）安装一个电解容量高达 1 吉瓦的 Power－to－X（P2X）工厂，初始容量为 20 兆瓦。全面扩建完成后，制氢厂的产能不仅可以自给自足，并且每天将向多达 4000 辆燃料电池公共汽车和卡车供氢。2020 年 2 月，壳牌和荷兰 Gasunie 公司公布了一项建设欧洲最大绿氢项目的计划，计划在荷兰 Eemshaven 港安装一个大型氢电解器，预计到 2040 年可以承接 10 吉瓦海上风电发电，年绿氢产量达 80 万吨。

2020 年 5 月，英国石油及其太阳能合资企业 Lightsource BP 计划在澳大利亚建设一个由 1.5 吉瓦风能和太阳能驱动的绿色制氢厂。同年 11 月，英国石油表示正在与丹麦海上风电开发商 Ørsted 集团开展合作，计划在英国石油位于德国西北部的 Lingen 炼油厂开发零碳氢气。初步目标是建造一个 50 兆瓦的电解槽，利用北海的海上风电，通过电解水来生产绿氢，取代该工厂 20% 的天然气制氢产能。后期，电解槽产能可能扩大至 500 兆瓦，取代该炼油厂所有的化石燃料制氢产能。

**5. 能源岛建设**

建设“能源岛”是一种中远期海上能源开发思路：它不再像过去的海上风电场那样规划单一，而是通过扩大海上风电规模，并建设“能源岛”将这些风电场统一连接起来。能源岛可作为交直流换流器、交流变压器及运维设施所用电缆和平台的公共枢纽。能源岛产生的多余绿色电力可以转化为绿氢，并在岛上加工成航空、大卡车、轮船等交通工具的燃料。欧洲已经开始进行能源岛建设。

（1）北海 VindØ 能源岛。VindØ 岛（风岛）建造在距离丹麦大陆 100 公里的北海海域，计划首先可连接丹麦 3 吉瓦的海上风电，未来扩展到 10 吉瓦，甚至还考虑接入荷兰电网。岛上将建有多种“电能＋”（Power to x）设施（包括储能装置、风电制氢装置、电解系统等）及住宿公寓，运维工厂，用于电力外送和互联的高压换流设备、直升机停机坪、数据中心、运营港口、休闲区等。VindØ 岛计划最晚于 2030 年建成。

（2）波罗的海博恩霍尔姆岛（Bornholm 岛）。该项目是由丹麦沃旭能源（Ørsted）提出的，旨在连接波罗的海海域上 5 吉瓦海上风电，计划首先在 Bornholm 岛西南的 RønneBanke 海域招标建造一个 1 吉瓦装机容量的海上风电场，并通过海缆连接到丹麦和波兰，未来考虑连接至德国。

（3）北海 TenneT 能源岛。2016 年 6 月，荷兰电网运营商滕特公司（TenneT TSO B. V.）提出联合体北海风电枢纽计划（the North Sea Wind Power Hub，NSWPH），计划在北海中部的多格滩（Dogger Bank）建造一座人工岛，并将其将作为电力枢纽，把附近风电场产生的交流电力转换成直流电，再通过高压直流电缆输送至包括英国、荷兰、丹麦、德国、挪威和比利时在内的多个周边国家。该计划提出后，得到了滕特公司德国子公司（TenneT TSO GmbH）、丹麦国家电网（Energinet. dk）、荷兰天然气网运营商 Gasunie 和鹿特丹港等多方支持。2019 年，NSWPH 进一步完善了北海风电枢纽的设计，设计采用“轴辐式”（hub - and - spoke）概念，计划通过建设若干枢纽岛（数量尚未公布）连接 180 吉瓦海上风电，并于 2030—2050 年建设完成。这些枢纽岛将采取三种不同的设计：①“全电岛”，将附近海上风电场产生的交流电力转换成直流电，再通过高压直流电缆传输至陆上电网；②“全氢岛”，海上风电生产出的电力全部在枢纽岛制氢，再以氢气或者液态氢的形式输送到陆上；③“电氢混合岛”，部分电力直接输电，部分电力制氢传输。

## 三、结论与建议

随着全球能源转型加速，油气企业普遍意识到改善投资组合的必要性，因而不断加大在清洁能源和低碳技术的投资比重。因业务契合度较高、投资收益稳定可期，海上风电成为这些油气企业开拓新能源业务的重要领域。在漂浮式风电实现规模化商用后，海上风电可以与海上油气生产共同运营，还可以考虑海上风电制氢，通过脱碳发电和生产低碳燃料来帮助企业实现低碳化转型。对我国来说，东部沿海地区人口稠密、土地资源有限，而电力需求量非常大，发展海上风电是这些地区实现“碳达峰、碳中和”重要战略措施。

然而，机遇与风险共存。第一，海洋资源综合开发缺乏顶层设计，配套政策有待进一步完善。我国海上风电基地建设大部分由地方政府或单一企业主导，与其他行业和部门之间缺乏协同，省与省之间的规划缺乏差异化。地方上“大干快上”的抢装现象，不仅造成整个产业链的供应吃紧，也可能埋下设备质量和施工质量隐患。政府在进行海上风电规划时，必须考虑海上风电供应链的持续增长，建立电网连接，做好海洋空间规划。第二，现阶段我国海上风电成本仍然较高，潜在的并网、运行安全等风险不容忽视。在资源条件来看，我国近海风资源条件和海床地质条件不及欧洲。并且我国在近海风能资源探测评估方面相当薄弱，可能会对项目的预期收益带来较大的偏差。在设备材料方面，我国海上风机部分关键零部件（如主轴承、液压变桨系统等）仍需进口，国产化率较低，增加了降本难度。在开发方式方面，当前同区域海上风电分别由不同开发商开发建设的方式，不利于形成规模经济。在并网方面，目前海上风电开发均由发电企业自行完成，电网公司一直未介入，海上风电接入大电网的地点、容量、性能的选择缺乏统一规划。随着规模增大和向远海发展，未来将涉及海上组网和输送等问题。第三，海上风电仍属于一个新兴的技术密集型产业，现阶段我国装备研发能力和工程技术力量不足，标准体系仍需持续完善。在大型风电机组研发、关键零部件制造、远海施工、直流送出、海上施工装备等方面，我国与欧洲国家还存在3～5年的技术差距。欧洲海上风电产业涌现出的一些新设计、新技术，包括风机叶片设计、风机基础设计与施工等，仍然存在不同程度的技术封锁。就世界范围看，目前全球尚未形成一套独立的海上风力发电机组设计方法和标准，海上风电开发仍处于技术探索阶段。因此，油气企业若计划涉足海上风电及其相关产业，还应结合自身情况慎重选择、切忌盲目跟风。

对于油气企业而言，海上风电或许仅仅是一种备选的新能源技术，但是低碳化转型已成为这些企业面临的“必答题”。实现碳中和意味着二氧化碳排放必须大幅下降，使碳排放水平与碳汇能力基本相当，这将带来经济结构、产业结构、能源结构发生一系列深层次的变革。例如，工业、交通、建筑等终端部门将实现高度的电力化，像重型卡车、大型船舶、大型飞机等难以电气化的领域则可能需要采用氢燃料或者醇醚燃料作为驱动。油气企业需要看清这一形势，因势而谋、应势而动、顺势而为。结合国内外技术发展趋势和油气行业特点，本文提出以下三项值得油气企业重点关注的技术与领域：①碳捕集、利用与封存（CCUS）技术，包括二氧化碳捕集驱油和封存项目、二氧化碳用作原料生产化工产品项目等；②绿氢技术，石化企业具有管道输氢和建设加油/加氢站的天然优势，建议围绕绿氢化工、氢气储运、氢燃料电池进行布局；③绿氢制甲醇（也称液态阳光）技术，该技术不仅可以解决大规模储存、长距离输运绿氢问题，也可能成为通向净零排放的重要路径。上述技术中，绿氢技术和绿氢制甲醇技术与海上风电开发高度契合，且目前风电开发企业普遍不具备大规模投产的能力，建议油气行业给予关注与重视。

## 参考文献

[1]李玲.“三桶油”等大型石油央企近日纷纷启动碳中和规划,向新能源领域转型——布局新能源,油企胜算有几多[N].中国能源报,2021－01－25(2).

[2]北极星风力发电网．中海油新能源“上演”风电之殇[N/OL].[2014－01－13].http://news.bjx.com.cn/html/20140113/486181.shtml.

[3]北极星风力发电网．新增超6GW！2020全球海上风电数据最新出炉 中国再次领跑！[N/OL].[2021－02－26].http://news.bjx.com.cn/ht-

ml/20210226/1138368. shtml.

[4]国际风力发电网．起风了！510 亿美元,全球海上风电投资额首超海上油气,一半项目在中国！[N/OL]. [2021 - 02 - 02]. https://wind. in - en. com/html/wind - 2398579. shtml.

[5]全球风能理事会(GWEC). 起风了！OREAC: 1,400 GW of offshore wind is possible by 2050, and will be key for green recovery! [N/OL]. [2020 - 07 - 08]. https://gwec. net/oreac - 1400 - gw - of - offshore - wind - is - possible - by - 2050 - and - will - be - key - for - green - recovery/.

[6]北极星风力发电网．GWEC 发布其首个全球海上风电安装船数据库[N/OL]. [2020 - 10 - 12]. http://news. bjx. com. cn/html/20201012/1109045. shtml.

[7]李丽旻. 施工船供不应求制约行业成本下降——全球海上风电突遇新“瓶颈”[N]. 中国能源报,2021 - 01 - 04(7).

[8]于航，刘强，于广欣．欧洲油气公司 2050 年净零碳排放战略目标浅析[J]. 国际石油经济,2020, 28(10): 39 - 44.

[9]苏南. 海上风电基地布局呼唤顶层设计——建议加大国家在资源、规划、政策等方面的统筹力度,形成有序发展格局[N]. 中国能源报,2021 - 01 - 18(10).

[10]姜克隽．2060 碳中和目标下企业需主动转型,避免淘汰[J]. 可持续发展经济导刊, 2020, 20(11):14 - 16.

[11]分布式能源网．工信部原部长李毅中：灰氢不可取、蓝氢可以用、废氢可回收、绿氢是方向[N/OL]. [2019 - 9 - 23]. http://www. chinaden. cn/news_nr. asp? id = 4066.

[12]吕亮功. 推动制氢从“灰氢”为主向“蓝氢”和“绿氢”过渡[N]. 中国能源报,2020 - 05 - 25(12).

[13]韩扬眉.“液态阳光”让“碳中和”更近一步[N]. 中国科学报,2020 - 11 - 11(3).

# 中国氢能产业发展态势及展望

赵吉诗　金子儿　龚娟　戴先知　王子缘　张仲军　陈文凤

**摘　要**　近年来，全球加速推进能源绿色化发展战略，氢能在能源转型中价值逐步凸显，发展前景广阔。我国氢能产业备受国家相关部门及地方政府的高度重视，产业政策及标准、法规体系不断完善，技术自主创新成效显著，燃料电池车辆推广及基础设施建设提速，能源巨头排兵布阵、争相入局，助推氢能产业高速发展。本文介绍了中国氢能产业的发展现状，提出了在产业发展风口之下仍存在产业布局趋同、核心技术水平有待提升、示范应用场景单一、氢能供应体系有待完善等问题，这些问题亟待“十四五”期间得以突破和解决，并从保持清醒认识、加快成本下降、探索商业运营模式及政策松绑等方面提出建议。最后对“十四五”期间氢能产业发展前景进行了展望，产业发展即将迎来市场化临界点，头部企业加速产业链洗牌或将搅动现有竞争格局，发展规模将有望突破万亿。

**关键词**　氢能；燃料电池；态势；展望

# 一、中国氢能产业发展现状

## （一）全球推进能源绿色发展，氢能市场前景广阔

为保障能源安全、应对气候环境变化，化石能源清洁化、清洁能源规模化、多种能源综合化、终端能源再电气化趋势正加速演进，能源结构向绿色低碳转型已经成为主流共识。氢能具有低碳、清洁、灵活等特点，被认为是未来实现碳中和战略的重要途径，备受全球主要国家和地区青睐。据不完全统计，截至2020年底，G20中已有十几个国家和地区开展了氢能产业的布局，其中9个国家和地区发布了氢能产业发展战略，另有7个国家和地区已开展了氢能应用试点示范工作。以德国为例，其在《国家氢能战略》中指出氢能对德国实现碳中和目标的作用不可替代，应大力发展可再生能源电解水制氢，并将绿色氢气用于工业、交通等“难以减排领域”。为此，德国近期将至少投入90亿欧元打造氢能供应链及应用示范，力争成为全球绿氢技术领导者。

我国深入实施能源革命，大力发展可再生能源，推动氢能产业发展进入新阶段。我国提出“力争2030年前二氧化碳排放达到峰值，努力争取2060年前实现碳中和”的庄严承诺，同时提出到2030年，中国单位国内生产总值二氧化碳排放将比2005年下降65%以上，非化石能源占一次能源消费比重将达到25%左右，风电、太阳能发电总装机容量将达到12亿千瓦以上等目标，助推我国尽快实现碳达峰。可以看出，随着国家层面绿色低碳发展进程的持续加快，我国可再生能源的发展将迎来较大的飞跃，

大规模可再生能源电力的并网将为绿氢全产业链带来重要的发展机遇，氢能与电力的耦合发展将是可再生能源大规模应用与消纳的重要保障，氢能产业也将成为可再生资源丰富地区实现产业转型升级、经济高质量发展的重要途径。总之，氢能将在我国绿色低碳发展中扮演重要的角色，发展前景广阔。

### （二）政策及标准体系的完善，驱动产业快速发展

“十三五”以来，国家层面相继出台了《国家创新驱动发展战略纲要》《“十三五”国家科技创新规划》《“十三五”国家战略性新兴产业发展规划》《能源技术革命创新行动计划（2016—2030年）》等多项政策措施，支持氢能产业健康持续、加快自主技术创新及产业化的导向清晰明确，推动氢能产业快速发展。2020年，《中华人民共和国能源法（征求意见稿）》《关于开展燃料电池汽车示范应用的通知》《新能源汽车产业发展规划（2021—2035年）》《新时代的中国能源发展》白皮书等相继发布，进一步明确了国家对发展氢能产业的支持。2021年，氢能作为战略新兴产业正式出现在《中华人民共和国国民经济和社会发展第十四个五年规划和2035年远景目标纲要（草案）》第九章“发展壮大战略性新兴产业”之第二节“前瞻谋划未来产业”中，足见国家对氢能等战新产业的重视，氢能必将迎来快速发展的战略机遇期。

2017年以来，我国氢能产业发展势头迅猛，已形成氢能“制—储—运—加—用”完整产业链，初步具备规模化发展的基础。地方政府推动氢能产业发展的积极性非常高，产业利好政策频出，截至2020年底，我国共有几十个地方政府发布了与氢能发展相关的规划/实施方案/行动计划等，规划加氢站数量超千座，燃料电池车数量达几十万辆，产值规模达万亿。从2020年燃料电池汽车示范城市群申报中也可看出我国各地政府发展氢能产业的热情。据悉，全国19个城市群按时提交了申报材料，基本覆盖了除新疆、西藏、黑龙江、云南、广西、甘肃、海南等之外的其他内陆省市自

治区。从地区分布来看，京津冀、长三角、珠三角、成渝、山东及环武汉等地区先发优势明显，辐射带动作用和对优势企业的吸引力逐步凸显，集聚效应初步显现。

积极推进氢能技术标准化工作，强化标准对技术创新和产业发展的引领作用。2020 年 4 月，工业和信息化部发布的《2020 年新能源汽车标准化工作要点》明确提出要推动研制燃料电池等重点标准，发挥标准对技术创新和产业升级的引领作用。我国在氢能安全领域现行国标 12 项，行标 2 项；在气体品质检测领域现行国标 4 项，行标 3 项，地标 1 项；在气体纯化领域现行国标 2 项，行标 3 项；在储氢容器领域现行国标 33 项；在运输领域现行国标 19 项；在加氢站领域现行国标 8 项；在燃料电池系统领域现行国标 8 项。我国正加快氢能及燃料电池领域标准的修订并完善氢能利用标准和法规体系。2020 年 6 月 2 日，国家市场监督管理总局正式发布《车用质子交换膜燃料电池堆使用寿命测试评价方法》（GB/T 38914—2020）、《燃料电池术语》（GB/T 28816—2020）和《无人机用氢燃料电池发电系统》（GB/T 38954—2020）三项燃料电池国家标准。2020 年 6 月 12 日，住房和城乡建设部办公厅发布了关于国家标准《加氢站技术规范（局部修订条文征求意见稿）》和《汽车加油加气加氢站技术标准（征求意见稿）》公开征求意见的通知，并于年底完成了报批评审工作。2020 年 9 月广东省发布了全国首个氢能产业标准体系规划的路线图。2020 年 12 月，国家技术标准创新基地（氢能）顺利通过国家市场监督管理局验收评审，对我国氢能技术标准体系建设具有重要意义。中国氢能联盟发布了全球首个“绿氢”团体标准，建立了低碳氢、清洁氢和可再生氢的量化标准及评价体系。

### （三）技术自主创新取得突破，国产化步伐正在加速

关键核心技术自主可控是我国氢能产业可持续高质量发展的重要保障。近年来，我国高度重视氢能技术自主创新与产业化，关键技术取得较大突破，技术成果转化成效显著。

制储运等环节技术进步显著。制氢方面，我国大型煤制氢、天然气制氢技术及装备世界领先；碱性电解槽技术并跑国际先进水平，电解槽成本远低于发达国家；质子交换膜电解槽技术进步显著，但仍跟跑国际先进水平，技术仍需突破，成本有待下降；固体氧化物电解池技术处于实验验证阶段。车载储氢容器方面，我国三型瓶技术成熟已实现全国产化，四型瓶初步具备量产水平，但由于碳纤维等关键材料大部分依赖进口，储氢瓶成本高于国外同类产品。储运方面，我国仍以20MPa压缩氢气运输为主，液氢、固态储氢、50MPa压缩气体运输技术及装备取得显著进步，但与国际一流水平差距明显；98MPa全国产化固定储氢容器和45MPa（含以上）固定储氢瓶组性能指标基本达到国际先进水平。加氢站技术及装备方面，45MPa隔膜式和液驱氢气压缩机已具备产业化能力；90MPa氢气压缩机核心技术取得突破；加氢机整机开发实现国产化，但阀门、流量计等关键部件仍依赖进口。

燃料电池电堆及系统加速国产化，成本快速下降。我国燃料电池电堆与系统集成水平大幅提升，并向高功率、高集成、低成本方向发展。多家燃料电池生产企业推出了100kW及以上的电堆与系统，电堆成本快速下降，广东国鸿等燃料电池电堆企业相继发布新产品，电堆价格降至1～2元/瓦。据统计[①]，与2015年相比，2020年燃料电池电堆性能大幅提升，其中，电堆功率提升37%，石墨板及金属板电堆功率密度分别提升47%和50%，石墨板及金属板电堆寿命分别增长300%和67%，系统集成能力大幅增强。关键材料方面，近几年技术有所突破，但整体水平对比世界先进仍有较大差距，产品对外依赖度较大。质子交换膜和气体扩散层（碳纸）技术水平显著提升，但产业化仍有待突破；催化剂已实现量产，但仍跟跑国际先进水平。核心零部件方面，膜电极、空压机、双极板等国产化进展迅速，正快速缩小与国际先进水平的差距，2020年成本同比降幅达30%以

① 资料来源：清华大学欧阳明高教授演讲报告。

上。氢气循环泵总体处于跟跑状态，但国内企业积极推动技术攻关，已取得一定进展。

终端应用领域正向开发能力提升，产品性能持续提升。城市公交和物流车仍是目前最主要的燃料电池终端产品，车辆冷启动、续航等性能持续提升。乘用车、重型卡车、备用电源等终端应用发展迅速，已有企业陆续推出燃料电池乘用车、重型卡车、应急电源车等。燃料电池船舶方面，我国已推出拥有自主知识产权的船用燃料电池系统。固体氧化物燃料电池（SOFC）备受关注，技术有待突破，2021 年国家重点研发计划启动“氢能技术”重点专项，管式固态氧化物燃料电池发电单元及电堆关键技术被纳入共性关键技术类，是 19 个指南任务中的一项。当前我国拥有全球最大的陶瓷电解质膜片供应商，5kW 级 SOFC 电堆及系统已开发成功。

### （四）基础设施建设进程加快，推动终端多元应用

随着氢能产业持续快速发展，我国加氢基础设施建设进程明显加快。截至 2020 年底，我国已建成加氢站超过 110 座，另有 100 多座处于在建或备案、规划阶段。其中，佛山建成 16 座，12 座投入运营；上海建成 9 座，6 座投入运营；北京建成 4 座；广州、成都、武汉三地分别建成 3 座。从各地已出台的氢能发展规划看，未来我国加氢站建设仍将保持高速增长态势。建站模式呈现多元化，同济—新源大连加氢站是我国第一座风光互补发电耦合制氢的 70MPa 加氢站；上海驿蓝加氢充电合建站是我国首个通过管道输送氢气供氢的加氢站；佛山樟杭油氢合建站是我国首座油、氢、电综合能源补给站。随着储氢容器、压缩机、加氢机、安全系统等关键设备的国产化率提高，加氢站建设成本呈现逐年降低趋势。

燃料电池汽车是我国氢能示范推广的重点领域，也是先发领域，目前推广成效显著，受到世界各国的普遍关注。依托北京奥运会、上海世博会等重大国际活动，我国积累了较为丰富的燃料电池汽车示范经验，逐渐探索出一条以商用车为主的中国特色燃料电池汽车推广路径。2016—2019

年，我国燃料电池汽车产销量稳步上升；2019 年，产销量分别达到了 2831 辆和 2737 辆；2020 年受新冠肺炎疫情的影响，产销量同比出现较大幅度下降，分别为 1199 辆和 1177 辆（见图 1）。截至 2020 年底，我国燃料电池汽车保有量接近 7400 辆，以中型货车和大中型客车为主，累计运营里程接近 1 亿公里；上海、深圳和佛山投放车辆均超过千辆。但我国燃料电池汽车的正向开发能力与发达国家仍存在较大差距，有待进一步提升。

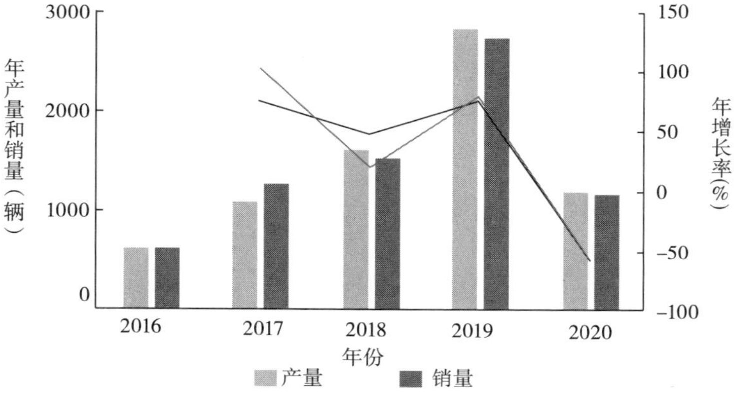


**图 1　2016—2020 年中国氢燃料电池汽车产销量**

随着汽车示范应用规模不断扩大，技术成熟度和可靠性逐步得到验证，推广应用开始向重卡、特种车、叉车、船舶、无人机等其他交通领域以及备用电源、应急电源、储能、化工、冶金等领域拓展。2020 年下半年以来，我国氢能重卡的发展备受关注，整车企业、燃料电池系统企业、应用市场主体等不断展开合作，推动燃料电池重卡示范应用。据不完全统计，已有几百辆的重卡签约订单。船舶方面，近期，大连海事大学牵头建造的燃料电池游艇“蠡湖”号通过试航，标志着我国燃料电池在船舶动力上的实船应用迈出关键一步。化工领域，全球最大规模的太阳能电解水制氢储能及综合应用示范项目在宁夏宁东能源化工基地开工，该项目是我国煤制烯烃行业首个引入绿氢的项目。冶金领域，河钢集团与特诺恩签订合同，开工建设绿氢直接还原铁工厂。近两年，我国氢能的多元化应用取得积极进展，已初步具备产业化的技术条件，亟待推动商业化路径的探索。当前推广应用的市场化机制探索已经成为仅次于技术创新的重要任务。

## （五）能源巨头持续推进布局，强化产业竞争优势

在我国提出2030碳达峰及2060碳中和目标的背景下，大型央企，尤其是能源企业面临着低碳转型的迫切需求，氢能则是其转型的重要方向之一。近年来，央企快速入局氢能产业并持续发力，逐渐成为推动产业发展的重要力量。当前，我国涉足氢能产业的央企主要有能源企业、能源装备制造企业、钢铁企业、汽车企业等。通过梳理可知，央企主要从以下几方面加速推进其氢能业务布局。

央企加大与产业先发地区的氢能战略合作。随着国家及各地方政府涉氢产业支持政策频出，我国氢能产业进入规模化发展前夜，央企加快氢能产业链业务布局，积极争取与珠三角、长三角、京津冀等产业先发地区展开战略合作，抢占产业发展高地。其中，国电投与北京市签署协议，围绕氢能应用、绿电进京、能源创新等展开战略合作；中石化广东石油与广州黄埔区、广州开发区签订战略合作协议，规划新建20座以上的加氢、加油、充电、非油、光伏发电等“五位一体”综合能源销售站；一汽解放与佛山合作，在佛山高明区建设一汽解放南方新能源基地，主要聚焦燃料电池商用车的研发生产。

央企强化与氢能产业链头部企业的战略合作。近年来，央企依托其自身的技术及资源优势，积极布局氢能产业，已形成一定的技术积累及产业规模。央企氢能产业发展呈现出与国内外氢能产业链头部企业合作，提升研发创新能力，拓宽业务范围，全力营造产业生态，向产业落地和市场开拓过渡等良好发展态势。以宝武集团为例，集团积极推进氢能产业发展，与重塑科技、上汽集团、上海杰宁等开展氢能战略合作，并已经成功运营10辆氢燃料电池半挂牵引车。2020年，我国整车及系统企业与丰田、现代等国外车企合作，共同开展燃料电池系统研发工作，构建氢能产业生态

系统。

央企推进氢能基础设施建设，拓宽氢能终端应用领域。氢能基础设施建设方面，中国石化具备丰富的副产氢资源，齐全的终端能源供应网络，在加氢站等基础设施建设领域优势明显。近两年，中国石化加大氢源供应能力，提速加氢站建设。据报道，截至2020年底，中国石化已经在北京、广东、上海等地建成每年约三千吨的高纯氢供应能力，正在布局可再生能源制氢项目；已建成10座油氢混合加氢站。2020年，央企积极拓宽氢能应用领域，其中，国家能源集团自主研发的首套20kW固体氧化物燃料电池（SOFC）发电系统试车成功；宝武集团打造氢能供应链的同时将探索发展氢冶金技术。

## 二、中国发展氢能的主要问题和相关建议

### （一）产业同质化问题较为突出，需在氢能热中保持冷思考

我国高度重视氢能产业发展，利好政策频频发布，地方规划密集出台，企业布局蓄势待发，各类氢能项目和“氢能产业园”“氢能小镇”犹如雨后春笋出现在产业市场，成为各地竞相发展的“香饽饽”。由于国家级氢能产业缺乏顶层设计，地方政府规划过分关注全产业链发展，主要集中研发制造燃料电池以及布局燃料电池商用车项目，导致产业扎堆现象严重，产业同质化逐步显现。此外，区域发展存在“各自为政、低水平重复建设”的趋向，产业生态“相对封闭”，而我国氢能产业化尚处于起步阶段，核心关键技术、用氢经济性均存在瓶颈，市场应用需求短时间内难以充分释放，各地规划一旦实施极可能面临产能过剩风险，不利于产业健康可持续发展。

对此，我国氢能产业亟须进行系统科学谋划，因地制宜发展布局，在氢能热中保持冷思考。对于国家层面，一是相关部门应尽快通过顶层规划、政策标准等手段，引导地方产业规划差异化布局；二是要加强产业监

测预警，合理引导产业市场预期，避免盲目重复建设。对于地方政府，一是各地应立足自身资源禀赋，有的放矢、有所侧重布局优势产业环节，切勿“怕小贪全”；二是氢能发展应践行协同理念，推进构建区域协同、上下游联动、产业开放融合的产业生态体系，力争“区域发展一盘棋”。

### （二）核心技术水平仍有待提高，亟须加快产业链成本下降

氢能及燃料电池是集尖端材料、先进工艺、精密制造于一体，兼具高附加值和高门槛性的前沿技术产业。近年来技术自主创新取得重大突破，但必须清醒地认识到，我国部分核心关键技术、关键材料和装备制造等方面尚未实现自主可控，与世界先进水平仍有差距。例如，催化剂和质子交换膜仍未实现规模化生产，核心技术指标相对落后；气体扩散层（碳纸）基本全部依赖进口；空压机、氢气循环泵、金属双极板等核心零部件处于跟跑水平；液氢、管道等高效低成本储运技术，液驱和离子氢气压缩机、加氢枪等处于跟跑阶段；燃料电池乘用车正向开发水平落后于丰田、现代等国际一流企业。而掌握核心技术及专利的国外企业，在研发上投入多年仍未获得可观的经济回报，正面临产业链成本亟待摊薄的困境。当前我国各地氢能产业发展重心偏向做大燃料电池汽车推广市场，容易陷入“为他人作嫁衣”的尴尬局面。

对此，我国在“以奖代补”政策实施期内应加快推进全产业链核心技术攻关，提升氢能领域技术水平及自主化程度，促进成本降低。氢气制备方面，因地制宜开展清洁、高效、低成本、多元化制氢技术研究，重点突破规模化可再生能源电解水制氢技术；氢气储运方面，着力发展30MPa及以上高压气态储运技术，加大深冷低温液氢技术及储运装备、大容量管道运输、天然气管道掺氢、新型固态金属储运等技术研究；氢气加注方面，重点推动加氢机、90MPa氢气压缩机装备自主化；燃料电池方面，重点攻关碳纤维、胶粘剂等基础材料和增湿器、气体扩散层及氢气循环泵等关键零部件核心技术及其批量制造技术，以及长寿命、高性能、低成本燃料电

池系统集成技术；氢能应用方面，重点突破交通运输领域尤其是燃料电池商用车商业化推广应用技术，加强非道路交通运输领域氢能应用技术开发，研究氢能与可再生能源调峰调频储能技术、家庭化商用高温固体氧化物氢燃料电池技术、氢替代煤炭冶金技术等。

### （三）示范应用场景仍有待拓展，亟待探索多样化商业模式

氢能产业总体处于发展培育期，受产业规模较小、技术不成熟、核心装备依赖进口、应用市场需求不足等因素影响，氢源供应、储存运输、加氢站运营维护、燃料电池终端产品购置等成本均较高，加之各环节间尚缺乏可推广、可持续的协同发展商业模式，导致产业链经济性不强、市场竞争力缺乏等情况。当前我国氢能示范应用主要集中在由政府主导的公共交通领域，盈利诉求较低，导致前期对于燃料电池车辆市场化、商业化应用场景的开拓及商业模式的探索相对较慢；对于燃料电池技术路线更具优势的中重型车辆，示范运营场景仍有待拓展。同时燃料电池轨道交通、航空航天、分布式发电、热电联供等其他应用领域已初步具备产业化技术条件，亟待开拓示范应用场景，推动探索商业化路径。

对此，建议我国在践行“3060”碳达峰碳中和背景下，重点围绕难以减排领域构建“大氢能”应用场景，充分挖掘氢能在储能、化工、建筑、发电机船舶、轨道交通等领域市场应用潜力，按照经济适用、安全高效原则科学谋划，寻求可持续发展路径。例如在可再生能源优势地区，开展可再生能源规模化制氢、天然气管道掺氢、电网调峰等场景技术示范工作，探索风光发电 + 氢储能一体化应用新模式；开展氢能—冶金化工耦合利用示范，探索低价、清洁氢源在钢铁、炼化、冶金等传统行业实现绿色替代应用。在氢能终端需求较大地区，支持鼓励氢能重卡和油气氢合建、站内制氢—加氢母站建设及运营商业模式。在重点产业园区、港口、旅游景区等区域开展燃料电池分布式电源和固定式发电站示范应用，探索推进氢能在轨道交通、船舶、无人机等领域示范应用。

### （四）氢能供应体系仍有待完善，亟须加快各环节政策松绑

氢能供应包括氢的制取、储运和加注等多个环节，氢气因其易燃易爆等特点被纳入危险化学品管理范畴，标准法规体系尚不健全，相关项目在立项、审批、实施、运营等环节均存在体制机制障碍。尤其是规模化集中制氢项目、制氢加氢一体站等建设受制于落地化工园区的限制，多个项目因此陷入僵局而停滞不前。以佛山为例，氢源不足已成为当前产业发展的“痛点”；我国暂未完善高压气态氢运输标准、液氢运输标准、管道输氢标准等系列标准及相关国家级安全技术规范，氢气储运效率低下导致成本难以下降；加氢站主管部门、建站审批流程、运用管理办法等制度机制仍未明确，用地审批难。缺乏科学有效的顶层设计和支持系统，简单粗暴“一刀切”的做法已导致我国氢能供应保障体系建设速度严重滞后于产业发展需求。

对此，我国应顺应氢能产业发展新态势，加快机制体制创新，亟须破除行政法规限制壁垒。一是建议制订“制氢专区”管理机制，放宽制氢项目须在化工园区的限制，同时推进探索加氢制氢一体站建设机制。二是放宽氢气长管拖车运输20MPa压力等级限制，试点30MPa及以上高压气态氢运输，推动民用液氢储运技术发展及标准法规完善，以燃料电池汽车示范城市为契机推动液氢储运试点示范。三是明确加氢站主管部门，尽快制氢国家层面关于加氢站建设审批流程、运用管理办法等制度机制；允许在工业、公共设施用地等非商服属性土地上建设加氢站、授予经营许可证和支持对外合法经营。四是参考天然气管理条例，将氢气纳入能源管理体系，加快制定氢气能源管理办法。

## 三、“十四五”氢能产业发展前景的几点研判

### （一）氢能产业迎来市场化发展临界点

一是具备自主可控的核心技术基础。经过多年探索研究，我国氢能产

业核心关键技术路线图已趋于清晰。即将启动的国家燃料电池汽车示范应用项目，明确提出通过“以奖代补”的方式支持电堆、膜电极、双极板、质子交换膜、催化剂、碳纸、空压机、氢气循环系统等八大部件技术自主创新及产业化。因此，“十四五”期间有望实现整车与系统、八大部件产品关键核心技术自主可控。其中，整车与系统、电堆、膜电极、双极板、空压机等产品性能参数有望与国际先进水平并跑，质子交换膜、催化剂、碳纸、氢气循环系统等产品接近国际先进水平。同时，氢能领域关键核心装备精密度、生产工艺流程、原材料性能、国产化率等技术产业化水平将得到进一步提升，基本实现自主可控。

二是具备成本不断下降的经济性基础。近两年来，得益于国家和地方政府的积极引导与大力支持，行业内产学研机构开展全方位合作，优势互补、强强联合、共同攻克技术难关，加速国产化进程，核心产品成本大幅下降。目前，在制氢方面，我国碱性电解槽技术领跑国际先进水平，电解槽成本已下降至7000元/千瓦左右，仅为发达国家的一半甚至更低。燃料电池方面，2020年，我国电堆与系统集成水平大幅提升，并向高功率、高集成、低成本方向发展。多家燃料电池生产企业推出了100kW及以上的电堆与系统，有力回应了“功率低、适用场景有限”等质疑。同时，燃料电池成本也在快速下降，广东国鸿等燃料电池企业相继发布新产品，电堆价格最低下探至2000元/千瓦以内，“千元千瓦”目标指日可待。核心零部件方面，膜电极、空压机、双极板等国产化进展迅速，正快速缩小与国际先进水平的差距，2020年成本同比降幅达30%以上。“十四五”期间，氢能产业将进入国家全面布局发展的新阶段，应用场景和应用规模将不断扩大，并将加快技术升级与迭代速度。同时，生产规模、技术成熟度及国产化率的提高，必将促使产业链各环节成本加速下降，为氢能产业商业化、市场化发展扫清障碍。

三是具备不断完善的政策环境基础。2020年我国已向全球做出“2030年前碳达峰和2060年前碳中和”庄严承诺，彰显了“人类命运共同体”

的大国担当。作为全球最大的发展中国家和工业化国家，我国实现碳中和目标难度更大、时间更短、挑战更多。在此背景下，我国正陆续出台发展氢能储能的利好政策及重大示范项目，发挥氢能清洁、低碳、灵活的特性，作为各能源间转换链接、融合发展的桥梁和纽带，成为深度脱碳的重要解决方案之一。“十四五”是我国实现“碳达峰碳中和”目标的关键时期，在碳排目标的倒逼下，氢能将有望迎来新一轮发展热潮，加快步入成熟市场化发展阶段。

### （二）氢能头部企业重塑未来产业格局

未来，具有技术优势、资金优势、资源优势的头部企业将占据市场主导地位，重塑产业格局，改变当前企业数量众多、规模参差不齐、核心竞争力不强、盲目无序扩张的发展态势。在我国提出“2030 碳达峰，2060 碳中和”目标的背景下，大型央企，尤其是能源企业面临着低碳转型的迫切需求，氢能则是其转型的重要方向之一。当前，我国涉足氢能的央企主要有能源企业、能源装备制造企业、钢铁企业、汽车企业等，这些企业拥有雄厚的资金和优秀的研发团队，同时在上游氢气资源、中游制储运加及装备制造、下游客户等方面拥有绝对的优势，并已规划布局氢能全产业链，是未来我国氢能产业的“领头羊”。

光伏、风电、水电等新能源企业布局氢能产业，为加快绿氢发展提供支撑。绿氢是未来氢能产业发展的最终方向，是氢能助力低碳发展的前提。近年来，随着新能源产业规模的日益扩大，技术不断迭代升级，可再生能源发电效率不断提高，度电成本正大幅下降。以光伏发电（大型光伏电站）为例，2007 年以来，我国光伏电站初始投资下降幅度超过 90%，2020 年全国平均上网电价已降至 0.35 元/（千瓦·时），最低中标电价（青海海南州）为 0.24 元/（千瓦·时）。“十四五”时期，预计光伏发电成本还会下降 1/3 以上，这为我国大规模发展可再生能源制氢打下了坚实的基础。新能源企业在光伏、风电等可再生能源发电行业深耕多年，具备可再生能源发电设备研发、生产、利用的优势和丰富经验，是未来推动氢能与可再生能源耦合发展的关键力量。

“十四五”时期是我国氢能产业步入市场化发展的临界点、关键窗口期，市场结构优化调整和产业组织形态升级是这一时期的基本特征，行业内头部企业之间的合作态势将更加凸显，优胜劣汰、兼并重组将成为常态，持续优化洗牌产业链。产业将由地方政府推动转向由政府引导、企业主导、市场需求驱动的新发展格局，形成全国一盘棋、各地优势互补、协同发展的新局面。届时，氢能行业头部企业将逐步占据主导地位，其布局将决定我国未来氢能产业格局。

### （三）氢能产业发展规模突破万亿水平

在全球积极应对气候变化的大背景下，发展氢能已成为国际社会的基本共识，全球氢能产业发展将迎来重大机遇。我国氢能与燃料电池产业发展已进入快速通道，目前已初步形成燃料电池及关键材料、动力系统及核心零部件、整车和基础设施等完整产业链，产业链各环节成本大幅下降，预计 2021 年燃料电池电堆及系统平均成本较 2018 年降幅超过 50%。未来我国将加速发展绿氢制取、储运和应用等氢能产业链技术装备，氢能供应保障网络逐步构建完善，促进氢能与燃料电池技术链、氢燃料电池汽车产业链发展。

此外，氢能可与电能互变、互联、互通，可有效耦合传统化石能源和可再生能源系统，在工业、交通、建筑、能源等各个领域可实现产业规模化应用，提高氢能产业链配套能力，使氢能产业发展水平迈上新台阶。“十四五”时期，氢能与可再生能源的融合发展，将加快构建以清洁能源为主的多元能源供给系统，并逐步向其他行业渗透，催生氢能社区、氢能电站、能源互联网等新产品、新业态。到“十四五”末，全国燃料电池汽车保有量有望达到 10 万辆，加氢站数量超过 1000 座，氢能产业市场达到万亿元规模。

## 参考文献

[1]符冠云,赵吉诗,龚娟等.2019 年国内外氢能发展形势回顾及展望[J]. 中国能源,2020,42(3):30－33.

[2]王子缘,赵吉诗,金子儿. 推动氢燃料电池汽车产业尽快破局[N]. 中国能源报,2020－05－11(10).

# 可持续航空燃料发展展望

刘疏桐*

**摘　要**　全球航空业温室气体排放仍处于快速上升的态势，这建立在发达经济体排放的深厚基础上，并受到发展中经济体快速增长的推动。中国航空业已成为仅次于美国的世界第二大航空市场，2018 年的排放量为 9490 万吨，相当于 3000 多万吨航空燃料的燃烧量。然而，中国的人均客运量仍明显低于发达国家，到 2050 年，中国的航空排放量将增长 130% ~ 400%。随着全国机队的壮大，中国的航空公司购买了新型并且能效更高的飞机，但为了避免该领域的排放失控增长，仍需要进行重大创新。就在航空业快速发展之际，中国国家主席习近平最近在联合国大会上宣布，中国计划在 2030 年之前达到二氧化碳排放峰值，到 2060 年实现碳中和。虽然具体细节仍在研究中，但很明显的是，中国经济的每一个部门——包括航空部门——都需要采取重大行动来脱碳。此外，随着国际上要求减少航

* 刘疏桐，上海道兰新能源环保科技有限公司 CEO。

空业排放的压力日益增加，以及包括 CORSIA 在内的国际减排计划框架逐步生效，中国需要制订一项计划。

国际航空运输协会（IATA）估计，为了在 2050 年前实现碳中和，全球民航部门将需要大幅增加可持续航空燃料（Sustainable Aviation Fuel，SAF），以取代化石航空燃料，随着新技术的实施，SAF 的使用将占到航空减排总量的一半以上。作为最大的航空燃料消费国之一，中国也需要运用自己的方法来发展和扩大其生产 SAF 的能力。本文概述了围绕 SAF 发展的主要机遇和问题，确定了主要利益相关者群体，并建议中国的利益相关者共同制定一个全面和可实现的路线图，大幅提高中国 SAF 的生产和应用规模，以支持中国到 2060 年实现碳中和的目标。通过学习其他国家和地区 SAF 产业发展、政策以及创立 SAF 路线图的经验，中国现在有机会结合政府、航空业、能源业、环保以及民众需求和利益，促进 SAF 技术，供应链和产业在中国的发展，并提出商业和政策建议，推动中国航空业可持续发展的未来。

**关键词** 可持续航空燃料（SAF）；航空业减排；COSIA 减排计划

## 一、航空业减排背景

航空业是全球发展最快，同时也是碳排放增长速度最快的产业之一。在过去的20年中，全球航空业的温室气体（GHG）排放量增加了一倍多，在运输业中排放量增幅是最大的。航空业占2019年二氧化碳（$CO_2$）总排放量的2%——向大气中释放了9.15亿吨二氧化碳，其中约80%的二氧化碳排放来自长途航班。预计到2030年，航空业碳排放每年将至少增长5%，对航空燃料的需求每年可能将增长约1.5%～3%。可持续发展目标（SDGs）即将在2030年实现，绿色经济已成为全球共同目标，绿色航空需求也已经引起政府、企业、行业协会和整个社会的关注。

### （一）中国航空业增长迅速

近几十年来，中国一直引领航空业增长，即使是在受新冠肺炎疫情影响之时。2019年，国内市场增长7.8%，是国际航空运输协会跟踪的全球国内市场中增长最快的国家，预计2018—2038年，国内市场年增长5.3%，明显高于世界平均水平。如果不是受新冠肺炎疫情影响，到2023年，中国市场将成为世界上最大的市场。

同时中国的航空排放量也是巨大的，尽管人均排放量很低。国际清洁交通委员会（ICCT）估计，2018年中国航班排放的二氧化碳量为9490万吨，占全球航空排放总量的13%，仅次于美国，位居世界第二。一些研究人员预测，在不受限制的情况下，到2050年，中国民航的二氧化碳排放量可能会翻四番，最好的情况是比2015年增长130%。假设每吨Jet A型飞机燃料排放3.15吨二氧化碳，这可能意味着中国对Jet A型飞机燃料的商业需求为3016万吨。随着习近平总书记宣布到2060年实现碳中和，航空业无疑将成为政策、技术发展、社会调整和国际合作的重要焦点。航空部门对国际航空碳抵消和减少计划（CORSIA）的制订作出了实质性回应，各国已有意向降低航空的碳排放强度（见图1）。

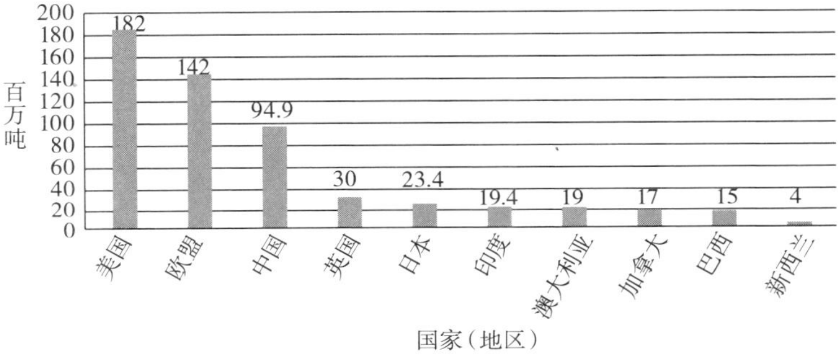


**图1 全球各国（地区）2018年航空业二氧化碳排放**

数据来源：Carbonbrief. org，ICCT.

## （二）全球航空业减排承诺

航空业的减排受到几个因素的推动。首先也是最重要的是航空业自身承诺减少排放。中国航空公司是国际航空工业协会（IATA）的成员。2009年，IATA承认，民用航空二氧化碳排放量将占全球二氧化碳排放总量的2%左右，需要采取一些措施。该组织制订了三个目标：

· 从2009年到2020年，燃油效率年均提高1.5%。

· 从2020年开始限制航空业二氧化碳排放，实现碳中和增长。

· 到2050年，相对于2005年的航空二氧化碳净排放量要减少50%（见图2）。

航空业还制定了一项“四大支柱”政策，在全球范围内形成了航空脱碳的方式：

· 实施现有技术。

· 改善基础设施。

· 提高飞机运行效率。

· 利用和开发新技术——包括可持续航空燃料（SAF）。

· 单一的全球市场措施（GMBM），以抵消剩余的排放缺口。

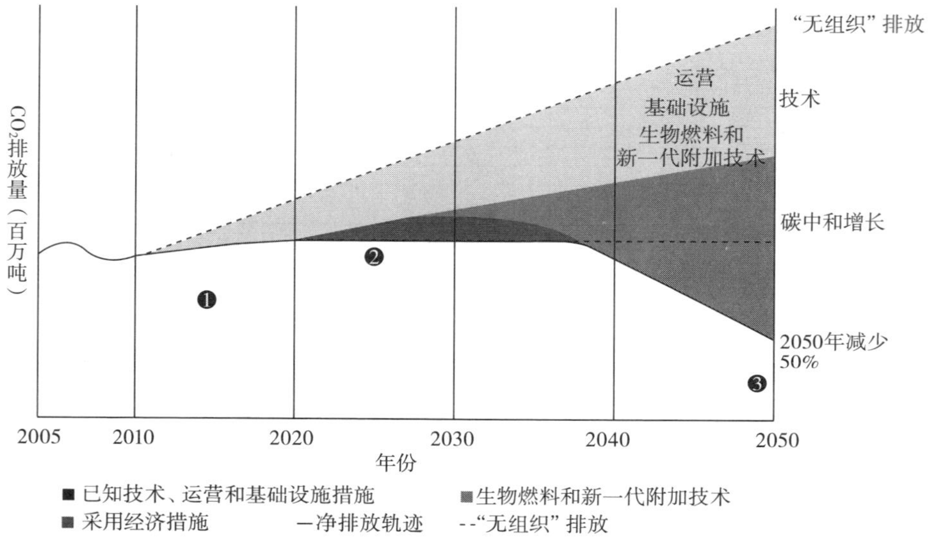


**图 2　ATAG 全球航空业减排预测情景 2050**

同时，全球航空业开始与国际民航组织（ICAO）发展国际航空碳抵消和减少计划（CORSIA），旨在限制国际航空排放量。对于到 2021 年超过 2019 年基线的国际航空排放，自愿参与试点阶段的国家将需要根据各自的排放责任比例购买抵销或示范使用抵销当量的低碳燃料。2024—2026 年，该机制将作为自愿的"第一阶段"被最后确定。到 2027 年，除最不发达国家、小岛屿发展中国家和内陆发展中国家外，所有国家都将被要求参与。到目前为止，中国还没有明确表态参与 COSIA 机制中的自愿减排。此外，部分为了应对欧洲通过排放交易计划（ETS）监管航空排放，航空业被设想纳入中国国家 ETS，并自 2013 年以来已被列入 ETS 上海试点。

## 二、可持续航空燃料（SAF）

### （一）全球可再生燃料以及可持续航空燃料生产情况

可持续航空燃料（SAF），有时也被称为航空生物燃料或生物飞机燃料，是航空业的低碳燃料替代品。这些非石油基航空燃料一般是由生物基原料生产的，包括废物、残渣和报废产品，或化石废料，如一氧化碳、废塑料和轮胎。

航空业可以通过技术革新，提升运营和基础设施改进提升效率等手段减排，而可持续航空燃料（SAF）由于其不用改变任何现有基础设施以及飞行器引擎的易用性，是目前来看最有潜力的航空业减排技术路线。在国际航空业的预测中，到 2050 年 SAF 的减排量将占到航空业减排目标的 50%。目前全球范围内还没有实现大规模量产，只在欧洲和美国地区有 20 万吨的产能。不过国际很多地区已经开始 SAF 生产装置的建设，目前已经规划的产能到 2025 年会达到 350 万吨。中国是世界上最大的航空市场之一，每年消耗约 3000 万吨航空燃料，中国航空业可能需要大幅增加 SAF 的应用，以确保全球航空业实现其雄心勃勃的目标。然而，SAF 的全球产量甚至无法满足中国当前 0.6% 的航空燃料需求，更不用说满足世界的需求了。此外，中国目前只有一个小规模装置——中石化镇海炼化厂，可以达到生产 SAF 的要求。

### （二）全球可持续航空燃料应用消费趋势

尽管 SAF 被许多航空公司和决策者视为减少航空温室气体排放的重要解决方案，但 SAF 的全球产量仍无法接近潜在需求。然而，由于 SAF 的成本比普通航空燃料高 4 倍，航空公司也犹豫承诺在短期内通过起飞协议购买燃料。SAF 目前陷入了一个陷阱，潜在消费者担心价格和供应情况，因此无法承诺购买。而另一方面，供应商则担心航空公司可能不会购买其燃油。与公路运输等其他运输方式的替代燃料一样，需要强有力的政府政策支持，以便在航空公司之间创造一个更高水平的竞争环境，并激励它们购买和消费更多的可持续航空燃料。因此，为了使这项技术能够扩展并满足航空公司的需求，需要政府明确的方向和透明的路线图，以在各国和全球范围内发展可持续航空燃料的供求关系。

除了各国及航空公司之间争夺可持续航空燃料之外，航空业、陆运业和航运业之间也竞争可持续或可再生燃料。虽然可再生和可持续燃料的原料特别是废弃物原材料仍然有限，但媒体可以观察到每周都会有新工厂宣布生产 SAF 燃料。全球燃料生产商正在收集动物脂肪和废弃食用油，它们是目前可持续燃料生产最易获得的原材料，其中有许多来源已经被用于生产。各国政府需要制定政策，鼓励可持续航空燃料的生产和销售。

### （三）可持续航空燃料的可持续性标准

传统生物燃料受到严重批评，因为它对某些生态系统具有破坏性——尤其是森林生态系统，当土地转为农田或种植土地用于生物燃料生产时，森林生态系统遭到破坏。可持续发展标准已经演变成专门确保在替代燃料进入欧盟和美国市场时生态系统得到保护的标准。由于棕榈树种植园对雨林生态系统的直接破坏所起的作用，以棕榈树为基础的生物燃料受到了特别的关注。然而，土地使用的间接改变也体现在标准原则中，特别是可持续生物材料圆桌会议（RSB）标准。任何鼓励替代燃料的计划或政策都必须包括避免直接和间接土地使用变化的战略。

## 三、全球可持续航空燃料发展的驱动力

各国政府和行业组织制定了各种政策和其他倡议，为 SAF 行业的发展提供公平的竞争环境，鼓励航空公司消纳可持续燃料。迄今为止的主要机制是强制调配指令、生产激励措施以及与 SAF 发展路线图的结合。

## （一）可持续航空燃料 SAF 调配指令

许多国家已经制定了 SAF 调配指令。挪威是第一个这样做的国家，该国目前的目标是在 2020 年用可持续的、非棕榈油原料的 SAF 取代国内 0.5% 的化石航空燃料，到 2030 年逐步增加到 30%。荷兰最近还提出了一项将于 2023 年生效的 SAF 调配指令，该指令要求到 2030 年 SAF 取代该国 14% 的飞机燃料，并制订了到 2050 年用 SAF 完全取代化石煤油的目标。随着 SAF 调配指令的实施，生产商应该感到更放心，更积极地寻找可持续的原料，开发新技术，并扩大生产能力。最近，法国雄心勃勃地决定在航空燃料供应中加入 SAF，最初以废弃食用油和林业废渣为原料，到 2025 年以 2%、2030 年以 5%、2050 年以 50% 的速度混合使用。

欧盟（EU）的可再生能源指令（RED－Ⅱ）于 2020 年后生效，该指令将航空和航海部门纳入燃料供应商，有向欧洲市场供应可再生燃料的义务。欧盟 RED－Ⅱ要求成员国强制燃料供应商到 2030 年提供的可再生能源至少占公路和铁路（以及可选的航空和海运）消耗能源的 14%。除了要求所有可再生燃料从可持续来源（例如，被 RSB 认证的可持续生物燃料），先进的燃料（获得 1.2 倍的能量积分）还有到 2021 年达到相对于相应的石化燃料至少 70% 温室气体减排的可再生替代燃料。尽管如此，国际航空运输协会表示，乘数效应可能不足以使价格与行业预期保持一致，从而产生大量的燃料需求。与此同时，欧盟委员会（EC）的 DG 行动，在诸如“清洁天空”计划努力的支持下，旨在为 SAF 制订一个欧洲范围内的目标，名为“Refuel EU”，目标是在 2020 年底修订完毕并通过。该框架目前向公众开放征求意见。

虽然要求遵守消费指令，但会给航空公司带来价格压力，这些航空公司被迫以更高的价格购买航空燃料，但是成本并没有更广泛地在能源行业被消纳。

## （二）生产 SAF 的激励政策

另一种鼓励 SAF 产业发展的政府计划是一种自愿的计划，例如在加州低碳燃料标准（LCFS）中选择航空燃料。LCFS 于 2018 年修改，要求运输燃料的碳强度降低 20%，到 2030 年，但也允许燃料公司选择性地生成 LCFS 航空燃料积分，因此激励新一波的创新技术和商业模式展示低碳强度的燃料的燃料供应商提供给交通部门。目前，一个 LCFS 积分（代表减少一吨二氧化碳）的价格在市场上以 160～213 美元的价格交易。这对代表 SAF 生产的公司来说是一个巨大的激励，促使它们将产品销售到加州市场，远远超过世界各地更为普遍的排放交易计划。因此，SAF 在洛杉矶等加州机场经常使用。

英国的可再生交通燃料义务，最初是为了满足《可再生能源指令》的要求，是欧洲第一个解决燃料温室气体强度问题，并为燃料供应商减少温室气体强度提供激励的政策。到 2020 年，可再生航空燃料和非生物来源的燃料已被纳入政策，并有额外的激励措施。

## （三）减排市场机制

欧盟通过了一项法律，将国际航空排放纳入其排放交易体系，由此引发了一些争议。为了应对这一争议，国际民用航空组织（ICAO）着手开发一种基于市场的机制，通过强制航空公司购买补偿来限制航空业未来的排放增长。在这个称为 CORSIA 以市场为基础的机制中，SAF 的消耗被定义为证明航空部门减少排放的手段，并且正在给予一些标准组织权力来决定如何计算这些抵消量。可持续生物材料圆桌会议就是这些标准组织之一。截至 2020 年 6 月 22 日，占国际航空业 77% 的 85 个国家自愿签署了国际 航空碳抵消和减排计划（CORSIA），该计划将在 2026 年强制实施。中国被要求在 2027 年前执行 COSIA，并已宣布在 2027 年前不会选择加入。

然而，中国国内的 ETS 目前正在尝试将航空业纳入试点，在上海和湖北试点 ETS 市场。

## （四）消费需求路线图

由于认识到 SAF 的生产和消费在全球仍然是一项挑战，世界各国已经制定了 SAF 路线图，以建立关于 SAF 原料和技术、技术途径以及各国在增加对 SAF 目标的支助方面可能获得的利益的基线数据。国际航空运输协会在 2015 年制定了一份全球路线图，提供了原料和技术、可持续性考虑因素和国家政策的全面概述，以及全球 SAF 消费核算和促进 SAF 行业发展的经济和金融选择的建议。

英国制定了最新的航空部门碳减排国家路线图，这是航空产业价值链之间的伙伴关系，包括空中客车、UK 航空公司、波音、英国航空、盖特威克机场、希思罗机场和劳斯莱斯。该路线图着眼于可持续性，为英国制定了一项战略，使其成为 SAF 的开发、生产、使用和营销的领导者，包括一个目标，即到 2050 年使用 SAF 使英国的航空排放量减少 32%（见图 3）。

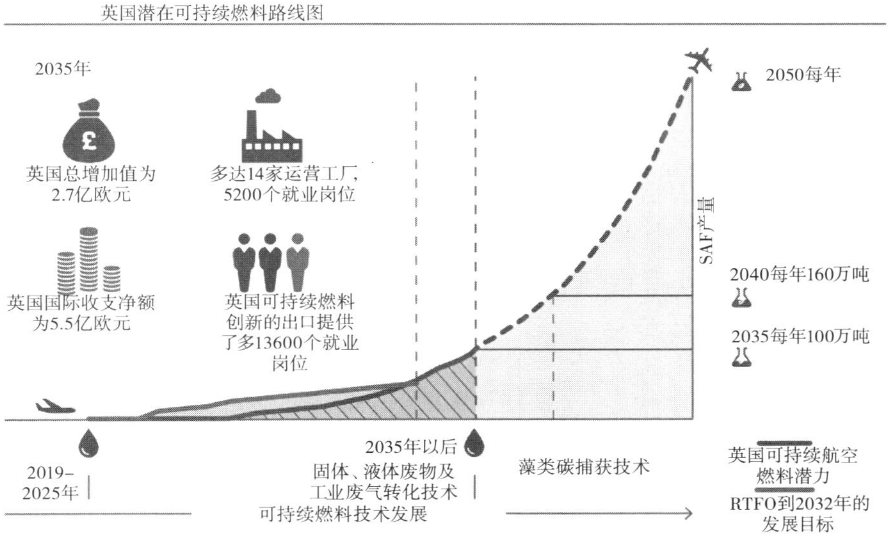


**图 3　英国预测 2050 年的 SAF 的生产和消费情景**

这些路线图，以及由国际民航组织、各国航空公司、SkyNRG 等公司绘制的路线图，可以作为中国发展自己的 SAF 生产和消费路径的模型和重要信息来源。

巴西在国际航空运输协会（IATA）和国际民航组织（ICAO）批准了一项减少航空业碳排放的决议后，开发了一套方法，用于制定该国航空生物燃料规划路线图。路线图包括以下主题：

· 原材料；

· 炼化技术；

· 可持续性；

· 政策及激励措施；

· 物流及支持；

· 研发；

· 商业化进程。

与此同时，行业的利益相关方咨询了包括私营部门、政府机构、非政府组织和学术界等的 30 多名人士。这个研究形成一份《巴西可持续航空生物燃料路线图：巴西航空生物燃料的飞行路径》的报告。这份 270 页的报告全面概述了巴西在 SAF 发展、技术和原料途径方面的机遇，以及发展 SAF 行业需要克服的许多挑战。

## 四、中国可持续航空燃料产业现状

中国航空业巨大，每年消费超过 3000 万吨的航空燃料，但在国内目前关注使用 SAF 来减少温室气体排放的机构还不多，提升机队效率是目前的首选，然后是采用抵消交易试点 ETS，比如在上海碳交易市场等。虽然中国用玉米等谷物、小麦和高粱生产大量的第一代燃料乙醇，但是生物柴油和第二代燃料仍然难以成规模，由于国家缺乏技术，并且缺乏全面而有效的政策来约束替代燃料的温室气体排放，同时要求提高产量。

中国是世界餐厨废油（UCO）产生量最大的供应商，但中国的生物柴油产业并没有蓬勃发展。上海有一个非常成功的试点项目，将当地的 UCO 回收为低碳生物柴油，确保可持续燃料的生产和使用的国家协调政策举措对于扩大这一市场，将具有极其重要的地位。下一代低碳柴油，如加氢生物燃料（HVO），技术研究和投资者也有兴趣，但是没有得到国家强有力的政策支持，让这些成本更高的燃料与廉价的化石燃料竞争市场份额，在许多情况下，这些燃料被出售给外国市场，如欧盟，还有加州的低碳燃料标准（LCFS）市场。

中国石化镇海炼油化工公司（以下简称公司）是目前中国唯一成功生产 SAF 并经过各种 SAF 试飞以及商业化飞行的工厂。公司宣布将建设 10 万吨 SAF 设施，该设施将于近期完工。该公司于 2019 年获得生产生物喷气燃料的许可并且通过中国可持续 1 号生物航煤标准。尽管 SAF 在中国也面临着类似的挑战，但航空公司与飞机制造商波音和空客、学术机构以及国有中国石化镇海炼油厂合作，一直在致力于用废弃油脂 UCO 生产 SAF 的消费和利用。

## 五、中国 SAF 产业的机会以及关键参与者

虽然使用 SAF 的测试和示范飞行有助于市场推广，但这些飞行并不是扩大这些低碳燃料消费和生产的主要途径。在政府方面，政策可能有助于航空业扩大使用这些替代燃料，而在私营部门和非营利方面，行业协调工作可发挥重要作用。

### （一）中国航空和环境政策背景

中国认识到市场是帮助经济体解决温室气体减排问题的力量，于 2013 年在全国范围内建立了 7 个排放交易试点计划（ETS）。上海 ETS 目前仍在运行，主要针对工业部门以及航空、港口、机场、铁路和商业建筑非工业行业，年排放量超过 1 万吨。迄今为止，上海 ETS 是我国唯一一家航空排

放交易业务，目前覆盖中国东方航空、上海航空、中国货运航空公司、吉祥航空、春秋航空和长江快运六家航空公司。2009—2011 年，航空部门收集了基准排放量，以便分配 2013—2015 年排放交易期间的排放。截至 2020 年 3 月，消息称国家 ETS 将会包括航空业，但迄今为止，尚不清楚航空部门是被要求报告减排量还是仅仅报告排放量。

原则上，航空公司使用 SAF 可能是帮助其遵守减排目标的极好方法。然而，到目前为止还没有计算航空公司使用 SAF 的方法，航空公司似乎只能选择提交中国认证的减排量 CER，以符合市场要求。

2019 年 4 月 12 日，民航第二研究所成为中国航空工业第一个获得温室气体验证资格的机构，表明该领域在未来数年对航空业的重要性，并提升了未来可能到来的更尖端减排机会的信心。

## （二）私营经济领域的参与

飞行器制造商——多年来，飞机制造商（OEM）一直参与在中国推广和测试低碳技术和燃料。空客和波音都支持航空公司与 SAF 进行试飞。SAF 最初是由霍尼韦尔 UOP 等公司在国外制造的，最近使用的是国产燃料。随着中国商飞（COMAC）试图扩大商用飞机的生产规模，它可能也会对 SAF 在中国的计划产生兴趣。设备制造商是确保燃料标准与发动机规格和飞机上其他部件兼容的关键利益相关者——他们是 ASTM 燃料规格开发和其他标准化委员会的重要参与者。

航空公司（Airlines）——到目前为止，海南航空、南方航空、东方航空和中国国际航空公司已经发布了关于使用可持续航空燃料进行试飞的公告。也许做出了最大的努力来定义可持续性作用的航空公司是海南航空，它建立了“绿色航空计划网络（GAIN）”——海南航空公司之间的合作，联合技术公司和其他一些公司在中国组织推动绿色航空。GAIN 是一个全球网络、跨境互动、产业协同、协同创新、构建绿色产业生态系统的航空产业合作平台。然而，这些举措可能受到新冠肺炎疫情期间旅游业放缓的严重影响，可能需要建立新的伙伴关系。更多航空公司在中国使用可持续航空燃料的承诺是一个重要目标。

机场（Airport）——我们还不确定中国是否有机场为航班提供SAF。中国民用机场协会可能是未来考虑这一问题的重要利益相关者。虽然喷气式飞机燃料不在机场排放范围内，但在许多情况下，机场负责向航空公司提供燃料，今后可能需要他们在采购和供应燃料方面的谅解和合作。

### （三）非营利机构以及社会团体参与

全球有许多环境领域的非政府组织（NGO）都有参与到航空领域的减排，他们在中国运输领域也在开展工作，但没有直接参与中国的航空或SAF使用问题。以下是目前正在从事这一专题工作的少数NGO，业界可能会有兴趣看到这一小组扩大，以便有助SAF生产的多样化，并减少未来应对国际NGO反应的风险。

世界经济论坛——“清洁天空”计划是一个为高层管理人员和公共领导人在过渡到使用SAF以实现飞行碳中和的计划。该计划正在制订SAF政策建议，为企业购买虚拟SAF建立机制，并启动了一个金融部门，为生产设施提供资金。

美国环保协会（EDF）——EDF是一家总部设在美国的非政府组织，目前参与中国碳排放交易机制的发展，其中包括上海的碳排放交易试点计划，该计划的重点是航空行业。此外，EDF是CORSIA政策的有力支持者。

能源和交通创新中心（iCET）——一个关注低碳交通的中国非政府组织。iCET自2008年以来一直在中国推行低碳和可持续燃料政策，目前正开始将电力和氢作为交通部门的可持续能源。

## 六、中国SAF产业发展的机遇和挑战

尽管中国已成为世界上最大的生物燃料乙醇生产国之一，但除了公路用车用电外，中国对替代运输燃料的支持一直很弱。可持续航空燃料虽然

是减少航空部门温室气体排放和减少对进口石化燃料依赖的重要原料，但需要政府努力将其发展成为一个工业。公共和私营部门（包括私营部门融资和技术发展）以及支持性的政府政策，非常需要作出协调努力，在中国建立一个合理和强大的SAF市场。

在技术发展、农业、废物处理、循环经济、政策发展，甚至金融市场等领域，为SAF制定自己的发展战略的国家都有重大的机会。为了帮助中国实现其2060年碳中和目标，航空部门可能需要每年使用数百万吨替代燃料，这一高科技、绿色经济产业可能会创造数百甚至数千个高质量的就业机会。